FOR THE

FUTURE

OF CHILDREN

POLICY ANALYSIS

OF EARLY CHILDHOOD DEVELOPMENT

为了孩子，为了明天

促进学前教育健康发展研究

余宇 等◎著

中国发展出版社

CHINA DEVELOPMENT PRESS

图书在版编目（CIP）数据

为了孩子，为了明天——促进学前教育健康发展研究 / 佘宇等著．
北京：中国发展出版社，2015.7
ISBN 978-7-5177-0352-5

Ⅰ.①为… Ⅱ.①佘… Ⅲ.①学前教育－教育事业－研究－中国
Ⅳ.①G619.2

中国版本图书馆 CIP 数据核字（2015）第 140562 号

书　　　名：为了孩子，为了明天——促进学前教育健康发展研究
著作责任者：佘宇　等
出 版 发 行：中国发展出版社
（北京市西城区百万庄大街 16 号 8 层　100037）
标 准 书 号：ISBN 978-7-5177-0352-5
经　销　者：各地新华书店
印　刷　者：北京科信印刷有限公司
开　　　本：700mm×1000mm　1/16
印　　　张：16.75
字　　　数：244 千字
版　　　次：2015 年 7 月第 1 版
印　　　次：2015 年 7 月第 1 次印刷
定　　　价：40.00 元

联 系 电 话：（010）68990630　68990692
购 书 热 线：（010）68990682　68990686
网 络 订 购：http://zgfzcbs.tmall.com//
网 购 电 话：（010）88333349　68990639
本 社 网 址：http://www.develpress.com.cn
电 子 邮 件：bianjibu16@vip.sohu.com

“促进学前教育健康发展研究”课题组

课题顾问

贡　森　国务院发展研究中心公共管理与人力资源研究所所长　研究员

林家彬　国务院发展研究中心社会发展研究部巡视员　研究员

课题负责人

佘　宇　国务院发展研究中心社会发展研究部第三研究室副主任　副研究员

课题组成员

王莹莹　国务院发展研究中心宏观经济研究部　助理研究员

单大圣　国务院发展研究中心机关党委　副研究员

曹启挺　长沙民政职业技术学院社会工作学院　讲师

韩　巍　中国劳动保障科学研究院　助理研究员

寇　翔　中国社会科学院财经战略研究院　博士研究生

崔　森　北京师范大学社会发展与公共政策学院　硕士研究生

黄思齐　中央财经大学文化与传媒学院

序　言

2013年佘宇同志开始学前教育专题研究时，我与他还同在国务院发展研究中心社会发展研究部工作。两年过去了，我读到了他的专著书稿，由衷地为他高兴。尽管国务院发展研究中心和社会发展研究部的领导对这项专题研究工作给予了多方面的支持，但是这个成果在很大程度上应归于佘宇同志及其团队坚持不懈的努力。在参与一些重点课题研究的同时，他充分利用中心内外的研究力量，组织了一支精干的队伍，很有效地完成了自选课题的研究工作。

我很赞成这项课题的一些研究发现：包括学前教育政策目标按重要性从促进幼儿身心健康、习惯养成到智力发展的递减排序；要充分发挥财政资金的杠杆作用，实现“保基本、强基层、建机制”的发展战略；在投入方面，政府应逐步发挥主导作用，但在举办方面不宜强调主导。同等重要的是，我想这本书对至少三方面的读者是很有价值的。

对于有意愿从事政策咨询研究的读者，《为了孩子，为了明天》是一个较好的范本。本书的结构分上中下三篇，其写作格式符合政策制定者、政策分析者和学术研究者的阅读习惯。当然，这一组合也说明我们智库工作者提供的政策建议报告都是以政策分析报告和技术分析报告为支撑的。

对于有意愿从事学前教育政策研究的读者，《为了孩子，为了明天》是一本很好的基础书。首先，它提供了大量国内外很有价值的文献并进行了很不错的文献综述。其次，这本专著对我国学前教育的政策演变进行了较为全面的梳理。另外，它提供了大量第一手的调研数据。

对于从事比较研究的读者来说，《为了孩子，为了明天》也是一本不错的参考书。这本书将我国的学前教育与不同模式的国际实践进行了比较分析，指出了不同文化和福利模式下的共同点和差异。另外，它还将学前教育与基层医疗卫生服务进行了比较，提出了相似的发展思路及人才发展战略。

当然，正如这本书“后记”所写的那样，这项课题还存在一些不足，本书呈现给各位读者的仍然是阶段性的研究成果。除了作者本人罗列的那些不足，我想课题组还应更深入理解国际文献有关学前教育的投入产出比。比如，1999 年 Heckman 文章提到的 Perry 学前教育项目的高回报率是针对困难家庭低智商儿童的干预效果，并且这是在犯罪率很高的美国得出的实验结果。显然，在较为公平的欧洲，犯罪率较低，童年早期干预的回报要低得多。另外，对于正常家庭的正常儿童的干预，社会干预的回报率也要大打折扣，家庭照料本身也能取得相应的回报。如果能在更大的社会文化背景中更深入地把握 Heckman 的研究发现，那么我相信作者一定能够得出这样的政策建议：我国的财政投入应该优先保证包括留守儿童在内的问题家庭的问题儿童的学前教育，特别是提高这些儿童的社会和情感能力，为其社会融合打下良好的基础。

最后，我衷心祝愿佘宇及其团队能够密切跟踪国内外学前教育的动态，希望你们的团队更加强大，为中央决策和我国学前教育的健康发展做出新的贡献。《为了孩子，为了明天》，加油！

贡　森

2015 年 5 月

前　言

学前教育对于幼儿身心健康、习惯养成、智力发展具有重要意义。按照《国家中长期教育改革和发展规划纲要（2010～2020年）》及《国务院关于当前发展学前教育的若干意见》的要求，各地先后编制了学前教育三年行动计划并进行了一些有益探索。不仅如此，中央财政的一系列支持政策，还有效带动地方和社会学前教育投入大幅增长，进而推动办园资源快速扩大、适龄幼儿入园率显著提高，以及学前教育公共服务体系逐渐形成。但总体而言，"入园难、入园贵"及"小学化"等突出问题依然存在，公众反映强烈，亟须解决。为从源头上厘清学前教育健康发展的基本思路，有必要对当前这一领域含混不清、分歧较大、困惑不已的若干关键性问题予以回答。

首先，学前教育的目标定位是什么？换言之，当前我国（家庭、学前儿童）需要什么样的学前教育，如何平衡"保"（父母参与经济活动后的照料功能）与"教"（学校系统的延伸）的关系，组织形式是全日制、固定时间、机构为主还是非全日制、灵活时间、家庭（社区）为主？其次，政府在学前教育领域（尤其是公共财政方面）应承担何种责任？对此，不同意识形态、福利模式的看法存在差异。换言之，公共财政究竟该不该投入学前教育，投与不投的理由何在，后果又分别如何，以及如何理解"学前教育社会化"、"义务教育向前延伸"？第三，公共财政应如何投入学前教育？换言之，政府是采取"补供方"还是"补需方"、是直接经办还是购买服务，公共财政应按照怎样的顺序投入学前教育，投入范围和重点在哪里，如何选择合适的投入途径、方式，以保证有限财政资源的最优配置？这些都是本研究需要予以回答的重要问题。

简单来说，本研究具有以下两个特点。

第一，研究角度注重全面、系统与综合。目前，关于学前教育财政投入的研究或侧重于学前教育财政性经费总体水平的分析，或侧重于幼儿园内部微观管理的讨论，较少从宏观角度对学前教育财政投入政策的制度基础，以及结合社会政治、经济和文化等方面的背景予以研究。本研究试图从整个教育的大背景和整个社会环境的角度入手，客观评判当前学前教育的生存环境，找出各种问题的教育、社会根源，以做出符合实际的政策选择。同时，本研究拟从利益相关者的角度，选取教育管理部门、不同类型幼儿园园长、幼儿家长等主要利益相关者，通过深入访谈了解其对各项学前教育财政政策的看法与评价，以此作为研究判断的重要依据。此外，区别于其他公共服务领域关于政府投入方式的研究较多侧重于微观效率层面的分析，本研究在借鉴的基础上，主要从学前教育的目标定位等宏观政策选择方面进行讨论。

第二，研究方法注重理论分析与实地调研相结合。一方面从理论研究的角度，结合国内外已有研究成果，试图回答当前学前教育领域含混不清、分歧较大、困惑不已的若干关键性问题，以便从源头上厘清学前教育健康发展的基本思路；另一方面选取若干典型地区、案例，通过“解剖麻雀”，充分了解各地学前教育发展情况和政策创新，以更好地推动学前教育服务体系及人员队伍的建设，促进学前教育健康发展。此外，作为专题负责人，在承担国务院发展研究中心 2011 年重大课题“着力改善民生，提升基本公共服务水平，促进社会和谐发展”之教育专题时，曾就学前教育问题进行专门讨论，并对国内部分探索实践予以相关评述，这些都为 2013 ~2014 年此项研究的深入展开奠定了基础。

目　录
CONTETS

上篇　综合报告

中篇　专题报告

附　录

上篇　综合报告

第一章
学前教育健康发展的若干关键性问题

学前教育对于幼儿身心健康、习惯养成、智力发展具有重要意义。针对当前面临的问题与挑战，为从源头上厘清学前教育健康发展的基本思路，有必要对这一领域若干关键性问题予以回答。本报告认为，当前我国学前教育的目标定位，仍应以“保育”为主，从政策引导角度来看，需要先确保所有幼儿的营养和安全无恙，再逐步朝着“科学保教”方向发展。政府承担责任方面，应根据多元办园体制的发展任务，既要发挥政府的主导作用，也给民办机构、多样化需求留出空间。公共财政投入方面，应通过相关政策设计使政府投入切实转化为公众福利，并围绕学前教育的目标定位，真正发挥其杠杆调节及引导作用。

学前教育对于幼儿身心健康、习惯养成、智力发展具有重要意义。按照《国家中长期教育改革和发展规划纲要（2010～2020年）》（以下简称《教育规划纲要》）及《国务院关于当前发展学前教育的若干意见》（以下简称“国十条”）的要求，各地先后编制了学前教育三年行动计划并进行了一些有益探索。不仅如此，中央财政的一系列支持政策①，还有效带动地方和社会学前教育投入大幅增长，进而推动办园资源快速扩大、适龄幼儿入园率显著提高，以及学前教育公共服务体系逐渐形成。但总体而言，“入园难、入园贵”及“小学化”等突出问题依然存在，公众反映强烈，亟须解决。为从源头上厘清学前教育健康发展的基本

① 据财政部网站消息，为大力促进学前教育发展，缓解适龄儿童“入园难”，从2011年起到2013年5月，中央财政累计投入341亿元学前教育发展专项资金。

思路，有必要对当前这一领域含混不清、分歧较大、困惑不已的若干关键性问题予以回答。

一、学前教育的目标定位是什么

回答学前教育的目标定位之前，不妨先梳理一下相关概念或提法。联合国教科文组织的研究表明，不仅各国（地区）对“学前教育”提法和年龄界定存在差异①，即便是各个国际机构之间也并未对“学前教育”这一概念达成共识（如表 1.1 所示）。尽管小学教育也有不同的提法②，但对于“学前教育”而言，这种不同就不仅仅是个简单用词的区别，更涉及其背后所代表的目标定位、实施方式、机构类型，以及相关从业人员社会、经济地位等方面的差异。当然，从这些不同提法中仍然可以发现与幼儿本身密切相关的三个核心词：保育、教育、发展，只不过侧重点或优先序有所区别罢了。

表 1.1　部分国际机构对“学前教育”概念的不同提法及解释

不同称谓	英文表述	核心内容	代表性机构
早期教育（ECE）	Early Childhood Education	突出教育活动，学习被置于中心位置	荷兰伯纳德·范·里尔基金会（BvLF），美国幼儿教育协会（NAEYC）
早期保育和教育（ECCE）	Early Childhood Care and Education	对早期教育的扩展，增加了保育的成分	联合国教科文组织（UNESCO）

① 根据联合国教科文组织对部分国家的调查，不同国家（地区）在指称入小学前的教育时，使用的术语存在较大差别，在英文表达上主要有：Early Education、Early Year Education、Early Childhood Education、Early Education and Care、Foundation Stage Education、Pre-school Education、Pre-primary Education 等。而且，其所招收幼儿的年龄段限也有较大差别，例如：3～5 岁（阿根廷、秘鲁、巴基斯坦、英国、孟加拉国、土耳其、乌克兰、斯洛文尼亚、冰岛、老挝、捷克、突尼斯、尼日利亚）、3～6 岁（赞比亚、也门、罗马尼亚）、3～7 岁（蒙古）、4～5 岁（苏丹、摩洛哥、埃及）、4～6 岁（巴西、马来西亚）、2～6 岁（中国香港）、3 个月～6 岁（越南）、0～6 岁（美国、芬兰、南非、古巴）等（参见周兢主编：《国际学前教育政策比较研究》，华东师范大学出版社 2012 年版）。

② 不同国家（地区）或国际机构在指称入小学后的教育时，使用的术语至少包括小学教育（Primary Education）、初等教育（Elementary Education）和基础教育（Basic Education）三种，但人们对这些不同术语背后所指称的对象及其实施方式都有统一的认识。

续表

不同称谓	英文表述	核心内容	代表性机构
早期教育和保育（ECEC）	Early Childhood Education and Care	将教育置于保育之前，保持对教育因素的强调	经济合作与发展组织（OECD）
早期保育（ECC）	Early Childhood Care	不再强调教育，在发展中国家主要涉及幼儿的健康、营养和卫生，在发达国家则通常是指对在职母亲的一种社会化服务	—
早期发展（ECD）	Early Childhood Development	关注幼儿本身，体现了对幼儿关怀的整体取向，关注幼儿身体、情感、社会性和认知发展	联合国儿童基金会（UNICEF），世界银行（WB）
早期保育和发展（ECCD）	Early Childhood Care and Development	再次把幼儿保育与发展联系在一起	亚太地区学前教育联络委员会（ARNEC）
早期发展性保育（ECCD）	Early Childhood Care for Development	更强调保育为幼儿的发展和学习服务	儿童早期保育和发展协商小组（CGECCD）

资料来源：Choi，Soo-Hyang.（March，2002）. Early Childhood Care? Development? Education? *UNESCO Policy Brief on Early Childhood*，*No*1. Basma Faour. Mapping Early Childhood Services and Programmes in Arab Countries，2010.

毫无疑问，学前教育的目标定位决定其未来发展的基本思路，进而影响具体的实施方式、机构类型，以及相关从业人员的社会、经济地位等。但是，学前教育的目标定位并非一成不变，其既植根于各国的制度基础（例如教育制度、财政制度、儿童福利制度）和社会背景（例如政治、经济、文化传统），又或直接或间接地随着这些因素的发展、变化而不断演进，国际学前教育发展的基本脉络充分验证了这一点。

那么，如何确定我国学前教育的目标定位呢？换言之，当前我国（家庭、幼儿）需要什么样的学前教育服务，如何平衡“保育”（父母参与经济活动后的照料功能）与“教育”（学校系统的延伸）的关系，以及进一步讨论服务由谁来提供（举办、经营、管理），组织形式是全日制、固定时间、机构为主还是非全日制、灵活时间、家庭（或社区）为主，等等。具体从以下三个方面来讨论。

第一，“保育”和“教育”谁为主？从我国学前教育的现状来看，《教育规划纲要》早已明确指出农村资源严重不足、城乡条件差距大，有关研究①更是表明，在中西部贫困地区，不仅大量留守幼儿缺乏专门照料，而且他们的营养发育状况也不容乐观。加之幼儿伤害（或意外）事件频频见诸媒体，幼儿安全问题也已引起各方高度关注与反思。没有营养和安全，何谈教育与发展？从课题组在各地调研的情况来看，幼儿家长最关心的、排在第一位的依然是安全问题（包括园舍、食品、交通等），希望幼儿园能够解除家长工作的后顾之忧。可见，当前我国的学前教育仍应以“保育”为主；从政策引导角度来看，需要先确保所有幼儿的营养和安全无恙，再逐步朝着“科学保教”方向发展。实际上，调研中不少受访的学前教育从业人员（包括园长、教师、保育员、保健员）也坦言，日常工作中强调的仍是“保教结合，保育优先”。

对此，有必要做两点说明：首先，“保育”和“教育”并非对立，而是一个整体概念，是学前教育的不同方面，同时对幼儿产生影响。简单来说，“保育”侧重于保护幼儿的健康，既涉及身体方面的，又涉及心理方面的，还涉及社会方面的；“教育”侧重于促进幼儿的整体发展（尤其是认知或智力发展），除了考虑未来的幼小衔接问题，更关注幼儿作为个体的特殊性。如果说“小学化”反映出“教育”方面出了问题，那么幼儿营养及伤害事件凸显的就是“保育”方面的问题。虽然教育主管部门已采取了一系列举措，但短期内彻底解决“小学化”倾向仍然任重道远②；而通过政府干预以确保幼儿的营养和安全无恙，效果更加立竿见影，且已有一些好的试点经验③。其次，尽管不同的视角可能导致对

---

① 具体内容可参见中国发展研究基金会开展的“贫困地区儿童早期发展项目”和“山村幼儿园计划”。

② 学前教育“小学化”倾向产生的原因是多方面的，有幼儿园的原因，有教材编写者的原因，有家长的原因，有社会的原因，有教育主管部门的原因。具体来看：①幼儿园办园宗旨不够端正，②“小学化”存在社会根源，③某些办学体制和政策成为了“小学化”的孵化土壤，④“小学化”存在教育渊源，⑤“小学化”存在现行教育理论与政策上的依据，⑥“小学化”是幼儿教师和园长素质偏低的必然结果，⑦幼儿园教材脱离幼儿教育实际，⑧教育部门对幼儿教育指导不力、监督不够（参见韩清林：“防止和纠正学前教育‘小学化’倾向”，《基础教育参考》，2010 年 11 月〈下半月刊〉）。

③ 具体内容可参见中国发展研究基金会开展的“贫困地区儿童早期发展项目”和“山村幼儿园计划”。

学前教育服务质量的不同界定[①]，但仍有一些基本维度可用于对服务质量的评判，例如设施、人力资源等结构因素，幼儿每天经历的保教过程，保教带给幼儿个体的成果或长期影响[②]。可见，除了最后一项尤为复杂且不容易观察到外，前两项（结构因素、保教过程）往往是评判学前教育服务质量的重要指标。实际上，设施（硬件）扩张操作起来相对简便易行，也是各地在短期内扩充学前教育服务供给的有效途径，而人力资源（服务人员队伍）及保教过程（服务内容等）则难以在短期内一步到位[③]。这就意味着，我国学前教育事业的发展客观上也需要分步骤、分阶段推进，在优先确保全国层面（尤其是中西部、农村地区）幼儿营养和安全无恙的同时，也鼓励那些条件成熟、基础较好的地区在“科学保教”方面先行先试。

第二，由谁来提供学前教育服务?《教育规划纲要》在学前教育的发展任务中，将办园体制概括为“政府主导、社会参与、公办民办并举”，强调“大力发展公办幼儿园，积极扶持民办幼儿园”。实际上，在市场经济条件下，学前教育服务的举办者、经营者和管理者往往并不一致（例如有些公办园的举办者是政府，但经营者是私人），各类学前教育服务参与者（包括政府、教育机构、社会、家庭等）扮演的角色也不尽相同。当前我国的学前教育如果强调的是以“保育”为主，那么实现真正的“家园合作”往往更有助于达成预期目标。通过培训、观摩、家长班等多种形式，帮助家长了解幼儿身心发展的基本规律和特点，促进其参与学前教育服务以及治理（例如在农村、贫困地区，家长可以先从辅助教师学起，逐步转变为非正规学前教育的固定教师）。与此同时，充分调动

① Katz, L. (1993) Multiple perspcctives on the quality of early childhood programmes, *European Early Childhood Education Research Journal*, 1, 2, 5-9.

② Munton, A. G., Mooney, A. and Rowland, L. (1995) Deconstructing quality: A conceptual framework for the new paradigm in day care provision for the under eights, *Early Child Development and Care*, 114, 1, 11-23.

③ 例如，据不完全统计，当前我国的幼儿教师缺口约80万且还在扩大，师资问题已成为制约学前教育发展的瓶颈，但人才的培养不可能一蹴而就，无论是“村村烧火、家家冒烟”、“一窝蜂”举办学前教育专业，还是“三条驴腿”、“找米下锅”的专业设置方式，都无法保证培养出合格的幼儿教师（实际上，不合格比缺口的危害更严重）。

基层（城市的社区、农村的村委会）各种资源，加强其能力建设与资源整合①，优化基层（特别是农村）环境，促进家庭环境改善，依托基层资源因地制宜开展学前教育服务，以缓解当前学前教育资源不足、城乡条件差距大等问题。

第三，提供何种形式的学前教育服务？作为一种选择性教育，学前教育兼有教育事业和社会福利事业属性，且幼儿在这个年龄段通过机构集中为主、相对在家（或社区）为主各有利弊。从课题组在各地调研的情况来看，基于运营成本、日常管理、人员配备等诸方面的考虑，不少园长认为 6～9 个班级（即幼儿在 180～270 人）的机构规模较为适宜。实际上，在一些地理位置较为偏僻、交通不便、保教人员匮乏的农村地区，也存在大量依托村小、班级数量更少甚至混龄班的幼教点②。这至少表明了两点：一是机构规模不宜过大，二是服务必须可及。同时，这也符合国外社会福利服务去机构化的发展趋势。需要澄清的是，去机构化不是全面否定机构服务（实际上，这种替代家庭照料功能的机构设施需求依然会长期存在，去机构化的核心是去大型机构化），而是将这种专业化服务与社区服务相结合以改善福利服务。从这一角度来看，当前我国学前教育服务的提供形式，也应更聚焦于机构服务的灵活性和多元化，更聚焦于开放的、具有弹性和非机构式的全人全程照料，更聚焦于整合社区的有机联系、整合社区中分散且复杂的服务体系以提高资源的利用效率。

二、政府在学前教育领域应承担何种责任

首先需要回答的是，政府为什么要干预学前教育？这可以从学前教育的正外部性、学前教育市场的缺陷等方面进行论证。很多研究表明，作为国民教育体系的重要组成部分，以及学校教育和终身教育的起始和奠基阶段，学前教育是最为

---

① 例如，村委会可以作为桥梁，提供电脑通讯技术，实现留守幼儿与外出务工家长的远程交流；或成立村民自治家庭支持小组，相互帮衬支持幼儿发展；还可以组织游戏小组，实现大幼儿带领小幼儿进行混龄活动。

② 一般而言，集中式、全日制学前教育服务的成本较高，由于农村地区人口居住相对分散，没有规模效应，成本会更高，地方政府和幼儿家长可能难以负担，也不便于幼儿的通勤。

经济有效的人力资本投资[①]，且有利于打破代际贫困的转移[②]。换言之，从正外部性角度来看，适宜、合理的学前教育不仅有利于幼儿个体、幼儿的母亲和家庭效用的提高，而且更能提高全社会的总效用。有关研究更是对公共财政支持学前教育的潜在收益和成本提供了一个分析框架和简要概括（如表 1.2 所示），更加有助于对学前教育正外部性的理解。正是基于学前教育投入如此表现不俗的回报率（其中，对社会的回报率更是高于对幼儿个体的回报率），政府（特别是公共财政）很有必要对其进行干预，这既是对幼儿个人进行人力资源开发的投入（进而提高整个国家的人力资源质量），也是对幼儿家庭、学前教育服务机构投资学前教育产生的正外部性给予补偿（以起到鼓励私人投资的效果）。

---

① 许多相关研究表明，学前教育投入是社会回报率最高的一项财政投入。例如，美国著名的成本—效益追踪研究（David Weikart，2001）表明：接受 1 ~ 2 年优质学前教育的儿童与未接受学前教育的儿童相比，其学业成就高，就业率和经济收入高，犯罪率低。该研究的成本—收益分析发现，待这些儿童 27 岁时，投入回报率为 1:7. 16；待这些儿童 40 岁时，投入的总体回报率已高达 1:17. 07，其中对幼儿个人的回报率为 1:4. 17，对社会的回报率为 1:12. 9。2000 年诺贝尔经济学奖获得者、芝加哥大学教授 James Heckman 在《促进人力资本的政策》一文中指出，在其他条件相同的情况下，幼儿时期对一个人投资 1 美元，将比在幼儿期之后投入同样的金额收益更大。“将人力资本的投入直接指向幼儿是对社会公共资金更有效的利用。”1999 年 OECD 的教育政策分析也指出：“幼儿教育是向终身学习的第一笔投资，……是一项意义远大的政策援助。”该年的幼儿教育总结报告的标题是《儿童早期教育与保育：从投资中获益最多的教育阶段》（引自《中国学前教育发展战略研究》，教育科学出版社 2010 年版）。

② 国际经验表明，学前教育投入是打破或切断贫困代际传递的重要途径。例如，世界银行 2011 年发布的《中国的儿童早期发展与教育：打破贫穷的代际传递与改善未来竞争力》报告中指出：“对儿童早期发展和教育的投资可以获得较高的经济回报，因为早期学习以及良好习惯和社交能力的形成，其成果比后续的补偿性教育和培训要明显得多。对儿童早期发展和教育计划的严格评估表明，其内部回报率在 7% 至 18% 之间，远远高于金融资本的回报率。因此，儿童早期发展和教育投资是最具成本效益的投资策略之一，能够打破贫困的代际传递，是能在较长的时期内提高生产力和社会凝聚力的最具成本效益的投资策略之一。”负责实施小布什政府资金总额最大的教育法案《不让一个儿童掉队》的美国前教育部部长助理、密歇根大学教授 Susan B. Neuman 在 2011 年出版的《学前教育改革与国家反贫困战略——美国的经验》中指出：“学前教育……是消除儿童贫困、切断贫困代际传递的重要途径，对国家长远的减贫战略具有重要意义……如果政府不能给贫困儿童提供优质的学前教育，就没有办法阻隔贫困的代际传递，没有办法帮助孩子真正走出贫困……政府在制定教育政策时，要尽早对贫困儿童进行干预。越早干预贫困儿童的教育，越有助于贫困儿童做好入学准备，也有利于切断贫困的代际流动，收到更大的社会效益。”

表 1.2　　公共财政支持学前教育的潜在收益和成本

影响类型	潜在收益	潜在成本
对幼儿的影响		
促进幼儿在重要的早期的发展	在早期促进幼儿的大脑发育和社会性的发展，有助于为其做好入学准备，以及取得多方面的长期回报，如：能力、收入、生产率和经济增长、减少违法和犯罪活动，改善健康，获得更高的税收收入和成为更好的公民	提供优质学前教育所必需的资源成本，以及由此加重的税收负担
确保优质、非家庭提供的育儿服务	对幼儿来说，由受过训练的、专业的幼儿专家提供的优质育儿服务比当前许多非正式安排更好。有证据显示，或因为收入不足，或缺乏准确判断育儿质量的能力，很多父母选择了不适当的幼儿照料方式	提供优质育儿服务，需要额外的资源
为幼儿提供一个更为平等的人生起点	促进机会平等是文明社会最基本的价值观。所有幼儿都能从一定量的学前教育中获益。尤其是来自低收入家庭的幼儿获益最多	
对幼儿母亲和家庭的影响		
对就业的母亲不再有税收歧视	不允许从应纳所得税中扣除育儿费用所造成的税赋不平等减少了母亲的就业。增加财政资助将减少这种影响。通过鼓励母亲就业，政府将获得更多的税收，而社会也将从增长的生产率中获益	抵扣育儿费用将减少来自当前就业母亲的税收。就业的母亲会减少生育子女
对支出高但收入低的年轻父母提供援助	对年轻父母的学前教育财政资助并在他们年老后提高税收，这就像是一项长期贷款项目，让父母能够对工作和生育做出更好的人生决定	对年轻家庭的援助，以及更多的亲子假期和工作福利，可能鼓励生育率提高，并增加公共成本
鼓励母亲维持劳动参与，积累工作经验，取得职业晋升，能够全职工作而非兼职	鼓励母亲从更长远的角度考虑工作，以提高其经济独立能力，避免因离异、年迈等情况而陷入贫困	母亲可能因工作和家务的双重压力而倍感紧张，除非进一步转变性别角色，并提供支持性的家庭政策
改变年轻女性对于未来工作道路和前景的期望。促进全社会的性别平等	年轻女性能否做出接受教育和其他发展人力资本的决策，往往取决于其母亲有没有这种机会。早期育儿的公共投入扩展了母亲的这种机会，从而让其女儿可以基于能力而不是性别，去进行持久的早期人力资本投资	必须同时努力改变年轻男性关于性别角色的期望

续表

影响类型	潜在收益	潜在成本
降低社会援助对工作的消极影响，并减少家庭的育儿费用	减少近期和较长期的社会援助成本，有效减少幼儿贫困，结束贫困的代际循环。增加未来教育、生产率、幼儿自尊和政府税收	优质学前教育的成本，可能包括开展家庭探视、培训计划，社会援助政策的调整
对社会的影响		
在幼儿早期普及社会和教育经验	鼓励社会认同，培养好的公民，促进移民家庭融合，对有行为、社会或认知困难幼儿进行早期筛查。为残疾幼儿融入社会奠定基础	增加税额。可能让家长感觉选择余地减少了

资料来源：Gordon Cleveland and Michael Krashinsky："FINANCING ECEC SERVICES IN OECD COUNTRIES"，2003，此表由 Donald Verry（1992）的蓝本调整及修订而来。http：//www.oecd.org/edu/school/28123665.pdf。

从学前教育市场角度来看，所存在的至少三方面缺陷也要求政府（特别是公共财政）进行干预，具体来看①：一是，由于学前教育效益的隐蔽性、迟滞性和非抵押性，私人资本一般更愿意投资经济建设或其他类型的教育而不是学前教育；二是，家长对学前教育的需求带有很大弹性，一方面需要社会专门机构教育和看护，另一方面又对学前教育价格很敏感；三是，在市场不完善的情况下，学前教育的供给也可能存在质和量两方面的问题，即资本的逐利性使私人学前教育供给者要么创办贵族式幼儿园以收取高价，要么用低成本办园以尽可能多的入园数量来获取收益。

虽然明确了政府干预学前教育的合理性与必要性，但紧接着需要回答的就是，政府与市场的边界如何划分，或者说政府、市场、家庭在学前教育领域的各自职责和相互关系如何确定？对此，不同意识形态、福利模式的看法存在差异（如表1.3所示）。秉持学前教育属于私人领域观点的国家，往往强调家庭承担育儿责任，主张通过加强家庭育儿经费的方式进行干预；而秉持学前教育属于公共领域观点的国家，更强调国家承担育儿责任，主张通过建立学前教育公共服务体系进行干预。

① 蔡迎旗：《幼儿教育财政投入与政策》，教育科学出版社2007年版。

表 1.3 三种福利模式比较

	盎格鲁—撒克逊模式	欧洲大陆模式	北欧福利国家模式
政治意识形态	自由主义	保守主义	社会民主主义
欧洲代表国家	英国	德国	瑞典
本质区别	只有属于“值得救济的穷人”这个群体（主要是失去工作能力者和单身母亲）和暂时有经济需要的人才能通过社会救助性质的计划得到援助	只有体制内的人才能通过社会保险获得收入保障	全民都有权获得实物和现金福利
家庭政策传统	强调家庭责任；采用目标津贴，并设立严格的家庭经济状况审核制度	国家支持和提升家庭育儿功能的发挥；基于保障男性就业和妇女生命周期三阶段[①]的传统理念；延长家长育儿假，以及增加育儿假期间的家庭育儿补贴	强调国家责任；建设合作伙伴型家庭；采用普遍津贴和提供学前教育公共供应体系的家庭政策手段
学前教育财政投入方式[②]	倾向于给予家长育儿津贴（作为财政服务的主要模式），通过现金津贴、教育券、税收返还等对家长进行财政投入	倾向于采取对托幼机构的财政投入方式，也使用家长税收返还的方式帮助家长支付育儿费用	主要采用对托幼机构进行直接现金投入和税费减免的间接财政投入方式

注：①妇女生命周期三阶段是指：第一阶段——女性接受完教育后工作数年；第二阶段——退出劳动力市场去照看孩子；第三阶段——孩子到了入学年龄后，女性以兼职形式重新进入劳动力市场。

②各国（地区）在学前教育公共经费的投入方式上，主要表现为两种倾向：对托幼机构的财政投入和对家长的财政投入。对托幼机构的财政投入方式有两种表现形式：直接现金投入（往往根据幼儿人数）或者间接财政投入（例如税费返还、减免或者教育券兑换等）。对家长的财政投入方式也有两种表现形式：直接现金津贴的投入以及间接财政投入（学费减免、税费返还以及实物资助等）。

从我国学前教育的发展现状来看，事实上是由政府和市场共同提供服务。正如《教育规划纲要》指出的那样，既要发挥政府的主导作用，又要调动社会（民间）资源参与，形成“政府主导、社会参与、公办民办并举”的办园体制。这里有两点需要强调。

第一，发挥政府主导作用，并不意味着全部由政府举办幼儿园来直接提供学前教育服务，而是应强调政府对各类幼儿园服务内容、标准、质量、价格等的规范与管理，发挥好公共资金（财政投入）的效用。具体来说，作为政府举办的公办园，需要做好两方面的工作：一是托底，即对处于逆境的幼儿或贫困幼儿等提供支持与援助，确保每一个适龄幼儿都能享受基本的学前教育服务（尽职责、保基本）；二是加强其服务监管、标准制定、提供培训与指导等资源中心的作用（尤其是那些师资、科研、业务等方面突出的优质公办园）。

第二，发挥政府的主导作用固然十分必要，但非营利和私人部门的参与对于扩大学前教育资源、增加服务供给也具有重要意义，可以在一定程度上产生竞争、为多样化需求提供更多选择。正如教育部2012年6月下发的《关于鼓励和引导民间资金进入教育领域，促进民办教育健康发展的实施意见》中明确提出的那样，应“鼓励和引导民间资金进入学前教育和学历教育领域”、“积极扶持民办幼儿园特别是面向大众、收费较低的普惠性幼儿园”、“可以适当放宽幼儿园审批条件”。此外，也应允许社会资金举办高端的民办园，事实上社会上也存在这样的需求，但政府对其服务内容、质量、价格等方面的监管不能缺位。

最后，简单讨论一下“学前教育社会化”、“义务教育向前延伸”的问题。历史地看，我国的“学前教育社会化”经历了一个“家庭→社会→政府→社会”的过程（即幼儿保教之责的转移），现在大多数理解的“社会化”仅仅聚焦于最后一个环节（即政府→社会），而忽略了曾经的前两个环节（即家庭→社会→政府）。“学前教育社会化”原指幼儿保教之责部分从家庭转移至社会（包括政府）的过程（简单说，就是转由机构来提供学前教育服务）；而当前的“学前教育社会化”，是指由政府大包大揽①转向政府与社会力量共同举办学前教育服务的过程（这与《教育规划纲要》中所提的多元办园体制是一致的）。如前所述，这种多元办园体制下，对政府的要求更高，政府的责任也更大，政府在学前教育领域仍然具有不可推卸的责任。

那么，又该如何看待“义务教育向前延伸”的问题？所谓义务教育，是指国家依法统一实施的具有强制性的免费教育，是公民的基本权利。从基本公共教

① 计划经济时期，政府具有绝对的支配地位，学前教育事业的发展越来越受制于政府，也越来越依赖政府。最初的“学前教育社会化”逐渐演变为“学前教育公有化（或国家化）”。但随着20世纪80年代以来社会各领域的改革，学前教育被迫重新回归社会（或市场），进而产生一系列问题。

育服务均等化角度理解，核心就是基本办学条件（设备、图书、校舍等）、师资、管理水平的标准统一，应重在促进公平而不是追求特色，且必须强调“适度水平保基本”、“限低又限高”的原则。学前教育对照这一标准，显然是不符合（或不适宜）的。这种不符合，既源自幼儿身心发展的基本规律和特点，也与当前我国经济发展水平、财政支出能力、人才队伍建设等紧密相关。换言之，政府不可能也无力再对学前教育大包大揽，因此，应该允许幼儿家长针对个性化需求而进行不同的选择。所以，从当前及今后一段时间来看，学前教育不宜纳入义务教育领域。

三、公共财政应如何投入学前教育

政府干预学前教育的方式很多，有立法、税收、经办、补贴等。鉴于《教育规划纲要》和“国十条”颁布后，各级政府对学前教育的财政投入迅速增加，学前教育事业迎来了前所未有的发展机遇。那么，怎样才能真正用好这些“真金白银”，促进学前教育健康发展？接下来，将重点以公共财政的投入方式为切入点进行讨论。

从国际及国内的情况来看，公共财政对学前教育的投入方式大体分为“补供方”（即学前教育服务机构）和“补需方”（即幼儿及其家庭）两大类，而每一大类内部又分为若干小类①。一方面，“补供方”和“补需方”是相互关联的，政府对学前教育机构的财政投入，可以看作是对幼儿及其家庭的间接资助；而政府对幼儿及其家庭的各种财政补助，最终也大都流入了学前教育机构，因而也可视为对机构的间接财政投入。另一方面，由于“补供方”赋予机构更大自主权，而“补需方”则赋予幼儿及其家庭更大自主权，因此，两种投入方式实际产生的效果也大不相同。

无论是“补供方”还是“补需方”，都有其适合的环境条件，以及各自的优点和缺陷。简单来说，“补供方”的优势在于，可以公平地分配学前教育服务，

---

① 例如，“补供方”（主要针对我国政府对公办园的投入）可分为按编制拨款、专项拨款、改拨款为返还利润的投资、解除规制以实现与市场对接等形式；“补需方”则可具体分为现金、服务和实物、代币券、税式、规制5种主要形式（详见蔡迎旗：《幼儿教育财政投入与政策》，教育科学出版社2007年版）。

服务价格一旦“惠民”，则可以保障服务的可及性，让更多的适龄幼儿受益；而且，“补供方”也具有便于组织的制度优势，可以凭借政府（教育主管部门）强大的行政力量予以实施。但“补供方”的缺陷在于，服务质量如何保证（监管），服务价格“惠民”后的福利刚性使得财政投入不断扩大，一旦出现财力不足将导致服务提供难以持续。相较而言，“补需方”的优势在于，把主动权、选择权交给了幼儿家长，实现其在享受学前教育服务时能够“用脚投票”；而且，政府不必直接投入学前教育机构，通过购买服务的方式（机构规模可大可小、类型或公或私）实现资源效率最大化。但“补需方”的缺陷在于，其对学前教育服务市场的规范程度要求较高，且须保证能有足够可供幼儿家长选择的机构存在，否则“用脚投票”只是一句空话；此外，“补需方”对政府的管理、执行能力也有较高要求（即怎么补、补给谁、补多少等）。但一言以蔽之，无论是哪种投入方式，其最终意义（或衡量成功与否的标准）仍在于通过相关政策设计真正转化为公众实实在在的福利（核心还是在定价机制上）。

从课题组在各地调研的情况来看，公共财政投入学前教育有几点值得注意：首先，财政投入持续增长固然是好事，但能否真正发挥其杠杆调节（或引导）作用更为重要。换言之，就是要以政府投入为抓手，围绕当前我国学前教育的目标定位，加强学前教育服务体系及人员队伍建设，促进学前教育健康发展。其次，财政投入除了要让幼儿及家庭得实惠外，也应兼顾如何调动学前教育服务机构（及人员）的积极性，以便保证服务内容和质量持续、稳定、不打折扣。如何把“补需方”与“补供方”结合起来，相互取长补短，需要进一步研究。第三，财政投入必须量力而行、尽力而为，既要把历史的欠账尽快补齐，又要综合考虑近中期财政收入整体的增长情况，并尽可能采取符合当地实际的学前教育投入方式。例如，在社会资本不愿意投资的农村和偏远地区（特别是人口稀疏的地区），不一定要复制城市那种集中式、全日制、正规的学前教育服务供给模式，完全可以采取更灵活的方式（或减少服务时间，或多批次幼儿在同一设施内轮换，或由教师在不同集中点流动服务），同时加大对幼儿及家庭的财政补贴等。

最后，再讨论几个涉及政府投入的具体问题：一是如何界定学前教育服务机构（尤其是公办园）的办园成本（或生均成本）？从调研的情况来看，无论是公办园还是民办园，均普遍反映目前的收费价格不足以弥补其成本。现实的情况是，幼儿园报送的成本（通常是要求提高收费标准，或增加财政投入），物价部门不认可；物价部门核算的成本，幼儿园又觉得不合理。对此，不妨暂时跳出二者的争论，或委托专门评估机构，或参考当地同等级民办园的收支情况[①]，先把公办园的生均成本核算清楚，强调普惠（及费用可承受）不等于不考虑成本，对于真实的缺口部分或提高收费标准，或增加财政投入予以弥补。这也将为政府更好地购买学前教育服务提供了可供参考的价格标准。另外，即便同为公办园，实际上已经分为全额拨款、差额拨款、自收自支三类，其整体收支情况差异较大，因此，未来进行收费标准或财政投入调整时需要予以综合考虑。

二是如何确定学前教育服务机构的服务内容与标准？这与服务价格密切相关，也直接影响到“补需方”的效果。基于前文的分析，当前我国的学前教育服务应首先立足于保基本，这就意味着服务内容必须适宜（符合幼儿身心发展的基本规律和特点），服务标准也必须适宜。服务内容的确定，可以借助优质幼儿园（例如，省优示范类幼儿园）科研能力强、业务水平高等优势，为政府去购买学前教育服务、监管服务质量等提供标准和依据。当然，对于这类优质园的政府投入也应调整为支持其开展科研、探索科学保教的方式方法等方面，产出成果完全可以作为“范本”（或“教程”）提供给其他普通园，并由其根据自身特色吸收运用。

三是政府购买学前教育服务的思路还可以进一步拓展。对于学前教育服务机构（包括公办、民办）内的一些关键、重要岗位，完全可以采取类似于设置公益性岗位、由政府购买服务的方式进行提供。例如，考虑到幼儿园的保健员（或保健医生）岗位的重要性，不妨通过当地卫生主管部门予以资格审核及培养、派驻，费用、编制等可另行确定；为确保在岗幼儿教师同工同酬及队伍稳定，不妨由更高层级政府统一为他们购买社会保险，使其待遇水平与编制内的教师差距不大。实际上，对于负责幼儿园基本安全的门卫、保安等岗位，有些地方已经采取由教育主管部门直接购买的方式提供（当然，人员资质审核等还需进一步完

---

① 从幼儿园的支出结构来看，人员工资（特别是没有编制的聘用人员工资）往往是比例最大的部分（约占70%以上），通常这还剔除了一些民办园的土地、园舍等费用；从幼儿园的收入结构来看，除去政府各类奖补资金外，主要是靠收取幼儿的保教费（得益于当地政府监管到位，不存在赞助费、兴趣班等其他收费项目）。可见，成本核算并不复杂且可操作。

善）。以上这些购买服务的思路，在一定程度上也是为了缓解学前教育服务机构的办园成本考虑，同样也是间接减轻幼儿家长的费用负担。因此，政府购买服务的同时，监管也必须到位（即对这些机构的服务价格、内容、质量等加强监管），并对具体细节方面继续深入研究。

佘 宇 执笔

第二章
我国学前教育发展历程及基本经验

学前教育是国民教育体系的基础，是学校教育的起点，对于儿童身心健康、习惯养成、智力发展有着重要的作用。建国以来特别是改革开放以来，我国学前教育事业取得了长足的发展，也经历了曲折的发展过程。60多年来学前教育的发展，是我国教育事业发展的缩影。在这一历史进程中，我们不断深化对学前教育发展规律的认识，得出了十分重要的结论：学前教育是国民教育体系的基础性事业；政府在发展学前教育中要发挥主导作用；办好学前教育的关键在教师；实施学前教育的前提是尊重幼儿身心发展规律；学前教育的生机活力在深化改革；发展学前教育需要全社会共同努力。

一、计划经济时期的学前教育（1949～1978年）

建国以前，我国大中城市已经举办了形式多样的幼儿教育机构，但幼儿教育总体上仍然相当滞后。新中国成立以后，党和国家高度重视幼儿教育事业。1949年11月，中央人民政府教育部成立，即在初等教育司内设立幼儿教育处负责全国的学前教育的领导和管理。1951年10月，《政务院关于改革学制的决定》指出幼儿教育是基础教育的第一阶段，幼儿园是实施幼儿教育的组织，其培养目标是根据新民主主义教育方针教育幼儿，使他们的身心在入小学前获得健全的发育，这是对学前教育属性的重大判断，即学前教育事业是教育事业的重要组成部分。

针对当时的国情和发展需要，党和国家确立了幼儿教育为工农大众服务、幼儿园首先在有条件的城市设立、动员社会各方面力量发展幼儿教育的方针。在当时的政治背景下，各类教育机构被认为是旧社会的遗产，需要有计划有步骤地进行改造，因此一方面政府开始在全国范围内接办私立幼儿园，另一方面要求依靠群众发展托儿所、幼儿园，采取工业地区和大、中城市以工厂、机关、团体、群众自办为主的方针，农村则根据需要与自愿的原则，提倡农业生产合作社或互助组办理季节性的托儿所和幼儿园，从而形成了学前教育的城乡二元结构特征。尽管这一时期仍然鼓励社会力量举办学前教育，但是在1956年完成“三大改造”实行计划经济体制的大背景下，民办学前教育难以有生存的土壤，学前教育机构以政府办、企事业单位办、集体办、教育部门办四种类型为主①。其中企事业单位举办学前教育机构是当时单位办社会体制的重要标志，实际上是将学前教育事业作为单位福利的组成部分，突出“为国家建设服务”目标，目的是通过单位提供托幼服务，解除职工的后顾之忧，适应妇女就业的需要，让更多的妇女和母亲有时间参加政治生活、生产劳动、文化教育活动等，在一定程度上是把学前教育作为妇女解放的附属品，而没有真正认识到学前教育对幼儿自身发展的重要意义②，没有体现学前教育事业作为教育事业的内在要求。

根据第一次全国教育会议提出“教育必须为国家建设服务，教育必须向工农开门”的总方针以及“特别要借助苏联教育建设的先进经验”的原则，学前教育教学主要学习了苏联的经验。1952年颁布试行的《幼儿园暂行教学纲要（草案）》参照苏联教育模式，将幼儿教育科目划分为体育、语言、认识环境、图画手工、音乐、计算六科，形成了分科的教学体系。在教师队伍建设方面，一方面通过各级各类师范院校加强学前教育教师培养。首先是对原来分散的学前教育教师的培养机构进行集中整合并科学布局，形成以南京师范学院、北京师范大学、西南师范大学、西北师范大学以及东北师范大学培养学前教育教师的总体格局，并在全国各省区设立中级和初级师范学校。另一方面，通过加强对原有学前教育干部、教师的培训，提升教育水平和能力③。与此同时，政府人力提升学前教育教师的地位待遇，比如规定幼儿园教职员工退休等待遇参照国家机关工作人员有

---

① 曾晓东：“转型期我国学前教育发展的体制问题”，《幼儿教育》，2005年第3期。

② 吕萍：“建国以来我国关于幼儿教育事业发展的政策述评”，《中国青年政治学院学报》，2008年第2期。

③ 何晓夏主编：《简明中国学前教育史》，北京师范大学出版社1989年版，第247～248页。

关规定执行。

在国家大力支持下，学前教育事业发展迅速，幼儿入园数大幅提升，形成了各种类型、不同层次、多种形式的幼儿教育机构。据统计，1957 年我国学前教育幼儿园入园幼儿达到 108.8 万人，是解放前最高年（1946 年）的 13 万人的 8.3 倍[①]。教育部门主办的幼儿园 4400 所、工矿、企业、机关等部门主办的幼儿园 3400 所、民办幼儿园 8600 所[②]。学前教育教师 4.98 万人，是 1946 年的 23 倍[③]。

1958 年至 1960 年期间，在“大跃进”的背景下，曾提出在三年到五年的时间内基本完成“使学龄前儿童大多数都能入托儿所幼儿园的任务”，学前教育超常规快速发展。特别在农村，一些地方不顾经济社会条件的承受能力和学前教育特点，过多强调幼儿园数量扩张，企图一夜之间就实现托儿化，造成了一定的混乱。1961 年 1 月召开的中共八届九中全会决定对国民经济实行“调整、巩固、充实、提高”的方针，学前教育开始恢复正常发展，幼儿园数量、入园幼儿人数、幼儿师范学校都基本处于稳定增长的状态。“文化大革命”期间，学前教育的基本办学方向遭到全盘否定，各级幼儿教育行政单位被撤销，幼儿师范学校纷纷停办，一些幼儿园被解散，学前教育发展进入低谷。

二、曲折发展的学前教育（1978～2010 年）

（一）学前教育恢复发展（1978～1991 年）

“文革”结束后，为尽快恢复教育秩序，国家提出了“整顿、恢复、发展、巩固”的教育发展八字方针，学前教育在改革开放的社会大环境下受到较高重视，获得了积极发展的条件。1978 年，教育部在普通教育司设立幼教特教处，恢复了学前教育管理机构，1979 年《全国托幼工作会议纪要》明确指出，坚持公办和民办“两条腿走路”方针，恢复、发展、整顿、提高各类托幼组织。随

---

① 《中国教育年鉴》编辑部：《中国教育年鉴 1949－1981》，中国大百科全书出版社 1984 年版，第 80 页。

② 史慧中：“中华人民共和国幼儿教育 50 年大事记（三）”，《幼儿教育》，1999 年第 12 期。

③ 何晓夏主编：《简明中国学前教育史》，北京师范大学出版社 1989 年版，第 247～248 页。

着居民生活水平的提高，原来在计划体制下对幼儿园“托幼服务”需求不高的农村，对幼儿教育的需要也不断增强，针对农村学前教育面临着的突出问题，1983 年教育部发布了《关于发展农村幼儿教育的几点意见》，指出学前教育必须坚持“两条腿走路”的方针，肯定了学前一年学前班的形式。在国家大力支持和引导下，我国学前教育事业逐渐恢复并快速发展，据统计，1991 年底，我国城乡幼儿园总数达 16. 4465 万所，是 1965 年的 1. 9226 万所的 8. 5 倍；全国在园幼儿数达 2209. 29 万人，是 1965 年 171. 3 万人的近 13 倍。

这一时期，随着经济体制改革向纵深全面推进，国有企业办社会的体制开始受到冲击，主要依托企事业单位的学前教育机构逐渐不适应，迫切需要改革，建立社会化的管理体制。1985 年《中共中央关于教育体制改革的决定》明确基础教育实行地方负责、分级管理的原则，“统一领导，分级管理”的学前教育管理体制得到明确，学前教育成为各地区经济和社会发展的重要内容①。1987 年我国对学前教育管理体制进行了重大调整，撤销了国务院下设的协调机构——托幼工作领导小组，将学前教育归口教育部门管理，更加突出了学前教育的教育属性。随着管理体制的明确，加上学前班这种因地制宜的学前教育形式在农村地区推广等一系列问题的突破和解决，我国学前教育处于相对稳定健康发展阶段。

（二）学前教育在曲折中发展（1992～2010 年）

1992 年党的十四大确立了建立社会主义市场经济体制的总目标。围绕这一要求，在教育领域要求改变国家包办教育的局面，支持和鼓励民间办学，建立与社会主义市场经济体制相适应的办学体制。由于我国学前教育在建国伊始就具有多元化办学的传统②，因此整个教育办学体制的变化进一步刺激了民办学前教育的发展，这一时期，民办学前教育发展速度明显加快，成为学前教育事业发展的重要力量。

相比较而言，公办学前教育发展却出现了一些困难。自 20 世纪 80 年代开始

---

① 魏军：“对我国学前教育管理体制政策的回顾及其特点分析”，《内蒙古师范大学学报（教育科学版）》，2013 年第 2 期。

② 吕萍：“建国以来我国关于幼儿教育事业发展的政策述评”，《中国青年政治学院学报》，2008 年第 2 期。

的国有企业改革在90年代进一步推进，逐步触及一些深层次的矛盾和问题。由于城市大量的国有以及集体企事业单位纷纷改制，原来以企业福利形式开办属于公办性质的学前教育成为企事业单位的包袱，因此也不可避免地面临改革，改革的最主要形式就是将学前教育机构推向市场[①]，让其成为由市场主导、自负盈亏的主体，这使得城市公办幼儿园数量急剧下滑，尽管民办学前教育机构发展很快，但全社会学前教育资源仍十分短缺，成为非常突出的社会问题。农村学前教育情况更为严峻，从2001年起进行的税费改革开始，学前教育的情况也发生改变，使得农村公办学前教育出现难以为继的局面[②]。在这种情况下，2003年《关于幼儿教育改革与发展指导意见的通知》重申了“两条腿走路”的方针，提出2003年至2007年学前教育改革的总目标是形成以公办幼儿园为骨干和示范，以社会力量兴办幼儿园为主体，公办与民办、正规与非正规教育相结合的发展格局。总的来看，这一时期，学前教育事业发展主要依靠社会力量的努力。根据教育部网站统计数据显示，2001年至2010年，我国民办幼儿园数量一直处于递增状态，在全国幼儿园总数所占比也越来越大，由39.9%上升至68%。民办幼儿园的快速发展，一定程度上弥补了政府投入的不足，但公办幼儿园数量呈现持续萎缩趋势，也带来了学前教育整体质量下滑以及不公平等诸多问题。与此同时，学前教育教师队伍建设也出现了一些问题，学前教育教师总体素质不高，收入普遍偏低，社会地位不高，职业认同感不强，尤其是民办学前教育教师队伍不稳定，流动性大，教师工资待遇低，成为普遍现象[③]。

不过，尽管学前教育事业出现了滑坡，但学前教育作为一种教育类型开始受到重视，人们对学前教育的认识逐步全面、深刻。2001年，教育部颁发的《幼儿园教育指导纲要（试行）》提出了一些重要的认识：学前教育作为基础教育组成部分和学校教育、终身教育的起始阶段；幼儿学习是综合的和整体的，应使幼儿获得完整的经验；学前教育分为健康、社会、科学、语言、艺术等五个方面。

---

① 吕萍：“建国以来我国关于幼儿教育事业发展的政策述评”，《中国青年政治学院学报》，2008年第2期。

② 韩清林：“‘普及与公平’是中国学前教育发展战略和基本政策的必然选择”，《当代教育科学》，2011年第3期。

③ 钱珏：“学前教育师资流动性的负面影响”，《包装世界》，2013年第3期。

这些表述，是对建国以来一直沿用的苏联式的学前教育模式的扬弃，指明了学前教育发展的正确方向，深化了对学前教育的认识，为推动学前教育事业科学发展提供了思想基础和理论前提。2007 年党的十七大报告中把“重视学前教育”作为优先发展教育、建设人力资源强国的重要内容，进一步提升了学前教育的地位，标志着对学前教育的认识上升到新的水平。

三、学前教育快速普及（2010 年至今）

由于历史欠账太多，政府投入未及时到位，新世纪以来，“入园难、入园贵”问题更加突出，社会高度关注，人民群众反映强烈，这也是在制定教育规划纲要征求意见时反映比较集中的问题之一。在 2010 年《教育规划纲要》中，将学前教育作为教育事业发展的八大任务之一，专列一章进行重点部署，并提出到 2020 年基本普及学前教育。这是国家在基本普及义务教育以后，为实现更高水平的普及教育而做出的又一重大决策，开启了普及学前教育的进程。

为贯彻落实《教育规划纲要》，加快推进学前教育发展，切实解决“入园难”问题，2010 年 11 月，国务院印发《关于当前发展学前教育的若干意见》，对学前教育改革发展进行了系统的制度设计，出台了十条强有力的政策措施，进一步明确了学前教育的性质定位和发展方向，并提出了多种形式扩大学前教育资源、多途径加强幼儿教师队伍建设、多渠道加大学前教育投入、加强对幼儿园的监督管理等真招实招，被社会各界热议为学前教育“国十条”。许多地方都建立完善了学前教育联席会议制度或者组建学前教育工作领导小组制度，在政府统筹领导之下，加强各部门之间的协调配合。“十二五”期间，中央财政拟安排 500 亿元，重点支持中西部地区和东部困难地区发展农村学前教育。全国 31 个省（区、市）以县为单位编制实施学前教育三年行动计划，多种形式扩大学前教育资源，入园难问题得到极大缓解，2013 年，全国共有幼儿园 19.86 万所，在园幼儿（包括附设班）3894.69 万人，幼儿园园长和教师共 188.51 万人，学前教育毛入园率已达到67.5%。[①] 与此同时，0~3岁婴幼儿早期教育试点已在14个地区开展，通过集合社区、家长和托幼机构的资源，探索科学规范的幼儿教育模式。《3~6岁儿童学习与发展指南》借鉴国际先进经验，坚决防止幼儿教育“小学化”。

四、我国学前教育发展的历史经验

60多年来学前教育事业的发展，是我国教育事业发展的缩影。在这一历史进程中，我们不断深化对学前教育发展规律的认识，得出了十分重要的结论。

（一）学前教育是国民教育体系的基础性事业

长期以来，我国学前教育按照“让孩子健康成长”和“让家长安心工作”两方面的要求发展，体现了其教育属性和社会服务属性。随着认识的不断深入，学前教育作为一种重要的教育类型被广泛接受，并与初等教育、中等教育、高等教育一起构成了现代国民教育体系。与其他各级各类教育事业相比，学前教育更具有基础性、先导性作用，因为学前教育必须在特定时期实施和完成的，具有不可补偿性，十分关键，也非常紧迫。发展学前教育不仅能促进幼儿全面健康发展，也能够带动整个教育事业健康发展。因为教育培养人是一个不断发展的累计过程，学前教育作为国民教育体系的开端，显得尤为重要。只有学前教育良性发展，各级各类教育事业才能协调、可持续发展，反之，学前教育发展滞后，将直接影响义务教育及以后学段教育事业发展，影响人民群众对教育事业全局的总体评价。为确保2020年基本建成学习型社会、基本实现教育现代化，必须把办好学前教育放在更加突出重要的位置。

（二）政府在发展学前教育中要发挥主导作用

学前教育是基本的民生需求，具有鲜明的社会公共产品的属性，必须让广大

---

① 教育部，2013年全国教育事业发展统计公报，http：//www.moe.gov.cn/publicfiles/business/htmlfiles/moe/moe_633/201407/xxgk_171144.html。

家庭子女都能够有园上，上得起，体现普惠性。但学前教育的公益性和普惠性，不能通过市场机制自动实现，必须切实发挥政府的主导作用。由于民办学前教育机构对服务对象的选择性，弱化甚至放弃政府对于学前教育的责任，甚至将学前教育完全交给市场供给，势必影响学前教育（尤其是农村学前教育）的普及以及学前教育质量的提高，这是我国学前教育发展中的深刻教训。当然，政府在学前教育中发挥主导作用，不是要直接干预学前教育事业发展和学前教育机构运行，而是要发挥好统筹规划、政策引导、监督管理和提供公共服务职能。统筹规划，就是要把学前教育纳入整个经济社会发展规划和教育事业规划，科学布局，实现学前教育服务全覆盖。政策引导，就是综合运用标准、投入等手段，引导学前教育机构面向社会大众提供普惠性服务。监督管理，就是要严格执行幼儿园准入制度，加强动态监管，建立幼儿园保教质量的评估和监管体系。提供公共服务，就是要为公民提供数量充足、质量保证和成本合理的公共学前教育服务，这也是履行政府职能的基本要求。需要指出的是，政府主导并不是政府包办，仍然要发挥好社会力量的作用，适当满足一些个性化的需求，加快形成“政府主导，社会参与，公办民办并举”的办园局面。

（三）办好学前教育的关键在教师

3~6岁幼儿是学前教育的对象，相对于其他学段的教育对象，教师的作用更为重要，孩子能否受到科学的学前教育，能否获得身心健康和谐发展，主要取决于教师的专业水平。因此发展学前教育，关键是教师，难点之一也是教师。事实上，我国学前教育的发展状况与幼儿教师队伍状况密切相关。计划经济时期形成了完整的幼儿教师培养培训体系，建成了一支专业化的稳定的幼儿教师队伍，支撑了当时的学前教育发展，改革开放之后一段时期里，尽管在分离单位办社会职能中，幼儿园建设出现了一些波动，但幼儿教师培养培训工作没有中断，学前教育事业的基础仍然比较稳固。但是随着中等师范教育和高等师范教育的深刻变革，幼儿教师培养培训体系遭到破坏，导致师资数量不足、师资水平偏低、师资流动性过大等诸多问题，在老少边穷地区、农村地区更为突出。世纪之交出现的“入园难”问题从表面上看是幼儿园数量不足，实质上是缺少合格的幼儿教师，一些地方存在的幼儿园小学化问题，也与缺乏高质量、专业化的幼儿教师有关。

2010 年各地启动的学前教育行动计划均将幼儿教师队伍建设作为发展学前教育的重要突破口，抓住了带动学前教育发展的关键环节。

同时也要看到，加强幼儿教师队伍是一个系统工程，需要抓住关键环节，综合治理。一是要加大培养，要适应幼儿教师的专业特点，完善学前教育师资培养体系。二是要加强管理，建立幼儿园园长、教师资格制度，严格上岗、聘任等环节的资格准入监管。三是要增强吸引力，通过提高幼儿园教师待遇和保障水平等多种措施，吸引和鼓励优秀人才从事学前教育工作。

（四）实施学前教育的前提是尊重幼儿身心发展规律

“有园上”解决的是受教育机会，但孩子能否受到科学的学前教育，能否获得身心健康和谐发展，主要取决于幼儿园是否按照幼儿身心发展规律开展合适的保育和教育活动。丰富的教育实践表明，6 岁前是幼儿智力、行为习惯、性格等各个方面发展的特殊阶段，这一阶段儿童在幼儿园的学习和中小学生的正规学业学习有着本质区别，学前教育阶段孩子有自身的特点和规律，必须遵循他们身心发展的规律，提供适应他们年龄特点和发展需要的保育和教育活动。建国初期的学前教育采取苏联模式的分科教学法，在一定程度上没有很好地遵循幼儿身心发展的规律，这有当时的历史局限。1999 年《面向 21 世纪教育振兴行动计划》提出“实施素质教育，要从幼儿阶段抓起”，从而将学前教育纳入素质教育范围。2001 年的《幼儿园教育指导纲要（试行）》将学前教育分为健康、社会、科学、语言、艺术等 5 个方面，取代了施行长达四十多年的分科教育模式。随着学前教育的不断普及，加强科学保教，坚决防止和纠正“小学化”现象成为办好学前教育的关键。

（五）学前教育的生机活力在深化改革

过去的经验表明，仅仅依靠增加投入，并不能一劳永逸地办好学前教育，必须改革妨碍学前教育健康发展的体制机制障碍，才能推动学前教育科学发展。一是改革学前教育管理体制，要形成中央政府规划、省级政府统筹、县级政府为主的管理体制，教育部门主管，价格、卫生等有关部门分工负责的工作机制，最终形成各级政府、政府各部门责任明确、有效联动的管理格局。二是改革学前教育办学体制，我国长期以来形成的公办、民办“两条腿走路”的学前教育办学思路是正确的，要长期坚持，公办幼儿园要提供“广覆盖、保基本”的学前教育公共服务，政府举办幼儿园要向老少边穷地区、农村倾斜，政府要大力支持民办幼儿园发展，积极引导民办幼儿园提供个性化、特色化的普惠性服务。三是改革幼儿园管理机制。按照建设现代学校制度的要求，推动政校分开、管办分离，建立符合幼儿园特点的管理制度和配套政策。

（六）发展学前教育需要全社会共同努力

学前教育体系是一个复杂的系统：各级政府管学前教育，政府、单位、个人举办学前教育机构，教师对幼儿进行保育和教育，家长参与学前教育的各个环节。只有调动社会各方面的积极性，才能使学前教育得到更好的发展。从办园体制上看，我国仍然是一个发展中国家，经济实力还不是很强大，特别是农村地区、边远贫困地区和中西部地区，政府能用于学前教育的经费还较为有限。因此，仅仅依靠政府办园还不够，要积极鼓励社会力量参与办学，举办多种形式的幼儿园，弥补政府办园数量和种类上的局限性。从育人角度看，学前教育涉及多个环节和不同方面，幼儿园教育不能完全涵盖幼儿教育的全部工作，需要社会为其营造安全的环境，需要家长和教师的密切配合。

单大圣　执笔

第三章
用好财政资金，促进学前教育按需发展

学前教育是国民教育体系的重要组成部分，是学校教育和终身教育的起始和奠基阶段。但我国目前学前教育供需矛盾突出，且城乡差距大、办园不规范，“入园难、入园贵”等问题依然存在，群众意见较多。从国际上来看，越来越多的国家将学前教育作为国家的福利事业，并予以国家法律法规的保障；各国学前教育的办学体制与机构类型越来越呈现出多元化特征；政府财政投入越来越成为学前教育经费的重要来源。此外，部分国家还通过立法保证幼儿园教师编制、将其纳入公务员系列使其拥有公务员或公务雇员身份等方式，保证教职人员队伍的稳定和质量提高。在借鉴国外部分国家学前教育发展经验及我国学前教育服务体系基本现状的基础上，本报告建议强化学前教育服务的公共品属性，在路径选择上，突出“保基本、强基层、建机制”，强调服务对象的普惠性、服务内容和标准的适宜性、服务提供的可及性、服务价格的可承受；在策略选择上，通过相关政策设计使政府投入切实转化为公众福利，并以项目带动工作和制度建设，用试点示范引导财政资金使用方式，从而促进学前教育按需发展。

学前教育是国民教育体系的重要组成部分，是学校教育和终身教育的起始和奠基阶段。作为一种选择性教育，学前教育兼有教育事业和社会福利事业属性，且儿童在这个年龄段通过机构集中为主、相对在家为主各有利弊。因此，政府管理的重点应放在提供补贴的同时妥善处理家长和教育机构之间的关系。

一、我国学前教育面临的问题与挑战

从当前的情况来看，我国的学前教育发展严重滞后于社会需要，大城市中的“入园难、入园贵”等问题已经形成民怨，普遍表现出以下三方面问题。

（一）普及率低，公办园和民办园发展不平衡

20 世纪 90 年代以来，由于受到国有企事业单位改制、城镇建设布局调整、中小学布局调整等多种因素影响，我国学前教育事业不仅徘徊不前，甚至出现严重滑坡。因此，国家在部署“九五”、“十五”、“十一五”期间经济社会发展时，都规划了学前教育事业的发展目标，并制订了一系列的方针、政策确保目标实现。

但从结果看，2000 年学前三年入园率为 37.7%，没有实现“学前三年入园率全国总体达到 45%”的“九五”规划目标①；2005 年学前三年入园率为 41.4%，虽比 2001 年提高了 5.5 个百分点，也没有实现“十五”规划目标②；2010 年学前三年入园率达到 56.6%，比 2005 年大幅提高了 15.2 个百分点，虽如期实现了“学前三年毛入园率达到 55% 以上”的“十一五”规划目标，但仍谈不上基本普及，尤其是经济欠发达地区和农村地区普及率低。

表 3.1　　我国幼儿入园率情况

	2001	2002	2003	2004	2005	2006	2007	2008	2009	2010
学前三年入园率（%）	35.9	36.8	37.4	40.8	41.4	42.5	44.6	47.3	50.9	56.6
学前一年入园率（%）	70.0	68.3	64.3	71.8	72.7	—	74.7	—	74.0	—

资料来源：根据《中国教育改革 30 年·学前教育卷》及《中国学前教育发展战略研究》等整理。

中央教育科学研究所 2010 年发布的《中国学前教育发展战略研究》显示：

① “九五”（1996～2000 年）提出的规划目标是：学前三年入园率全国总体达到 45%；经济欠发达省（区）35%；经济中等省（市）55%；经济发达省（市）75%。

② “十五”（2001～2005 年）提出的规划目标是：全国学前三年幼儿受教育率达到 55%，其中，占全国人口 15% 未实现“两基”的贫困地区，力争学前三年幼儿受教育率达到 35%；占全国人口 50% 左右、已经实现“两基”的农村地区（主要在中、西部地区），努力使学前三年幼儿受教育率达到 50%；占全国人口 35% 的大、中城市和经济发达地区，使学前三年幼儿受教育率达到 90%。

根据国家“十五”和“十一五”规划，全国学前一年入园率为80%，中西部贫困地区和农村地区学前一年的入园率为60%～80%；全国学前三年入园率大约为55%，中西部贫困地区和农村地区则大约为35%～55%。换言之，2010年仍有大约20%～40%的幼儿不能接受学前一年教育，45%～65%的幼儿不能接受学前三年教育。

总体而言，我国的公办园和民办园发展也很不平衡，民办园发展迅速，公办园却逐年减少。据《中国教育统计年鉴》，1994～2010年，民办园从1.83万所增加到10.23万所，公办园则从15.64万所减少至4.81万所，2010年民办园所占比例已超过总量的68%。

与此同时，民办园在园幼儿数量也呈增长趋势，但由于其规模都相对较小，公办园仍是吸纳幼儿的主体。1994～2010年，民办园在园幼儿数量从103.62万人增加到1399.47万人，公办园在园幼儿数量则从2526.65万人减少至1577.20万人（其中2007年一度达到最低的1480.08万人），2010年超过1/2的幼儿仍集中在仅占幼儿园总量不到1/3的公办园。

表3.2 我国幼儿园及在园幼儿情况

		1994	1995	1996	1997	1998	1999
幼儿园数（万所）	公办园	15.64	15.97	16.29	15.78	15.05	14.41
	民办园	1.83	2.08	2.45	2.46	3.08	3.70
	全部	17.47	18.04	18.73	18.25	18.14	18.11
在园幼儿（万人）	公办园	2526.65	2601.25	2535.94	2384.08	2232.25	2103.83
	民办园	103.62	109.99	130.39	134.88	170.78	222.43
	全部	2630.27	2711.23	2666.33	2518.97	2403.03	2326.26
		2000	2001	2002	2003	3004	2005
幼儿园数（万所）	公办园	13.15	6.72	6.34	6.09	5.57	5.56
	民办园	4.43	4.45	4.84	5.55	6.22	6.88
	全部	17.58	11.17	11.18	11.64	11.79	12.44
在园幼儿（万人）	公办园	1959.92	1679.91	1635.50	1523.68	1505.29	1510.94
	民办园	284.26	341.93	400.52	480.23	584.11	668.09
	全部	2244.18	2021.84	2036.02	2003.91	2089.40	2179.03

续表

		2006	2007	2008	2009	2010	
幼儿园数（万所）	公办园	5. 51	5. 15	5. 06	4. 89	4. 81	
	民办园	7. 54	7. 76	8. 31	8. 93	10. 23	
	全部	13. 05	12. 91	13. 37	13. 82	15. 04	
在园幼儿（万人）	公办园	1488. 16	1480. 08	1492. 93	1523. 64	1577. 20	
	民办园	775. 69	868. 75	982. 03	1134. 17	1399. 47	
	全部	2263. 85	2348. 83	2474. 96	2657. 81	2976. 67	

资料来源：根据历年《中国教育统计年鉴》。

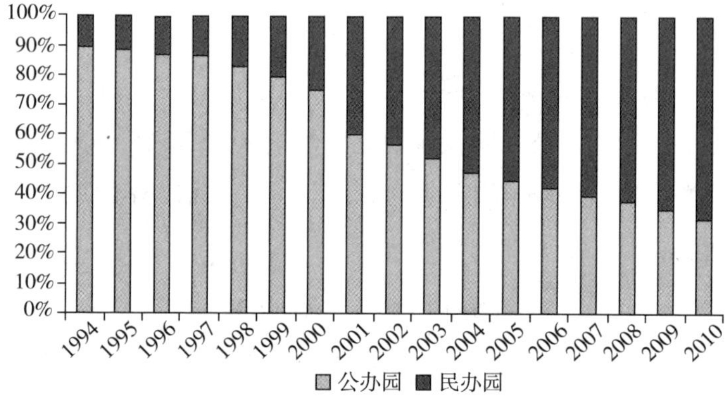

图 3.1　1994～2010 年我国幼儿园构成情况

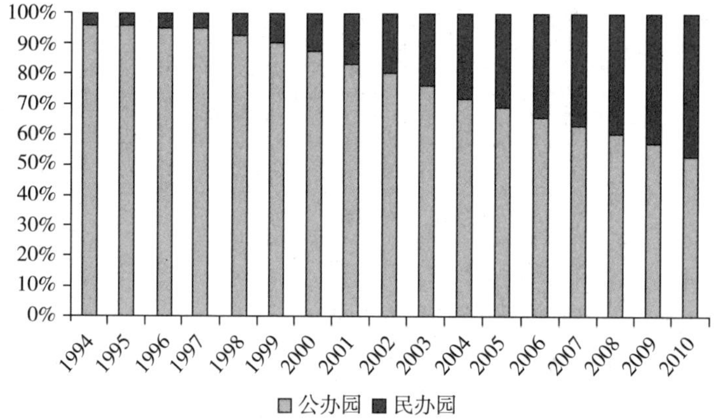

图 3.2　2001～2010 年我国在园幼儿构成情况

（二）农村资源严重不足，城乡条件差距大

长期以来，由于受到管理体制不健全、财政投入与保障机制缺失等多方面因素的影响，我国农村学前教育事业发展缓慢，普及率低，城乡差距大。可以说，农村学前教育已成为整个学前教育事业发展的薄弱环节。

首先，农村学前教育普及率低。中国农工民主党中央文化工作委员会2009年的报告①显示，2007年城镇学前三年毛入园率为55.6%，农村仅为35.6%，两者相差20个百分点，城乡之间的差距比2006年增加了2.96个百分点，比2005年增加了3.81个百分点。这也就意味着，2007年有64.4%的农村适龄幼儿不能接受学前三年教育。

其次，农村学前教育资源短缺。据《中国教育统计年鉴》，1987～2010年，农村幼儿园数量减少了一半以上，从1987年的128155所下降到71588所，而同一时期城市幼儿园数量则从29021所增加至35845所，县镇幼儿园数量从19599所增加到42987所。近年来，随着农村留守幼儿数量的不断增多，这一群体的入园需求也急剧增加，农村学前教育资源短缺问题更为突出。②

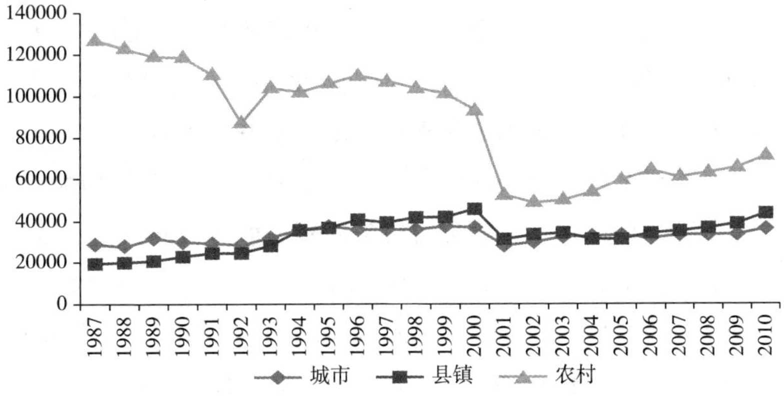

图3.3 不同区域幼儿园的数量变化情况（单位：所）

---

① 聂振强："关于'将城乡幼儿教育纳入国民教育体系建议'的调研报告"，2009年12月2日，http：//www.czfzzx.org/xqconpro.asp？id=727。

② 据统计，2008年，学龄前（0～5周岁）农村留守幼儿有1569万人，占全国农村同龄幼儿的30.46%，集中分布在中西部人口大省。而令人担忧的是，目前在中西部22个省区市的27284个乡镇中，有一半乡镇没有一所中心幼儿园（参见刘琴："农村幼儿入园难在哪儿"，《中国教育报》，2010年2月4日）。

第三，农村学前教育师资不足。从幼儿教师的数量来看，农村从 1987 年的 356499 人下降到 2010 年的 275846 人，而同一时期城市则从 189085 人增加至 462844 人，县镇从 105808 人增加到 405535 人。从幼儿教师的区域分布来看，农村的占比也在大幅下降，从 1987 年的 54. 73% 下降到 2010 年的 24. 11%，而同一时期城市则从 29. 03% 增加至 40. 45%，县镇从 16. 24% 增加到 35. 44%。

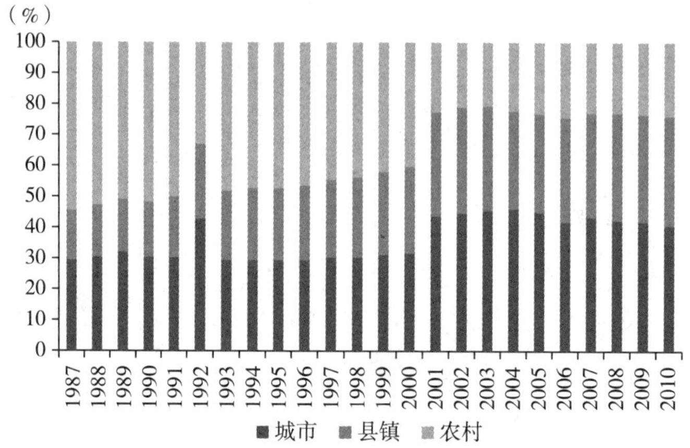

图 3. 4　不同区域幼儿教师的分布情况

第四，农村学前教育教学条件较差。据《中国教育统计年鉴》，2001～2010 年，农村幼儿园的各项建设指标虽有不同程度的改善，但与城市、县镇相比，仍存在较大差距。从生均校舍建筑面积来看，城市从 2001 年的 6. 15m^2增加到 2010 年的 7. 02m^2，县镇从 3. 56m^2 增加到 4. 67m^2，农村仅从 1. 30m^2 增加至 2. 79m^2；从生均教学及辅助用房面积来看，城市从 3. 90m^2 增加到 4. 56m^2，县镇从 2. 36m^2 增加到 3. 13m^2，农村仅从 0. 89m^2 增加至 1. 89m^2；从生均户外活动场面积来看，城市从 4. 09m^2下降到 4. 14m^2，县镇从 2. 74m^2 增加到 3. 16m^2，农村仅从 1. 77m^2 增加至 3. 04m^2；从生均图书来看，城市从 4. 19 册增加到 6. 39 册，县镇从 2. 40 册增加到 3. 90 册，农村仅从 0. 96 册增加至 2. 27 册；从生均教学用录像录音带来看，城市从 0. 55 盒增加到 0. 95 盒，县镇从 0. 25 盒增加到 0. 51 盒，农村仅从 0. 09 盒增加至 0. 31 盒。

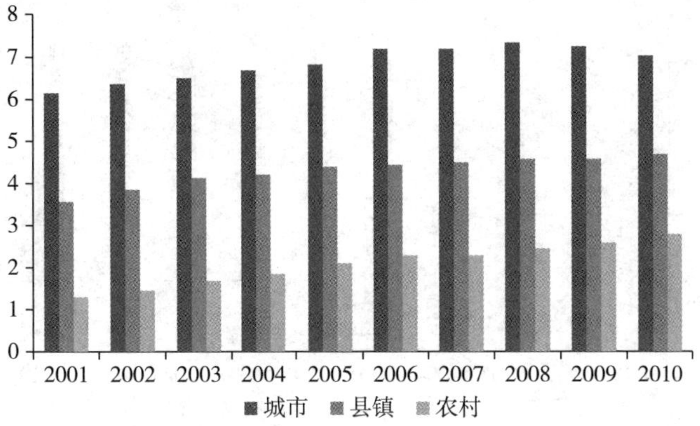

图 3.5　不同区域幼儿园的生均校舍建筑面积变化情况（单位：m^2）

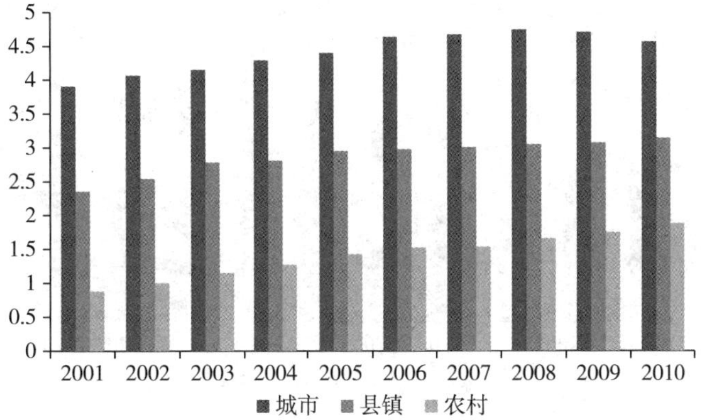

图 3.6　不同区域幼儿园的生均教学及辅助用房面积变化情况（单位：m^2）

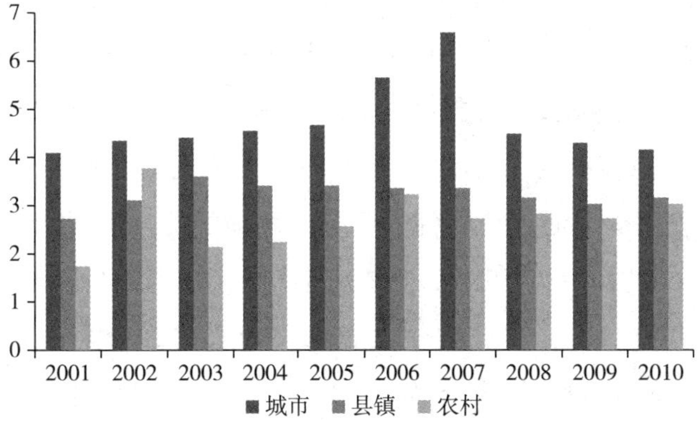

图 3.7　不同区域幼儿园的生均户外活动场面积变化情况（单位：m^2）

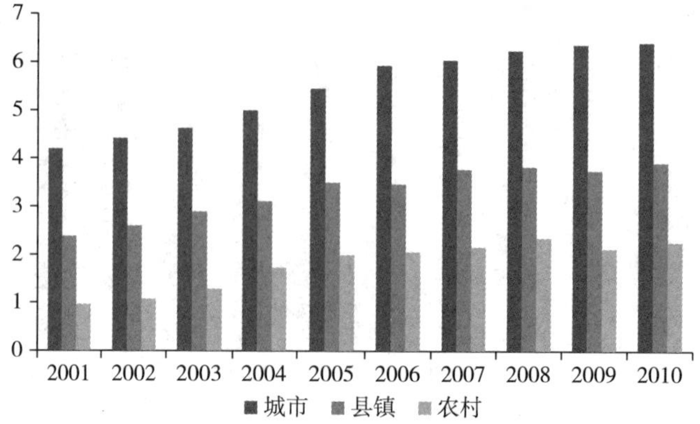

图 3.8　不同区域幼儿园的生均图书数量变化情况（单位：册）

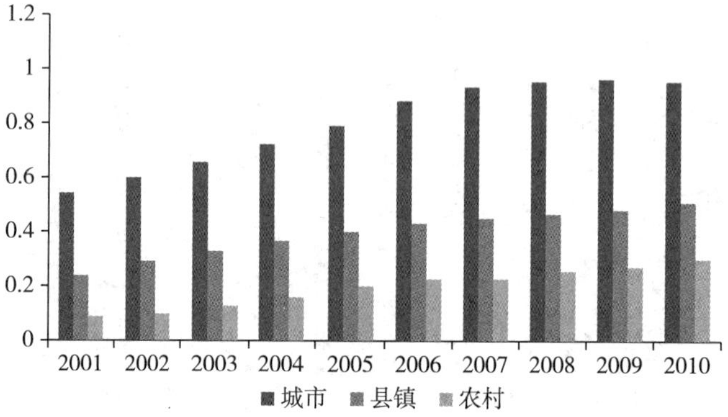

图 3.9　不同区域幼儿园的生均教学用录像录音带数量变化情况（单位：盒）

最后，农村学前教育质量堪忧。在园幼儿与幼儿教师的比例是衡量学前教育服务质量的良好指标。1987～2010 年，全国平均值从 1987 年的 28∶1 提高到 2010 年的 26∶1，城市从 22∶1 提高到 16∶1，县镇从 24∶1 下降至 25∶1，农村更是从 32∶1 下降到 44∶1。当然，城乡学前教育之间的质量差异也反映在幼儿教师的学历、职称等方面。从专科学历以上教师的数量来看，2001～2010 年，城市从 98141 人增加至 330919 人，县镇从 49689 人增加到 243842 人，农村仅从 18597 人增加到 115191 人，仍低于城市 2002 年、县镇 2006 年的水平；从专科学历以上教师的区域分布来看，一半左右在城市，三成多在县镇，仅有一成多在农村，且 10 年间基本没有变化；从专科以上学历教师的占比来看，城市从 41.24% 增加至 71.50%，县镇从 27.19% 增加到 60.13%，农村从 14.82% 增加到

41.76%，也就是说，2010 年农村仍有近六成的幼儿教师未达到专科以上学历；从未评职称教师的比例来看，城市从 37.97% 增加至 61.57%，县镇从 45.73% 增加到 61.29%，农村更是从 71.50% 增加到 75.96%，换言之，2010 年农村仍七成以上的幼儿教师没有职称；从代课教师①的占比来看，城市从 5.85% 下降至 5.84%，县镇从 9.05% 增加到 10.57%，农村从 20.62% 下降到 15.01%，不仅高于县镇同一时期的水平，更是远高于城市 2001 年的水平。

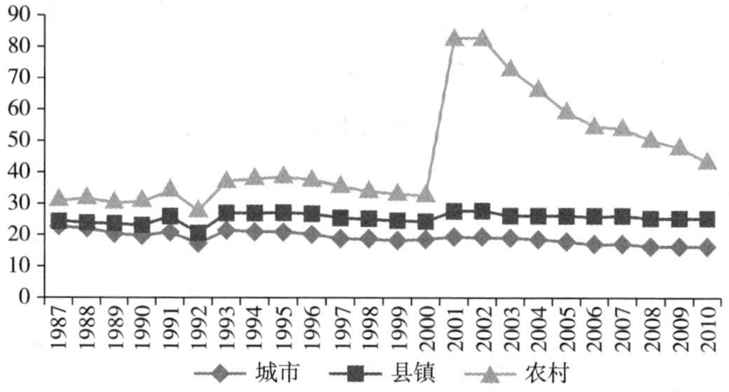

图 3.10　不同区域幼儿园的在园幼儿与幼儿教师的比例

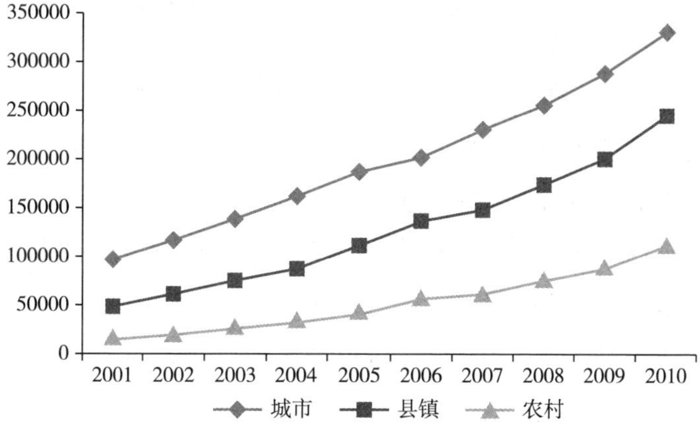

图 3.11　不同区域幼儿园专科以上学历幼儿教师的数量变化情况（单位：人）

① 代课教师与专任教师在资质和素质方面都存在差异。

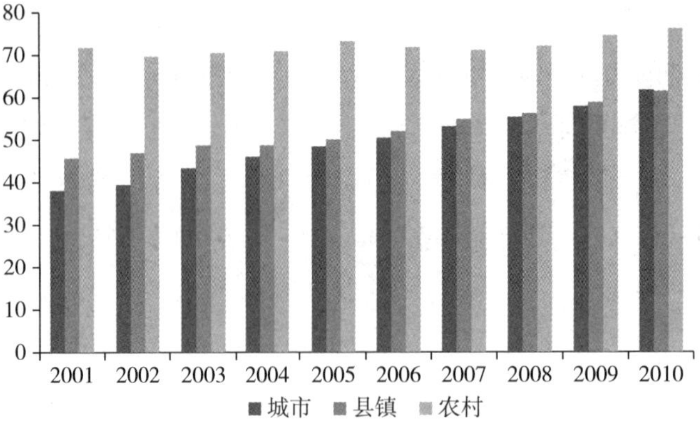

图 3.12　不同区域幼儿园的未评职称教师比例

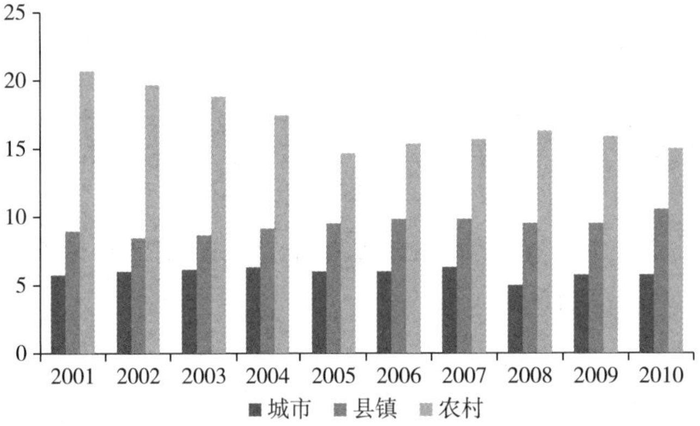

图 3.13　不同区域幼儿园的代课教师比例

此外，学前班作为特殊时期①产生的一种学前教育的组织形式，其存废问题在学界虽仍有争议（主要是关于学前班“小学化”倾向的批评），但无论是从学前班的数量还是班级占比来看，农村都远高于城市和县镇。从数量来看，城市学前班的数量从 2001 年的 31300 个下降至 2010 年的 4488 个，县镇从 54825 个下降到 19638 个，农村从 288008 个下降到 115706 个，农村的学前班数量仍占总数的

① 学前班是 20 世纪 70 年代末 80 年代初出现的针对 5 ~ 6 岁幼儿的一种学前教育组织形式，其最初是自发产生，目的是适应当时群众（特别是农村群众）的需求，大多由小学利用富裕校舍举办。在我国各地经济文化、教育发展很不平衡，大部分地区学前教育发展尚不够发达的情况下，举办学前班是发展农村教育的一条重要途径；在城镇地区，也是满足群众送子女接受学前教育要求的一种教育形式。因此，学前班的出现和发展，为更多幼儿提供了接受学前教育服务的机会，学前班也已成为我国学前教育事业的重要组成部分。

八成以上，且 10 年间基本没有变化；从占比来看，城市学前班的班级占比从 19. 70% 下降至 1. 77%，县镇从 32. 65% 下降到 6. 60%，农村从 68. 31% 下降到 27. 56%，仍高于城市 2001 年、县镇 2003 年的水平。

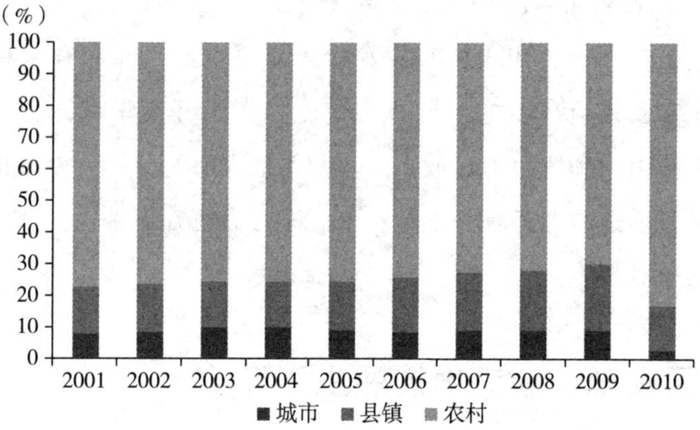

图 3. 14　不同区域学前班的分布情况

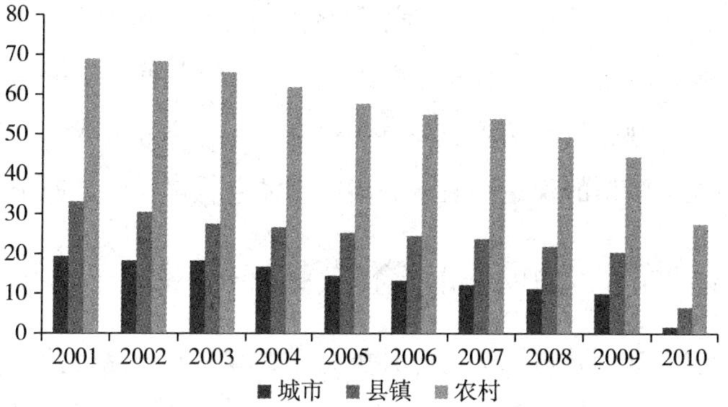

图 3. 15　不同区域学前班占班级总数的比例

（三）办园不规范，收费差异大、小学化倾向等问题严重

无论公办园还是民办园，费用主要建立在成本回收基础上。民办园收费缺乏标准，且注册和未注册的都不同程度地以营利为目的，造成恶性价格竞争，导致收费差异巨大，向高端（高标准、超豪华、高收费）和低端（极低价格收托，规模小、条件差，幼儿基本安全和保教质量无法保证）两个方向发展；与同质量的民办园比较，公办园收费标准相对较低，但普遍变相收取各种不合理费用（如

不同数额的赞助费、各种兴趣班的额外收费）作为经费补充。以广州为例，每月收取的费用从低端的 130 ~ 800 元（主要包括食品和学习材料），到高端的 3000 ~ 5000元（提供空调及中英文双语教育）不等，有些地方的幼儿园还收取一些赞助费，从每年 3000 ~ 12000 元不等。

民办园甚至公办园，出于生存、发展的需要，或片面迎合家长望子成龙心理，不顾幼儿年龄实际、身心实际、接受能力实际开设学科课程、拔高学习目标，以提高其吸引力和竞争力；或以追求利益最大化为目标，在政府缺乏评估和监管的情况下，通过举办各种兴趣特长班、兜售大量知识性、技能性幼儿教材等方式以满足其牟利要求。

二、部分国家学前教育发展的主要经验

总体而言，越来越多的国家将学前教育作为国家的福利事业，并予以国家法律法规的保障；各国学前教育的办学体制与机构类型越来越呈现出多元化特征；政府财政投入越来越成为学前教育经费的重要来源。此外，部分国家还通过立法保证幼儿园教师编制、将其纳入公务员系列使其拥有公务员或公务雇员身份等方式，保证教职人员队伍的稳定和质量提高。具体来看包括以下四个方面。

（一）学前教育作为国家的福利事业

各国的学前教育大致可划分为 3 种类型：具有公共产品性质且完全免费，如法国；具有准公共产品性质并实行一定形式的免费措施，如美、英、韩等国；具有准公共产品性质，政府补助与家长缴费相结合但不直接实行免费，如日本。

从管理角度看，虽然各国学前教育事业的公共性程度不同，但提高学前教育的基本公共服务属性，并通过多种措施向幼儿提供免费学前教育的机会（日本的学前教育没有实行全面或某个年龄段的免费措施，而由政府采取不同程度和形式的补贴政策，其中，保育所收费相对幼儿园较低，国家的补助较多），已成为大多数国家今后发展的重要方向。

（二）学前教育的办学体制与机构类型多元化

各国的学前教育大致可以划分为 4 种主要模式：政府作为办学主体且机构类型全国统一，如法国；办学主体多元、机构类型多样化，如美、英、澳等国；政府举办公立与扶持私立相结合、机构类型双轨并行，如日本；办学与项目密切相关、机构设置灵活便民，如印度。

虽然多样化和差异性是当前各国学前教育办学体制与机构类型的重要特征，但国家在办学主体资质、学前教育质量标准和弱势群体救助等方面越来越发挥极为重要的引导作用。比如，从办学主体来看，日本以私立幼儿园为主体（约占 61%），私立园收费标准自定（公立园收费比其要低 1/4），但政府规定其办学规模、幼儿人数、收费标准和浮动范围，并按幼儿编制人数给予一定的补贴。

（三）政府财政投入成为学前教育关键且重要的经费保障

当前各国学前教育事业发展经费来源呈现多元化特点，即由政府财政投入、社会捐赠和家长交费等多投入渠道构成，但各部分投入比例在各国有所不同。总体而言，发展中国家的政府投入比例远低于发达国家，但在普及和推动弱势群体学前教育的过程中，政府也提供了必不可少的经费保障。

需要指出的是，政府对于学前教育的财政投入并不等于由政府直接举办所有学前教育机构，政府在举办公立机构的同时，可以通过其他渠道，如对私立机构的奖励、补助，对幼儿家庭的津贴、税费抵扣等，实现对学前教育的投入。这样，政府可以通过财政投入为杠杆，加强对非公立机构的引导、管理与扶持力度。

表 3.3　　2007 年 OECD 国家学前教育机构公私负担相对比例（%）

	公共资源	私人资源		
		家庭花费	其他的私人机构和团体	合计
澳大利亚	40. 5	59. 1	0. 4	59. 5
奥地利	68. 9	18. 4	12. 7	31. 1
比利时	96. 4	3. 4	0. 2	3. 6

续表

	公共资源	私人资源		
		家庭花费	其他的私人机构和团体	合计
智利	75. 1	24. 5	—	24. 9
捷克	91. 0	7. 3	1. 7	9. 0
丹麦	81. 2	18. 8	—	18. 8
芬兰	90. 6	—	—	9. 4
法国	94. 0	6. 0	—	6. 0
德国	72. 8	—	—	27. 2
冰岛	72. 7	23. 3	4. 0	27. 3
意大利	93. 1	6. 9	—	6. 9
日本	43. 8	38. 7	17. 5	56. 2
韩国	49. 7	47. 7	2. 6	50. 3
墨西哥	81. 8	18. 1	0. 1	18. 2
荷兰	98. 5	1. 5	—	1. 5
新西兰	89. 2	10. 2	0. 6	10. 8
挪威	82. 6	17. 4	—	17. 4
波兰	85. 8	14. 2	—	14. 2
斯洛伐克	83. 9	13. 9	2. 2	16. 1
西班牙	78. 2	21. 8	—	21. 8
瑞典	100. 0	—	—	100. 0
英国	86. 1	13. 9	—	13. 9
美国	77. 8	22. 2	—	22. 2
OECD 平均水平	79. 7	—	—	20. 3
EU19 平均水平	87. 2	—	—	12. 8

注：表中的学前教育机构对应的是 3 岁及以上的幼儿；加拿大、希腊、匈牙利、爱尔兰、卢森堡、葡萄牙、瑞士、土耳其 8 国没有相关数据。

资料来源：OECD. 2010. Education at a Glance 2010：OECD INDICATORS：234.

（四）多途径保证学前教育人员队伍的稳定和质量提高

首先是确保幼儿教师的身份，大体有 3 种情况：公务员或准公务员身份，如日、法；公务雇员身份，如英、美；项目工作者身份，如印度。总体上，韩、日、法等国幼儿教师由于具有同中小学教师同等的身份、地位，特别是日本幼儿教师作为教育公务员的法定身份与特殊优惠待遇，使这一职业具有较高社会地位与社会声望，从而具有较高的竞争性。

其次是重视幼儿园教师的在职培训。在培训方面，重视职前教育与在职教育融为一体，使之持续、连贯，如不同组织经常定期或不定期举办各种工作坊、训练课、大会和密集训练等，较大型的学前教育园所、学区等各自举办符合自身需要的专业发展项目，许多设有学前教育专业的大学也利用寒暑假举办短训班，这些都推动各国学前教育质量的不断提高。

三、我国现有政策及国内探索实践分析

鉴于学前教育对幼儿身心健康、习惯养成、智力发展具有重要意义，针对当前面临的问题与挑战，《国家中长期教育改革和发展规划纲要（2010～2020年）》（以下简称《教育规划纲要》①）对学前教育发展提出了相应措施（见表3.4）。

表3.4　《教育规划纲要》中提出的改善学前教育发展的措施及分析

	针对问题	《教育规划纲要》中的有关措施	合理性、可行性分析
学前教育	普及率低	对家庭困难幼儿给予补助； 新建扩建，以及充分利用中小学布局调整的富余校舍和教师资源	关键是总量供给不足，难点仍在软件方面（即合格的师资配置）
	农村资源严重不足，城乡条件差距大	中央和地方政府设立专项资金，加大对农村学前教育支持； 把农村学前教育纳入新农村建设规划	各地逐步采取了具体措施
	办园不规范	制定办园基本标准，完善准入、审批制度； 合理确定和严格执行收费标准； 扶持与规范民办幼儿园发展	需要首先办好公办园，并发挥公办园示范作用

① 《教育规划纲要》颁布不久，为贯彻落实党的十七届五中全会、全国教育工作会议精神和《教育规划纲要》，积极发展学前教育，着力解决当前存在的“入园难”问题，满足适龄儿童入园需求，促进学前教育事业科学发展，国务院于2010年11月21日又出台了《关于当前发展学前教育的若干意见》（简称“国十条”），从扩大学前教育资源、加强幼儿教师队伍建设、加大学前教育投入、强化幼儿园安全监管、规范幼儿园收费管理等方面提出具体意见，并要求各地以县为单位编制学前教育三年行动计划。

按照《教育规划纲要》的要求，各地进行了大量探索实践，并取得了不同程度的效果。其中，成都创新性界定公益性幼儿园并予以补助、南京发放“幼儿助学券”的做法尤为值得关注。虽然二者的做法并不完全相同，政策出台的背景、条件及具体内容也存在差异，但是，这些做法确实存在某种共通之处，对缓解和初步解决当前普遍反映的“入园难、入园贵”问题发挥了一定作用。

（一）补助学前教育的主要做法

1. 以幼儿园收取的保教费作为调控项目

成都、南京均以幼儿园收取的保教费作为政策调控的项目，二者的区别在于，成都采取的是“限价 + 补助”，而南京采取的是“扣减”的方式。具体来看，成都把公益性幼儿园的收费项目统一为保教费和伙食费两项（严禁收取建园费、捐资助学等其他费用），并对保教费收费标准采取政府限价（每生每月不超过 400 元），伙食费则按时收取、据实结算并定期公布使用明细。与此同时，根据办园成本和收费标准（定期成本监审并据此适时调整），采取生均经费拨款方式给予平均每生每年 1000 元的财政补助（中心城区每生每月 200 元）。南京则按照每生每年 2000 元的标准发放“幼儿助学券”，在缴纳保教费时直接冲抵扣除，并规定按学期发放，且每个幼儿在园期间最多只能享受三年即 6000 元补助。

2. 以符合条件的幼儿园作为服务提供者

成都、南京均对提供服务的幼儿园进行某种条件的限定。二者的区别在于，成都强调“保基本”，而南京则侧重“创优质”。具体来看，成都将这种提供基本学前教育服务、收费实行政府限价并享受政府补助的幼教机构称为公益性幼儿园（即政府定价幼儿园），并要求每个乡镇（街道）至少有 1 所公益性幼儿园（达到三级是最基本的要求），以满足辖区适龄幼儿的入园需求。南京则明确要求兑换“幼儿助学券”的幼儿园必须达到江苏省幼儿园设置标准（即省标），但考虑到个别区域可能存在学前教育资源不足的情况，对部分满足“一无两有”（即无安全隐患；有教师，有教室和活动场地）、尚在筹备达“省标”并承诺两年内达标的幼儿园，经审核认定也可兑现。无论是公益性幼儿园，还是“省标”幼儿园，既可以是公办的，也可以是民办的，且不分城市和农村。

（二）政策初步影响及绩效分析

1. 多途径扩大学前教育资源

成都通过小区配套园、农村标准化中心幼儿园以及布局调整的富余教育资源办园、优质公办园办分园、街道办园、农村集体办园等多种途径扩大公益性幼儿园的规模和数量，以满足适龄幼儿就近入园的需求。而南京实行普惠性的“幼儿助学券”就是通过政策设计有效发挥市场作用，大力扶持民办园、调动社会力量参与兴办幼儿园的积极性，从而扩大学前教育资源的一种积极尝试，通过市场的办法来整体推动学前教育资源的增量增值。

2. 减轻家庭和幼儿园费用压力

成都对公益性幼儿园限价收费，是在市场化经营体制下“补低端”，解决“公共服务”和“市场化”这对矛盾，满足幼儿基本入园需求的体现，从实际效果来看，实现了家长、幼儿园的“双赢”。而南京发放“幼儿助学券”，首先起到的是惠民作用，在一定程度上降低家长的入园成本，直接缓解了优质民办园的收费压力，而对相对薄弱的民办园则形成一种“倒逼”压力。

3. 促使各类幼儿园按照政府要求改进条件和规范发展

虽然以前教育行政部门对幼儿园（尤其是民办园）的资质、管理和质量等都有所要求，但是缺乏一种有效的手段来有效规范和管理民办园发展。成都、南京补助学前教育的做法为政府加强对各类幼儿园的规范管理提供了有效平台。如，成都除了给予公益性幼儿园诸多优惠政策外，也提出了相关约束要求；而南京对不能达标的幼儿园采取限制和取消兑现资质等措施，不断促使民办园按照政府要求不断优化办园条件、完善园务管理、提高保教质量。

四、促进学前教育按需发展的基本思路

可以说，经过这些年的努力，特别是2011～2013年，各地按照国务院统一部署，以县为单位编制实施第一期学前教育三年行动计划以来，学前教育改革发展取得显著成效，学前教育资源供给迅速扩大，学前教育的财政投入不断增加，幼儿教师队伍建设逐步加强，“入园难”问题得到初步缓解。但是，由于底子

薄、欠账多，学前教育仍是国民教育体系中的薄弱环节，城乡普惠性资源仍然短缺，发展学前教育仍然是一项长期而艰巨的任务。而且，现实中，不少地方在学前教育发展方式和管理方式上仍然存在偏差①，必须引起高度重视。

（一）学前教育改革发展的总体思路与基本原则

鉴于我国学前教育服务体系的基本现状和面临的突出问题，建议参考医疗卫生体制改革的方向和目标，强化学前教育服务的公共品属性，在路径选择上，突出“保基本、强基层、建机制”，并以此作为学前教育改革发展的总体思路。

首先，要突出“保基本”。如前所述，虽然经过这些年的努力，我国学前教育改革发展取得了历史性成就，在园幼儿数、学前三年毛入园率等指标有了显著提升。但整体上看，学前教育改革发展任务仍然十分艰巨。由于底子薄、欠账多，城乡普惠性学前教育资源依然不足，中西部农村特别是连片特困地区入园率较低，留守儿童、流动人口子女等困难群体“入园难”比较突出，农村幼儿园运转普遍困难。因此，当前及今后一段时期，仍然要把扩大资源（尤其是普惠性资源）供给作为学前教育发展的主要任务。而且，增加政府财政投入“扩大总量”的同时，必须合理把握普惠性学前教育服务的范围和水平，办园标准必须强调“适度水平保基本”、“限低又限高”的原则，审慎执行新建幼儿园“适度超前”的建设标准，切忌只针对部分“优势”群体、在短期内追求“有质量”。需要强调的是，公办园应定位于“保基本”，发挥兜底的作用；而民办园主要定位于提供个性化、多样化服务；同时，以分类管理为抓手，落实与完善各项扶持和优惠政策，鼓励和引导非营利性民办园定位于“保基本”，继续提供普惠性学前教育服务。

其次，要突出“强基层”。关键是要充分考虑服务半径和覆盖范围，确保广大适龄幼儿能够方便、就近接受学前教育服务，以及充分调动与整合基层资源。

① 主要体现在：办园体制上，公办园、民办园的功能定位不清楚，过于强调公办园必须占主体；结构布局上，公办园往往优先规划在城市中心地段和农村乡镇中心区；策略选择上，实行公办园“重点发展”的策略，采取有区别的投入，一开始就形成了幼儿园之间的差距；管理体制上，管理重心偏低，县级政府统筹力度不够，拉大了城乡、区域差距；管理方式上，对幼儿园实行等级管理，采取有差别的扶持政策，进一步强化了幼儿园之间的差距。

在城市地区，随着城镇化的推进，住宅区配套幼儿园既是配置和增加学前教育资源的主要渠道，也是提高政府公共服务供给能力的有效手段。要按照城市预期规划总人口和就近入园、方便入园的需要，妥善解决土地指标、城市规划之间的矛盾，制定幼儿园建设的专业规划（包括设置规模、用地和建设规模等），同时对社区层面的各项资源（包括国有企事业单位等其他公共资源、集体资源力量）进行整合，以实现资源的有效利用。而在农村地区，幼儿园的规划布局必须充分考虑农村人口居住的特点，服务内容必须充分考虑农村家庭育儿的特点。提供这些服务的，可以是乡镇中心幼儿园，也可以是村幼儿园；可以是全日制的机构，也可以是半日制、计时制的机构；可以是按年龄分班的标准园所，也可以是混龄班的幼教点（或教学点）；服务内容上，要通过培训、观摩、家长班等多种形式，帮助农村家长了解幼儿身心发展的基本规律和特点，扬弃传统习俗与经验，掌握科学的育儿知识；与此同时，还要充分调动基层组织（村委会）各种资源，加强其能力建设与资源整合①，优化农村环境，促进家庭环境改善。

最后，要突出“建机制”。针对各级政府对学前教育财政投入仍然不足②、政府的学前教育成本分担比例仍然偏低的问题，需要创新投入机制，加大财政投入力度，出台公办园生均公用经费标准或生均财政拨款标准，逐步建立学前教育成本合理分担机制，努力做到保工资、保安全、保运转、保发展，健全公办园教职工编制核定和补充制度，解决公办园非在编教师、农村集体园教师、民办园教师工资待遇等问题，完善工资待遇保障机制。针对民办园占比较大、提供普惠性

---

① 例如，村委会可以作为桥梁，提供电脑通讯技术，实现留守幼儿与外出务工家长的远程交流；或成立村民自治家庭支持小组，相互帮衬支持幼儿发展；还可以组织游戏小组，实现大幼儿带领小幼儿进行混龄活动。

② 虽然“地方负责，分级管理”频频出现在学前教育相关文件表述中，但各级政府具体职责分担方面的规定仍然模糊，且不具体。实际操作中，学前教育的投入责任往往也层层下划到县级以下政府。虽然中央政府也会辅以转移支付提供一定经费支持，但并未形成稳定的保障机制。现实中，大多数乡镇也成为农村学前教育事业的直接责任主体，管理重心层级过低，统筹协调和财政保障能力十分有限。对于那些经济贫困、发展滞后的中西部农村地区，这一问题尤为突出。因此，下一步应着重提高中央和省级政府的责任，特别是在学前教育财政投入和支出方面的责任，建立各级政府共同分担、省级统筹的学前教育经费保障体制。由于县一级无论是在经费支出、财力保障，还是统筹规划、管理指导等方面都比乡镇一级更有优势，未来应更加明确并加大县级政府对学前教育事业的管理职责，建立“以县为主”的学前教育管理体制（而不是经费保障上的“以县为主”），同时优化乡镇的职责。总之，发展学前教育，仍然是中央、省、市和县各级政府的共同责任。

服务能力不强的问题，需要对扶持对象、认定程序、扶持办法、监管措施和退出机制等做出具体规定，通过成本核算、限价收费、财务审计等手段，加强日常监管，确保其提供普惠性学前教育服务。针对部分地区学前教育低水平发展、“小学化”较为严重等问题，需要进一步健全幼儿园动态监管机制，不断提高教职工的专业素质和实践能力，继续探索推进幼儿园管办评分离，强化教育督导，委托社会组织开展教育评估监测。

按照“保基本、强基层、建机制”的总体思路，可以提出我国学前教育改革发展需要遵循的若干基本原则，这些基本原则需要贯穿于学前教育服务体系建设的始终。第一，服务对象的普惠性。2012 年 7 月印发的《国家基本公共服务体系“十二五”规划》已将“基本普及学前一年教育”纳入基本公共教育服务的重点任务，提出要“构建覆盖城乡、布局合理的学前教育公共服务体系”。要让普惠性学前教育服务覆盖到全体适龄幼儿，特别是留守儿童、流动人口子女等困难群体，消除身份差异，实现服务对象的“普惠”。第二，服务内容和标准的适宜性。要认真落实《3 ~6 岁儿童学习与发展指南》，坚持科学保教，以游戏为基本活动，严禁提前教授小学教育内容。同时，办园标准和设施设备配置必须“适宜”，不能盲目追求“高新尖”，提供超出“保基本”范畴、过高标准的服务，公办园和普惠性民办园尤其应当注意。第三，服务提供的可及性。要着力扩大公办园和普惠性民办园的覆盖范围，调整布局结构，优化幼儿园布点，让适龄幼儿能够方便、就近入园。第四，服务价格的可承受。要建立学前教育成本合理分担机制，科学测算公办园和普惠性民办园的生均成本，综合考虑经济社会发展、物价正常增长等因素，适时地规范和调整幼儿园保教费标准，完善政府购买普惠性学前教育服务机制。

（二）促进学前教育按需发展的策略选择

学前教育不是政府法定义务，较为普遍地存在个性化需求，政府投入应侧重于促进其按需发展，而非主要扶持公办园、建设过多的公办园。财政资金的使用必须有普惠的制度基础，在体制改革没有到位的情况下，增加的投入可能使现有的不均等扭曲得更加厉害：既没有渠道投入基本公共服务，也没有能力去监管办园主体。而且，过于强调政府投入用于扶持公办园，往往只能强化公办园的既有优势，进一步加大公办园与民办园之间的不平衡水平。因此，在确定和选择学前教育发展策略时，应充分借鉴国际和国内经验，通过相关政策设计使政府投入切实转化为公众福利，以项目带动工作和制度建设（如制定服务、质量、价格标准及规范），用试点示范引导财政资金的使用方式，从而促进学前教育按需发展。

1. 通过相关政策设计使政府投入切实转化为公众福利

从国际上看，大多数国家均将学前教育作为国家的公共事业或准公共事业，学前教育的财政投入持续增长，政府以财政拨款为杠杆，实现学前教育的公益性，促进学前教育公平和质量提高。关于政府投入的方式，广泛争论的焦点在于是补供方（建公办园）还是补需方（幼儿），很明显，成都、南京采取的是后者。

实际上，这种争论并未切中要害，政府投入的意义在于通过相关政策设计真正转化为公众实实在在的福利（核心在定价机制上）。成都对公益性幼儿园先限价、再补助，切实减轻了家长选择安全、放心幼儿园的经济负担；而南京发放“幼儿助学券”扣减保教费，在一定程度上也减轻了家长选择优质幼儿园的费用压力。二者方式虽有不同，但都起到了惠民效果。

当然，从补供方角度支持幼儿园和教学点的基本建设也必须强调惠民效果。例如，在社会资本不愿意投资的农村和偏远地区，即便是政府投入也应采取更符合当地实际的学前教育供给模式①，加大对服务对象提供补贴，重点为贫困农村地区幼儿提供财政补贴，并逐步扩展到所有农村地区及城市地区的进城务工人员随迁子女，从而将政府投入切实转化成公众福利。

2. 发挥政府主导作用并不意味着政府直接提供公共服务，应给民办机构、多样化需求留出空间

鉴于我国学前教育发展现状，并与世界各主要国家的学前教育相比较，可以

---

① 一般而言，集中式、全日制学前教育服务的成本较高，由于农村地区人口居住相对分散，没有规模效应，成本会更高。地方政府和幼儿家长可能难以负担，也不便于幼儿的通勤。因此，在农村地区（特别是人口稀疏的农村地区）不一定要复制正规的供给模式，完全可以采取更灵活的方式。例如，可以减少服务时间，每天多批次儿童可以在同一设施内进行轮换，以便降低成本；也可以由教师上门或到某一集中点流动教学，这一做法在我国已有试点经验。

发现，我国的学前教育只能说是水平很低的准公益性公共事业，这意味着政府和市场共同提供学前教育，因而呈现出办学主体多元化、机构设置形式灵活多样的特点。无论是成都的公益性幼儿园，还是南京的省标幼儿园，都没有将产权（所有权）性质作为限定的条件，即既可以是公办的，也可以是民办的，只要符合条件都可以纳入，都可以作为政府购买服务的对象。

发挥政府主导作用，并不意味着全部由政府举办幼儿园来直接提供学前教育服务，而是应强调政府对各类幼儿园行为、质量的规范与管理。成都、南京给予这些幼儿园优惠政策的同时，对不符合要求的则采取限制、取消资格等配套措施，对不接受政府限价的不予以财政补贴，这都为规范和管理提供了有效抓手。加之补助对象是幼儿，客观上形成了公众可根据政府公布的名单“用脚投票”、自由选择幼儿园，这对幼儿园改进条件和管理、提高保教质量等也能起到推动作用。

此外，在学前教育领域，发挥政府的主导作用固然十分必要，但非营利和私人部门的参与对于扩大学前教育资源、增加服务供给也具有重要意义，可以在一定程度上产生竞争，为多样化需求提供更多选择。因此，应允许社会资金举办高端的民办园，事实上社会上也存在这样的需求。但前提必须是，政府已经做到了学前教育的“保基本”，已经尽到应有责任，并发挥了公共资源（财政投入）的效用。

3. 打造示范机构引导制定服务、质量、价格标准及规范

鉴于目前学前教育办学主体多元化格局已经基本形成，国家财政也有配套资金安排，当务之急应在于解决标准及规范不足的问题。公办园本应成为这种标准及规范的制定者，但在市场化进程中，由于缺乏科学合理的标准且没有评估与监督体系，实际收费比较混乱，变相收取各种不合理费用等不规范行为也普遍存在。

因此，无论是成都的公益性幼儿还是南京的省标幼儿园，其更为深远的意义可能并不在于提供所有学前教育服务或服务内容的全覆盖，而应侧重于为整个学前教育提供某种标杆，既包括政府购买服务的标准、人员职业规范的标准，也包括服务人员权益的保障及人才队伍的培养、输送等。

通过示范和信号作用，引导政府、社会及市场调动各方资源，共同推进学前

教育服务的提供。同时，这些示范机构除了可能“倒逼”公办园找回定位、重新成为“标杆”外，还应为家庭照顾人员等非正规服务人员提供幼儿保教基本技能培训，充分发挥教育和培训的功能。至于公办园和民办园究竟谁占主体，或许并不是关键所在。

佘　宇　执笔

第四章
学前教育机构卫生保健人员队伍建设亟待加强

学前教育机构卫生保健人员包括医师、护士和保健员，其基本职责是预防和减少疾病发生，保障在园幼儿的身心健康。从调研情况来看，卫生保健人员配备不足，专职人员少，转岗或兼职的多；学历结构低，专业能力有待提高；工作量大、待遇偏低、缺乏职业晋升空间，队伍不稳定。而且，无论是总量还是占比，卫生保健人员在公办园与民办园的分布很不均衡，在城乡的分布也很不均衡。这些问题的存在，直接或间接影响着卫生保健人员的日常行为，进而影响到在园幼儿的生命安全，以及身心健康成长。对此，本报告建议，加快建立学前教育机构卫生保健人员“蓄水池”；积极探索卫生保健人员业务发展和职称晋升渠道；统筹解决卫生保健人员编制或待遇水平问题；进一步加强卫生保健工作日常监管和人员培训。

近期，陕西、吉林、湖北三地接连曝出个别幼儿园违规开展群体性服药事件，受到社会广泛关注，影响十分恶劣。此类事件的发生，原因是多方面的，既有部分学前教育机构从业人员职业操守、专业伦理缺失的问题，也有教育、卫生计生、药监等行政部门联动监管“缺位”或存在“盲区”的问题。而且，“喂药”事件的发生，更从侧面反映出加强学前教育机构人员队伍建设，尤其是卫生保健人员队伍建设的重要性和紧迫性。现将课题组在多地调研的主要发现及政策建议报告如下。

一、学前教育机构卫生保健人员队伍的基本现状

（一）保健医

据《中国教育统计年鉴》，2011～2013 年[①]，保健医的数量从 58875 人增至 72633 人；其中，2012 年的数量为 65305 人。与此同时，在园幼儿与保健医的比例也从 582∶1 提高到 536∶1；其中，2012 年保健医的配备比例为 564∶1。

1. 保健医的分布及数量变动情况

从不同类别幼儿园来看，民办园的保健医数量增加最多，从 2011 年的 42687 人增至 2013 年的 53538 人，占比也从 72.50% 增至 73.71%；其次为教育部门办园的保健医，数量从 8812 人增至 11043 人，占比从 14.97% 增至 15.20%；其他类别幼儿园的保健医数量虽也在增加，但占比却均有所下降。

表 4.1 不同类别幼儿园的保健医构成情况

	2011 年		2012 年		2013 年	
	保健医数（人）	占比（%）	保健医数（人）	占比（%）	保健医数（人）	占比（%）
教育部门办园	8812	14.97	9702	14.86	11043	15.20
其他部门办园	1860	3.16	1983	3.04	2006	2.76
地方企业办园	1103	1.87	1155	1.77	1165	1.60
事业单位办园	878	1.49	885	1.36	931	1.28
部队办园	587	1.00	587	0.90	619	0.85
集体办园	2948	5.01	3067	4.70	3331	4.59
民办园	42687	72.50	47926	73.39	53538	73.71

① 自 2011 年起，教育部对教育事业统计报表进行了全面改革，贯彻实施了国家统计局首次颁布的《统计用城乡划分代码》。新的城乡划分标准，将原来的城市、县镇、农村的三个分类调整为三大类七小类，即城区（含主城区、城乡接合部）、镇区（含镇中心区、镇乡结合区、特殊区域）、乡村（含乡中心区、村庄）。其中，在幼儿园教职工数的统计中首次使用保健医（Health Physician），而之前统计的是保健员（Health Nurses）。

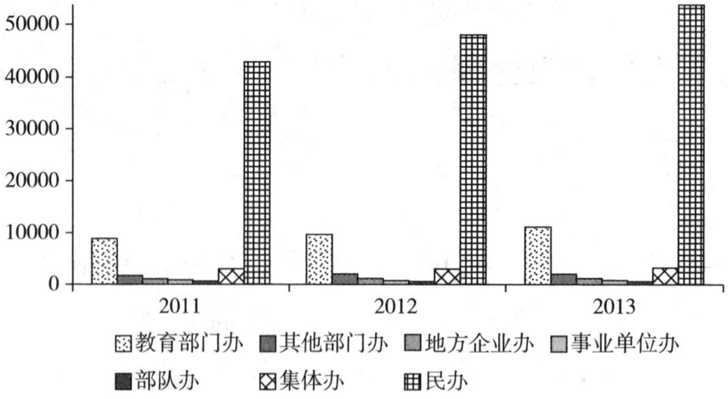

图 4.1　不同类别幼儿园的保健医数量变动情况

从不同区域幼儿园来看，2011 ~ 2013 年，城区幼儿园的保健医数量增加最多，从 34512 人增至 41299 人，占比却从 58.62% 降至 56.86%；其次为镇区幼儿园的保健医，从 16762 人增至 21414 人，占比从 28.47% 增至 29.48%；乡村幼儿园的保健医数量增加最少，仅从 7601 人增至 9920 人，占比从 12.91% 增至 13.66%。

表 4.2　不同区域幼儿园的保健医构成情况

	2011 年		2012 年		2013 年	
	保健医数(人)	占比(%)	保健医数(人)	占比(%)	保健医数(人)	占比(%)
城区幼儿园	34512	58.62	38006	58.20	41299	56.86
镇区幼儿园	16762	28.47	18656	28.57	21414	29.48
乡村幼儿园	7601	12.91	8643	13.23	9920	13.66

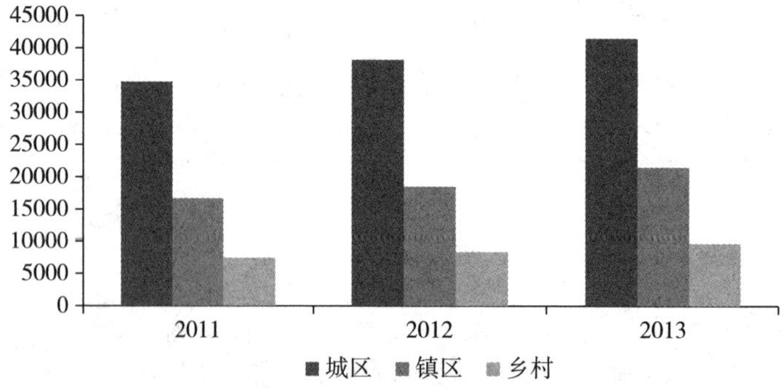

图 4.2　不同区域幼儿园的保健医数量变动情况

2. 在园幼儿与保健医的比例及变动情况

从不同类别幼儿园来看，教育部门办园保健医的配备比例提高幅度最大，从2011 年的 1560：1 提高到 2013 年的 1402：1；除部队办园的这一比例略有降低外（从 215：1 降至 217：1，但配备比例仍然是各类别幼儿园中最高的），其他类别幼儿园保健医的配备比例基本平稳、略有提高。如果不做类别细分，公办园（包括教育部门办园、其他部门办园、地方企业办园、事业单位办园、部队办园和集体办园）的这一比例大体从 2011 年的 1069：1 提高到 2013 年的 997：1。

表 4.3　不同类别幼儿园在园幼儿与保健医的比例

	2011 年	2012 年	2013 年
教育部门办园	1560：1	1520：1	1402：1
其他部门办园	341：1	325：1	312：1
地方企业办园	292：1	288：1	290：1
事业单位办园	674：1	671：1	611：1
部队办园	215：1	222：1	217：1
集体办园	638：1	613：1	568：1
民办园	397：1	387：1	372：1

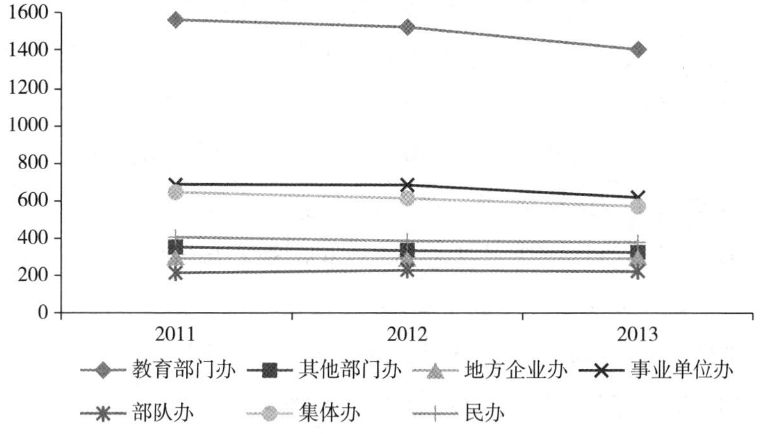

图 4.3　不同类别幼儿园在园幼儿与保健医的比例变动情况

从不同区域幼儿园来看，2011～2013 年，乡村幼儿园保健医的配备比例提高幅度最大，从 1307：1 提高到 1088：1，但仍远低于镇区和城区幼儿园的这一比例；镇区幼儿园保健医的配备比例提高幅度次之，从 766：1 提高到 699：1，仍与城区的这一比例差距较大；城区幼儿园保健医的配备比例基本平稳、略有提高，从 332：1 提高到 319：1。

表 4.4　　不同区域幼儿园在园幼儿与保健医的比例

	2011 年	2012 年	2013 年
城区幼儿园	332：1	766：1	1307：1
镇区幼儿园	329：1	748：1	1203：1
乡村幼儿园	319：1	699：1	1088：1

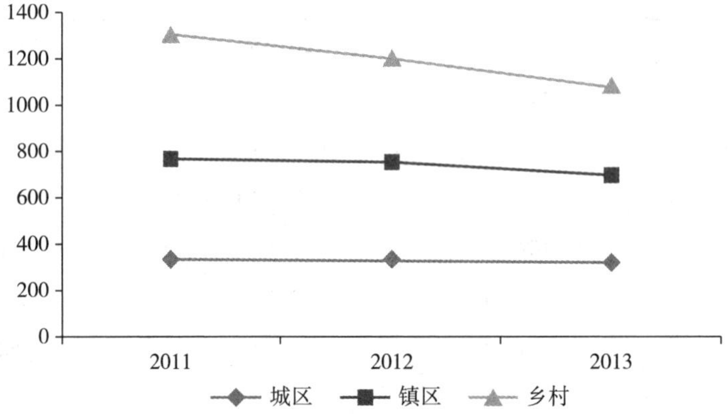

图 4.4　不同区域幼儿园在园幼儿与保健医的比例变动情况

（二）保健员

据《中国教育统计年鉴》，1987～2010 年，保健员的数量从 44791 人增至 160330 人；其中，1991 年的数量最少，为 44458 人。与此同时，在园幼儿与保健员的比例也从 404：1 提高到 188：1；其中，1993 年保健员的配备比例最低，为 502：1。

1. 保健员的分布及数量变动情况

从不同类别幼儿园来看，民办园的保健员数量增幅最大，从 1994 年的 3021 人增至 2010 年的 123511 人，占比也从 5.66% 增至 77.04%；其他部门办园的保健员数量减幅最大，从 1987 年的 32265 人减至 2010 年的 7969 人，占比也从 72.03% 减至 4.97%；教育部门和集体办园的保健员数量小幅增加①，从 1987 年

① 其中，教育部门办园的保健员数量增幅较大，从 1987 年的 6687 人增至 2010 年的 21327 人。

的12526人增至2010年的28850人，占比却从27.97%降至17.99%。

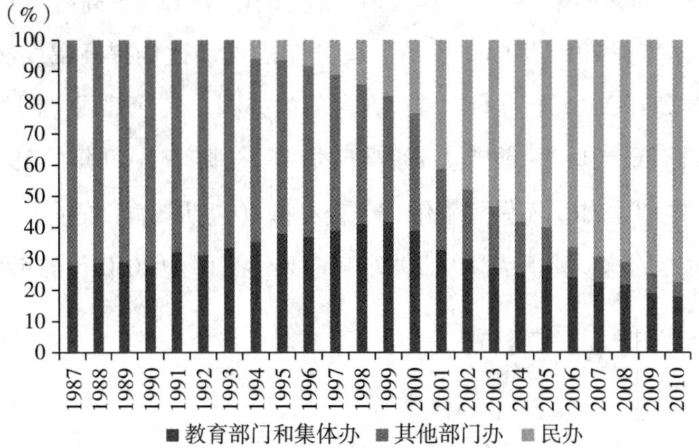

图4.5　不同类别幼儿园的保健员构成情况

从不同区域幼儿园来看，1987～2010年，农村幼儿园的保健员数量增幅最大，从5317人增至39271人，占比从11.87%增至24.49%；县镇幼儿园的保健员数量增幅次之，从12252人增至53871人，占比从27.35%增至33.6%；城市幼儿园的保健员数量增幅最小，从27222人增至67188人，占比从60.78%降至41.91%。

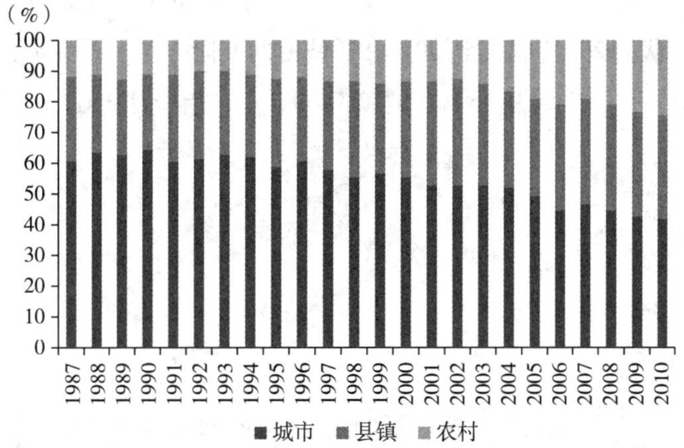

图4.6　不同区域幼儿园的保健员构成情况

2. 在园幼儿与保健员的比例及变动情况

从不同类别幼儿园来看，集体办园保健员的配备比例提高幅度最大，从 1987 年的 1984 : 1 提高到 2010 年的 278 : 1；民办园的这一比例提高幅度次之，从 1994 年的 343 : 1 提高到 2010 年的 113 : 1；教育部门办园、其他部门办园的这一比例基本平稳、略有降低，其中，前者从 1987 年的 488 : 1 降为 2010 年的 590 : 1，后者从 100 : 1 降为 138 : 1。如果不做类别细分，公办园（包括教育部门办园、集体办园和其他部门办园）的这一比例大体从 1987 年的 404 : 1 降为 2010 年的 428 : 1。

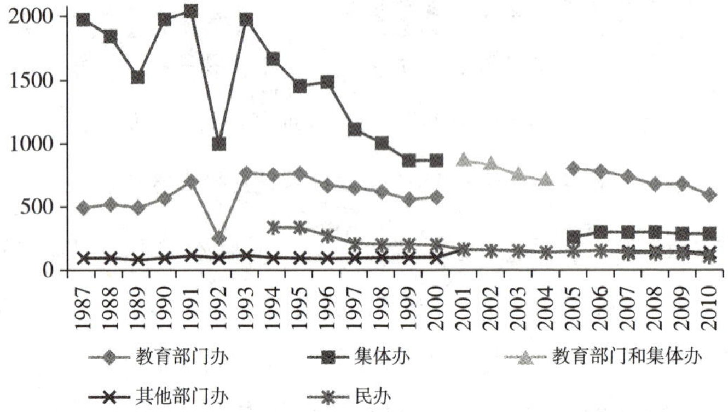

图 4.7　不同类别幼儿园在园幼儿与保健员的比例

从不同区域幼儿园来看，1987 ~ 2010 年，农村幼儿园保健员的配备比例提高幅度最大，从 2126 : 1 提高到 309 : 1；城市幼儿园、县镇幼儿园的这一比例基本平稳、略有提高，前者从 154 : 1 提高到 112 : 1，后者从 210 : 1 提高到 187 : 1。

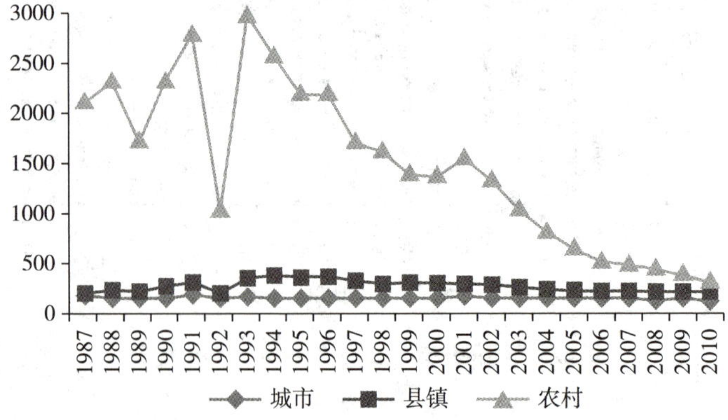

图 4.8　不同区域幼儿园在园幼儿与保健员的比例

（三）小结

通过对上述全国数据的简要分析，大致可以得出以下几点判断。

首先，经过20多年的努力，卫生保健人员队伍建设的成绩不小。一方面，保健员数量稳步增长，农村幼儿园的这一数量增加7倍多，民办园的这一数量更是增加近41倍；另一方面，保健员的配备比例逐步提高，农村幼儿园、集体办园的这一比例更是显著提高了7倍左右，前者从2126∶1提高到309∶1，后者从1984∶1提高到278∶1。此外，从保健医的数量变化来看，2011～2013年，保健医数量从58875人增至72633人，三年增加1.23倍，其中，乡村幼儿园的这一数量增加1.31倍，民办园的这一数量增加1.25倍；与此同时，保健医的配备比例也在逐步提高（如前所述，从2011年的582∶1提高到2013年的536∶1），其中，乡村幼儿园的这一比例从1307∶1提高到1088∶1，公办园（包括教育部门办园、其他部门办园、地方企业办园、事业单位办园、部队办园和集体办园）的这一比例也从1069∶1提高到997∶1。

其次，无论是总量还是占比，卫生保健人员（保健医、保健员）在公办园与民办园的分布很不均衡。特别是在公办园、民办园在园幼儿数大致相当的情况下，这种不均衡显得尤其突出。2013年，民办园的保健医数量（53538人）是公办园（包括教育部门办园、其他部门办园、地方企业办园、事业单位办园、部队办园和集体办园，合计为19095人）的2.80倍；2010年，民办园的保健员数量（123511人）是公办园（包括教育部门办园、集体办园和其他部门办园，合计为36819人）的3.35倍。这种不均衡的另一个重要的指标，就是在园幼儿与卫生保健人员的比例。2013年，公办园在园幼儿与保健医的比例（997∶1）是民办园（372∶1）的2.68倍；2010年，公办园在园幼儿与保健员的比例（428∶1）是民办园（113∶1）的3.79倍。

第三，无论是总量还是占比，卫生保健人员在城乡的分布也很不均衡。例如，2013年城区幼儿园在园幼儿数（1317.56万人）仅为乡村（1079.24万人）的1.22倍，而前者的保健医数（41299人）却是后者（9920人）的4.16倍；2010年农村幼儿园在园幼儿数（1214.03万人）是城市（752.58万人）的1.61倍，而后者的保健员数（39271人）却反过来是前者（67188人）的1.71倍。

从在园幼儿与卫生保健人员的比例来看，这种不均衡同样非常突出。2013 年，乡村幼儿园在园幼儿与保健医的比例（1088∶1）是城区幼儿园这一比例（319∶1）的 3.41 倍，是镇区幼儿园这一比例（699∶1）的 1.56 倍；2010 年，农村幼儿园在园幼儿与保健员的比例（309∶1）是城市幼儿园这一比例（112∶1）的 2.76 倍，是县镇幼儿园这一比例（187∶1）的 1.65 倍。

二、调研中的主要发现及普遍性问题

（一）卫生保健人员配备不足，专职人员少，转岗或兼职的多

关于卫生保健人员的配备比例，劳动人事部、国家教委 1987 年 3 月颁发的《全日制、寄宿制幼儿园编制标准（试行）》已明确规定，“（医务人员）全日制幼儿园一般配 1 人，幼儿超过 200 名的酌情增加；寄宿制幼儿园一般配 2 人，幼儿超过 200 名的酌情增加。”卫生部 2010 年 9 月发布的《托儿所幼儿园卫生保健管理办法》（以下简称《办法》）进一步规定，“托幼机构聘用卫生保健人员应当按照收托 150 名儿童至少设 1 名专职卫生保健人员的比例配备卫生保健人员。”但从调研情况来看，卫生保健人员却存在较大“缺口”，与《办法》规定的比例要求仍有不小差距。例如①，成都市 1605 名卫生保健人员中，专职的 744 人，兼职的 861 人；在园幼儿与卫生保健人员的比例为 224∶1，在园幼儿与专职卫生保健人员的比例为 483∶1。可见，两项指标均低于卫生部的要求（即 150∶1）。而且，不仅是成都市，其他地区的调研也发现，在园幼儿 500～600 人却只有 1 名保健医（或保健员）的情况并不少见，其中既有公办园，也有民办园。

从卫生保健人员的来源看，转岗或兼职的情况也较为普遍。总体而言，转岗或兼职保健医的情况相对较少，主要是因为保健医的准入门槛较高，除了培训外，还必须取得《医师执业证书》；而转岗或兼职保健员的情况较多，主要是因为保健员的准入门槛相对较低，经由儿保所等部门组织的专业知识培训，取得上岗证书即可入职。为与保健医生有所区别，保健员有时也被称为“保健老师”。

---

① 根据成都市卫生局 2013 年 1 月的统计结果，下同。

而且，转岗或兼职的保健员在来源上也是五花八门，有的是年龄偏大的幼儿教师被安排到后勤，进而转岗为保健员；有的是因为招不到保健员，就安排幼儿教师转岗为保健员；有的是安排保育员通过进修，再转岗为保健员；还有的民办园为节省开支，甚至是由园长自己（或者由某一幼儿教师）兼任保健员。

（二）卫生保健人员学历结构低，专业能力有待提高

关于卫生保健人员的资质等方面，《办法》也有明确规定，“在卫生室工作的医师应当取得卫生行政部门颁发的《医师执业证书》，护士应当取得《护士执业证书》。……在保健室工作的保健员应当具有高中以上学历，经过卫生保健专业知识培训，具有托幼机构卫生保健基础知识，掌握卫生消毒、传染病管理和营养膳食管理等技能。”但正如前文指出的那样，卫生保健人员首先是配备不足、是“缺人手”，加之来源的五花八门（尤其是保健员），因而专业能力参差不齐的现象也非常突出，从持证率和学历结构可见一斑。例如，成都市1605名卫生保健人员中，取得《医师执业证书》的只有159人，占比为9.9%；取得《护士执业证书》的166人，占比为10.34%。从学历来看，高中及中专以下的677人，占比为42.18%。而且，上岗前未经市级妇幼保健机构培训的有455人，占比为27.73%。

卫生保健人员的专业背景，也将直接或间接影响到园所的卫生保健服务质量。从调研情况来看，转岗或兼职的保健员通常没有医学背景，而专职的保健医（或保健员）相对较好，大多数能保证是医学专业毕业。但即便是有医学背景，也并不都与儿科、护理、幼儿保健等直接相关，其中，既有学中医的，也有学药物制剂的，还有学妇产科学的。除了专业背景，卫生保健人员自身素质和能力，也是影响园所卫生保健工作好坏的关键。一般来说，那些具有一定医学背景、专业能力较强的卫生保健人员，往往能够积极参加各种培训和学习，除了做好日常卫生保健工作外，还能在幼儿生长发育、营养等方面开展园内科研课题，促进幼儿健康发展；而那些没有医学背景，或者有医学背景但不注重继续学习的卫生保健人员，往往对自身岗位职责不太熟悉，卫生保健工作也缺乏细节管理，专业能力亟须提升。

（三）卫生保健人员工作量大、待遇偏低、缺乏职业晋升空间，队伍不稳定

关于卫生保健人员的主要职责，教育部2013年3月公布的《幼儿园工作规程（修订稿）》（征求意见稿）归纳为六个方面，即：（1）协助园长组织实施有关卫生保健方面的法规、规章和制度，并监督执行；（2）负责指导调配幼儿膳食，检查食品、饮水和环境卫生；（3）负责晨检和健康观察，做好幼儿营养、生长发育的监测和评价；定期组织幼儿健康体检，做好幼儿健康档案管理；（4）密切与当地卫生保健机构的联系，协助做好疾病防控和计划免疫工作；（5）向幼儿园教职工和家长进行卫生保健宣传和指导；（6）妥善管理医疗器械、消毒用具和药品。而卫生部2012年5月印发的《托儿所幼儿园卫生保健工作规范》更是将"卫生保健工作内容与要求"细化为十个方面，即：一日生活安排、儿童膳食、体格锻炼、健康检查、卫生与消毒、传染病预防与控制、常见病预防与管理、伤害预防、健康教育和信息收集。换言之，卫生保健人员至少需要完成上述十方面工作内容。

可以说，上述文件的出台，使得卫生保健人员的岗位职责更加明确、具体、规范；但同时也表明，这一群体的工作任务确实繁重，而人员的配备不足更是加剧了这种繁重。从调研情况来看，卫生保健人员普遍反映自己的工作量太大、工作辛苦却不被理解。例如，有受访的保健医表示，"我们是杂事比较多，任务怪重的，每个人也顶了好几个部门的事……但是别人看不出来你很累，觉得你清闲"。但是，相较于繁重的工作量，卫生保健人员的待遇并没有更高，大多数（保健医）只是参照相同身份（即有无编制）幼儿教师的水平，保健员则更低一些。例如，有受访的保健医表示，"一个儿科大夫在医院里的收入远远比在幼儿园做保健医的收入高。"而且，卫生保健人员的待遇水平在不同园所之间、不同身份之间、不同地区之间均存在较大差距。例如，在为数不多的公办园在编保健医中，平均每月实际收入最低的也就2200元，最高的却可以达到5000多元；而对于人数更多的无编制或自聘的保健医，平均每月实际收入最低的也就1500元，最高的却可以达到3000多元。总体而言，公办园的待遇水平高于民办园的，在编的高于聘用的，城区的高于农村的。

除工作量大、待遇偏低外，缺乏职业晋升空间也是卫生保健人员在调研中普

遍反映的突出问题。例如，有受访的保健医表示，“（保健医）按理说应该走医生序列，但是一旦到了幼儿园以后，没有办法根据医生序列评职称，就很吃亏。医生本身的成长空间在幼儿园可能就没有了。”保健医的职称评定，必须依托一个取得执业许可的注册机构。而《办法》明确规定，“卫生室应当符合医疗机构基本标准，取得卫生行政部门颁发的《医疗机构执业许可证》。保健室不得开展诊疗活动，其配置应当符合保健室设置基本要求。”从调研情况来看，绝大多数学前教育机构只是设置了保健室，能够设置卫生室的可以说是凤毛麟角。这样就带来了几方面的问题：一是，未取得职称的卫生保健人员在园所无法评定职称；二是，已取得职称的卫生保健人员同样面临进一步晋升的空间；三是，对于那些已经取得《医师执业证书》或《护士执业证书》的卫生保健人员，也面临执业地点并非注册机构，进而导致证书到期失效的问题，等等。保健医尚且如此，保健员的职业晋升问题就更加困难。此外，由于学前教育机构毕竟不同于医疗机构，卫生保健人员日常工作中接触的临床实践范围相对小很多，因此，即便是去参加职称考试也很难考上。

最后，卫生保健人员队伍的稳定情况也并不乐观。从调研情况来看，无论是公办园还是民办园，都面临人员流动性较大的问题。例如，成都市卫生局 2013 年 1 月的抽样调研显示，10 所幼儿园的 28 名卫生保健人员中，只有 12 人从事此项工作超过 5 年，占 42. 86%；仅有 5 人超过 10 年，占 17. 86%。从其他地区的调研情况来看，卫生保健人员的稳定性较差几乎成为卫生行政部门“最头疼的问题”。虽然每年都在进行培训，且最近几年培训人数相当多，但由于参加培训的卫生保健人员流动性较大，“二次培训”的情况很常见。可见，无论是对于学前教育机构的日常卫生保健工作，还是对在园幼儿的健康管理来说，卫生保健人员流动性较大都是非常不利的。

三、加强卫生保健人员队伍建设的政策建议

无论是人员配备不足，还是专业能力参差不齐，以及工作量大、待遇偏低、缺乏职业晋升空间等，可以说，这些问题的存在，直接或间接影响着卫生保健人员的日常行为，进而影响到在园幼儿的生命安全，以及身心健康成长。因此，如

何解决这些问题，是下一步需要认真研究的重大课题。未来可以考虑从以下四方面采取措施。

（一）加快建立学前教育机构卫生保健人员“蓄水池”

如前所述，按照《办法》规定的卫生保健人员配备比例（即150∶1），当前的人员“缺口”较大。就全国数据来看，2010年保健员的“缺口”达到3.81万人，2011年保健医的“缺口”更是达到16.94万人。考虑到补齐“缺口”的实际难易程度，近期应着力补充保健员数量，实现专职保健员按比例足额配备，但从长远来看，应将专职保健医按比例足额配备作为未来的努力方向。需要指出的是，补齐“缺口”，既要扩量，更要提质。为保证学前教育机构能够补充到合格的卫生保健人员，加快建立这一群体的“蓄水池”（或“人才储备库”）显得十分必要。一方面，充分利用现有具备办学条件的中职、高职卫校以及医学类专科、本科院校资源，扩大幼儿保健等相关专业招生规模，增加卫生保健人员人才培养及供给；另一方面，由卫生行政部门牵头，严格此类关键、重要岗位的职业资格准入管理，加强人员岗前培训、考试考核、持证上岗。对于扩大招生规模的院校，需要严格审查其办学条件，严格督导其办学质量，确保卫生保健人员培养质量；对于卫生行政部门组织的培训，除囊括新进人员外，也应涵盖在职人员，尤其是民办园和农村地区幼儿园的在职人员，要将卫生保健人员继续学习情况纳入学前教育机构考核评定之中，切实提高其业务水平和卫生保健服务质量。

（二）积极探索卫生保健人员业务发展和职称晋升渠道

加强学前教育机构卫生保健人员队伍建设，必须尽快改变职称系列“两不靠”的问题。现实中，由于卫生保健人员没有临床经历，进而不能按门诊医师评职称；又因为没有教学活动，故而也不能按教师评职称。业务发展和职称晋升受阻，势必影响这一群体（队伍）的稳定以及卫生保健服务质量。因此，下一步应努力在这方面实现突破。可供选择的思路有二：一是，卫生保健人员就近参加基层卫生机构定期组织的业务培训和管理，并参与全科医生团队服务工作，不断提高业务技能，打通学前教育机构卫生保健人员参与基层卫生人员职称晋升渠道；二是，卫生行政部门单独成立独立建制、全员事业编的社区医务人员管理中心，由其负责统一招录卫生保健人员，并派驻到社区、中小学或学前教育机构，工资由财政支付和保障（或仍由所在机构发放），考核由管理中心统一组织，按医务人员评定职称。相较而言，前一种思路是在现有体制下寻求“融入”，后一种思路则是通过构建新体制实现“兼收”。无论哪一种思路，都需要在实践中进一步调整、完善。此外，学前教育机构卫生保健人员业务发展和职业晋升渠道如能实现突破，对于解决养老服务机构医务人员、社区卫生服务中心（站）医务人员的类似问题，同样有重要的借鉴意义。

（三）统筹解决卫生保健人员编制或待遇水平问题

鉴于学前教育机构卫生保健岗位的重要性，以及不同类别、不同区域园所（不同身份）待遇的现实差距，尽快缩小差距、实现同工同酬应是下一步努力的方向。对于公办园，可考虑将卫生保健人员（尤其是保健医）纳入编制范围①，明确公办园人员编制中保健医应占有的比例，暂时没有纳入编制的自聘卫生保健人员（特别是保健员）参照在编人员待遇（如，达到70%～80%）。对于民办园，应参照公办园卫生保健人员待遇水平，制定卫生保健人员最低工资标准（大致达到前者的70%～80%），差额部分由财政予以补齐，最终实现与公办园卫生保健人员同工同酬。此外，对于农村地区幼儿园、接收进城务工人员子女较多的幼儿园、普惠性民办园，应进一步加大财政支持力度，例如，或通过当地卫生行政部门予以人员资格审核及培养、派驻，或采取类似于设置公益性岗位、由政府购买服务的方式补充这些园所的卫生保健人员，尽可能做到待遇水平与编制内的差距不大。

（四）进一步加强卫生保健工作日常监管和人员培训

针对部分学前教育机构卫生保健人员职业操守、专业伦理缺失，以及相关政府部门联动监管存在的问题，下一步应强化这方面监管和培训工作。建议由卫生

① 这方面，江苏省昆山市的做法值得关注。该市公办园的保健医明确有编制，为保证招聘人员的质量，经教育局、卫生局、人社局、编办等部门协商，通过会议纪要的方式，可以从医院招聘编制内的护士到幼儿园工作，编制不随人走。当然，昆山市的这一做法在实践中仍面临很多亟待解决的问题，需要深入研究。

行政部门牵头，组织各级妇幼保健和相关专业机构，面向包括卫生保健人员在内的所有学前教育机构从业人员，通过多种形式定期开展职业操守、法律法规、业务知识培训，提高行业自律和自身建设。同时，应明确卫生保健工作监管主体，基于业务熟悉程度考虑，或直接归口卫生行政部门监管，或实行卫生行政部门牵头、多部门参与的联席制度，对辖区内园所进行卫生保健工作综合评估，并定期抽查，不合格的限期整改，尽可能避免因“九龙治水”①、责任交叉、信息不畅等导致监管缺失的问题。此外，针对一些地方把幼儿教师工资与幼儿出勤率挂钩等不规范做法，建议相关部门在关于学前教育机构收费细则和内部管理规定中，尽快删除或修改类似规定，进而规范园所内部管理程序。

余　宇　执笔

附表 1　　1987~2010 年各类幼儿园的保健员数量　　单位：人

	类别				区域			总计
	教育部门办	集体办	其他部门办	民办	城市	县镇	农村	
1987	6687	5839	32265	—	27222	12252	5317	44791
1988	7011	6288	32227	—	28871	11707	4948	45526
1989	7674	7542	36630	—	32517	12822	6507	51846
1990	7630	6006	34735	—	31096	12036	5239	48371
1991	8059	6302	30097	—	27015	12584	4859	44458
1992	8897	6022	31910	—	28674	13238	4928	46829
1993	9898	7274	33705	—	31574	14162	5141	50877
1994	10790	8305	31236	3021	33166	14110	6076	53352
1995	11469	9594	31291	3348	32738	15479	7485	55702
1996	13380	8864	32405	4846	36243	15938	7314	59495

① 例如，现有制度下，医政部门负责执业医师资格的审批，疾控部门负责定期为学前教育机构提供疾病预防控制的宣传和咨询服务，卫生监督执法部门负责饮用水卫生、传染病预防和控制等监督检查，食品药品监管部门负责食品药品安全的指导与监督检查，还有一部分健康教育、保健医（员）管理等属于教育部门的体卫艺处和保健所的职责。职责规定看似“无缝”，其实监管效果并不好。

续表

	类别				区域			总计
	教育部门办	集体办	其他部门办	民办	城市	县镇	农村	
1997	14161	10293	31086	6637	35817	17867	8493	62177
1998	15102	10147	27043	8528	33598	18944	8278	60820
1999	16081	10533	25404	11193	35795	18349	9067	63211
2000	15794	9266	23266	14795	35069	19636	8416	63121
2001	16804		13167	20839	26646	17373	6791	50810
2002	17121		12723	26800	29863	19227	7554	56644
2003	17560		12445	33615	33687	20863	9070	63620
2004	18605		11339	41398	37130	22112	12100	71342
2005	14235	9072	9679	48410	40046	25748	15602	81396
2006	14901	7487	8683	59713	40630	31012	19142	90784
2007	15585	7161	8060	68422	46278	33503	19447	99228
2008	17243	7375	8207	78600	49230	38339	23856	111425
2009	17410	7285	7495	91574	52196	42895	28673	123764
2010	21327	7523	7969	123511	67188	53871	39271	160330

资料来源：历年《中国教育统计年鉴》。

附表 2　　1987～2010 年各类幼儿园在园幼儿与保健员的比例

	类别				区域			总计
	教育部门办	集体办	其他部门办	民办	城市	县镇	农村	
1987	488	1984	100	—	154	210	2126	404
1988	535	1843	100	—	152	227	2326	407
1989	494	1518	88	—	139	215	1719	356
1990	580	1982	98	—	144	256	2323	408
1991	705	2043	117	—	177	297	2793	497
1992	251	998	101	—	132	196	1033	245
1993	766	1958	110	—	167	346	2986	502
1994	755	1669	104	343	158	377	2592	493

续表

<table>
<tr><th rowspan="2"></th><th colspan="4">类别</th><th colspan="3">区域</th><th rowspan="2">总计</th></tr>
<tr><th>教育部门办</th><th>集体办</th><th>其他部门办</th><th>民办</th><th>城市</th><th>县镇</th><th>农村</th></tr>
<tr><td>1995</td><td>767</td><td>1451</td><td>105</td><td>329</td><td>164</td><td>355</td><td>2171</td><td>487</td></tr>
<tr><td>1996</td><td>684</td><td>1479</td><td>96</td><td>269</td><td>144</td><td>357</td><td>2156</td><td>448</td></tr>
<tr><td>1997</td><td>665</td><td>1115</td><td>95</td><td>203</td><td>141</td><td>315</td><td>1711</td><td>405</td></tr>
<tr><td>1998</td><td>611</td><td>1004</td><td>108</td><td>200</td><td>149</td><td>296</td><td>1619</td><td>395</td></tr>
<tr><td>1999</td><td>575</td><td>860</td><td>107</td><td>199</td><td>143</td><td>303</td><td>1389</td><td>368</td></tr>
<tr><td>2000</td><td>576</td><td>858</td><td>110</td><td>192</td><td>143</td><td>294</td><td>1382</td><td>356</td></tr>
<tr><td>2001</td><td colspan="2">876</td><td>157</td><td>164</td><td>174</td><td>295</td><td>1539</td><td>398</td></tr>
<tr><td>2002</td><td colspan="2">845</td><td>149</td><td>149</td><td>164</td><td>282</td><td>1330</td><td>359</td></tr>
<tr><td>2003</td><td colspan="2">764</td><td>146</td><td>143</td><td>156</td><td>258</td><td>1037</td><td>315</td></tr>
<tr><td>2004</td><td colspan="2">721</td><td>145</td><td>141</td><td>149</td><td>244</td><td>824</td><td>293</td></tr>
<tr><td>2005</td><td>806</td><td>258</td><td>133</td><td>138</td><td>142</td><td>230</td><td>652</td><td>268</td></tr>
<tr><td>2006</td><td>769</td><td>297</td><td>138</td><td>130</td><td>132</td><td>219</td><td>547</td><td>249</td></tr>
<tr><td>2007</td><td>737</td><td>302</td><td>143</td><td>127</td><td>128</td><td>216</td><td>531</td><td>237</td></tr>
<tr><td>2008</td><td>676</td><td>291</td><td>138</td><td>125</td><td>127</td><td>205</td><td>447</td><td>222</td></tr>
<tr><td>2009</td><td>689</td><td>294</td><td>148</td><td>124</td><td>128</td><td>201</td><td>393</td><td>215</td></tr>
<tr><td>2010</td><td>590</td><td>278</td><td>138</td><td>113</td><td>112</td><td>187</td><td>309</td><td>186</td></tr>
</table>

资料来源：历年《中国教育统计年鉴》，笔者自行计算。

中篇　专题报告

第五章
完善制度机制，实现农村学前教育可持续发展

农村学前教育是我国学前教育事业的重要组成部分。当前农村学前教育事业发展成果还比较脆弱。由于相关制度机制的不完善，农村学前教育仍是整个学前教育事业发展的薄弱环节和短板，基本普及学前教育的重点和难点仍在农村。实现农村学前教育可持续发展，必须首先从根本上消除城乡二元体制的影响，完善相关政策，加大公共财政对农村公共事业投入的力度。聚焦到农村学前教育制度机制方面，则需要从系统设计与重点扶持两方面入手，以确保农村学前教育真正实现可持续发展。为此，本报告建议，转变政府职能，均衡协调发展农村学前教育；理顺权责关系，建立“以县为主”的管理体制；多措并举，充实提升农村幼儿教师资源；因地制宜，选择最适宜的服务供给模式。

农村学前教育是我国学前教育事业的重要组成部分。2010 年 7 月颁布的《国家中长期教育改革和发展规划纲要（2010 ~ 2020 年）》（以下简称为《教育规划纲要》）专门提出要“重点发展农村学前教育”、“努力提高农村学前教育普及程度”。同年 11 月出台的《国务院关于当前发展学前教育的若干意见》（以下简称为“国十条”）也提出要“努力扩大农村学前教育资源”。2014 年 1 月发布的《关于全面深化农村改革加快推进农业现代化的若干意见》（即 2014 年中央一号文件）在“推进城乡基本公共服务均等化”中，首次提出要“大力支持发展农村学前教育”。2014 年 11 月，教育部、国家发改委、财政部印发《关于实施第二期学前教育三年行动计划的意见》（以下简称为“二期行动计划”），更是明确提出要“逐步建立起以公共财政投入为主的农村学前教育成本分担机制”、

“着力扩大农村学前教育资源”。这表明，国家政策层面已经把农村学前教育的发展问题提上重要议事日程，农村学前教育受到空前关注，迎来良好发展机遇。因此，加快发展农村学前教育，建立和完善农村学前教育公共服务体系，提高农村学前教育普及程度，已成为当前及今后一段时期保障和改善民生的重大举措。

一、农村学前教育事业发展迅速，但仍存在不少突出问题

2011～2013年，根据《教育规划纲要》和“国十条”的精神，各地以县为单位编制实施学前教育三年行动计划，国家实施8个学前教育重大项目，包括农村学前教育在内的[①]学前教育教育改革发展取得历史性成就。全国在园幼儿三年增加918万人，比过去十年增量的总和还多，学前三年毛入园率达67.5%，三年提高10.9个百分点，“入园难”得到初步缓解。从农村学前教育事业发展情况来看，以2013年为例，各项统计数据[②]较2011年均有不同程度增长（如表5.1所示），其中教职工队伍的增幅较大。

表5.1　　农村学前教育事业发展情况（2011～2013年）

	2011年	2012年	2013年	三年增加	增幅（%）
幼儿园（所）	58684	63091	69878	11194	19.08
在园幼儿（万人）	993.80	1039.78	1079.24	85.44	8.60
专任教师（万人）	20.17	22.96	26.83	6.66	33.02
保育员（人）	36421	47093	60465	24044	66.02
保健医（人）	7601	8643	9920	2319	30.51

① 为了加快普及农村学前教育，自2010年以来，教育部、国家发展改革委联合启动农村学前教育推进工程（试点），支持中西部23个省（区、市）和新疆兵团、黑龙江农垦总局，以及确有困难的东部地区部分原中央苏区县、革命老区县、民族自治县发展农村学前教育。2011年9月，财政部、教育部联合下发《关于加大财政投入支持学前教育发展的通知》，提出“（中央财政）支持中西部农村扩大学前教育资源”、“将中西部地区农村幼儿教师培训纳入‘中小学教师国家级培训计划’，由中央财政安排专项资金予以支持”。围绕国家提出的农村学前教育发展目标和工程建设项目，各地先后出台具体措施，并取得一些进展。

② 自2011年起，教育部对教育事业统计报表进行了全面改革，贯彻实施了国家统计局首次颁布的《统计用城乡划分代码》。新的城乡划分标准，将原来的城市、县镇、农村的三个分类调整为三大类七小类，即城区（含主城区、城乡接合部）、镇区（含镇中心区、镇乡结合区、特殊区域）、乡村（含乡中心区、村庄）。本报告中涉及农村学前教育事业发展情况的各项统计数据均采用乡村的口径。

但是，也应该看到，当前农村学前教育事业发展成果还比较脆弱。由于相关制度机制的不完善，农村学前教育仍是整个学前教育事业发展的薄弱环节和短板，基本普及学前教育的重点和难点仍在农村。

（一）区域发展不均衡

发展农村学前教育，是为了适应农村经济社会发展的需要，以及满足农民群众子女迫切的入园需求；但从某种意义上来说，农村自身建设得好不好、发展得好不好，也会影响农村学前教育的发展水平。那些农村学前教育发展较好的地区，往往也是城乡经济社会发展一体化较好的地区；而那些农村学前教育发展缓慢的地区，往往也是农村经济贫困、发展滞后的地区。以 2012 年为例，浙江省嘉善县的学前三年入园率为 98.26%，而湖北省来凤县的仅为 47.1%，二者相差近一倍[①]。总的来看，由于底子薄、欠账多，以及普惠性学前教育资源依然不足，中西部农村特别是集中连片特困地区、少数民族地区、人口分散地区、留守幼儿集中地区学前教育发展相对较弱，入园率较低，留守幼儿等困难群体“入园难”还比较突出。正是基于这种发展现状的考虑，2013 年 12 月，中办、国办印发的《关于创新机制扎实推进农村扶贫开发工作的意见》专门把“到 2015 年，贫困地区学前三年毛入园率达到 55% 以上……到 2020 年，贫困地区基本普及学前教育”确定为“教育扶贫工作”的一项重点任务。

（二）幼儿园运转困难

学前教育成本分担和运行保障机制尚不健全，农村幼儿园运转普遍困难。对于教办园，县级财政仅对其编制内人员予以保障，编制外人员的工资、社保等从保教费中列支；对于乡镇、村办园，又分为全额拨款、差额拨款、自收自支三种

---

① 2012 年，浙江省嘉善县学前三年入园率为 98.26%。其中，县城区学前三年入园率已达 99% 以上，即便是最低的天凝镇也达到 95%（据《嘉善县学前教育工作汇报》，内部资料）。另据 2012 年最新统计，湖北省来凤县学前三年入园率仅为 47.1%。乡镇幼儿园办学条件则比较简陋，幼师专业素质较低。偏远的农村几乎没有幼儿园，稍大一点的幼儿只能在小学学前班跟班就读，3 至 4 岁的农村幼儿大多数没有入园（详见“新学年走进校园看变化之一：农村学前教育资源短缺，学前三年入园率不足五成”，来凤县政府网，2012 年 9 月 17 日）。

情况，编制内人员由县、乡（镇）两级财政予以保障[①]，乡镇、村级对此类幼儿园投入与否、投入多少完全取决于自身财力情况，不足部分也从保教费中列支；对于民办园，保教费是其主要（甚至唯一）收入来源。考虑到农村地区经济发展总体滞后，幼儿家长经济承受能力有限，幼儿园收费也较为低廉，且仅能维持日常运转（及人员费用或举办者利润），大多数幼儿园无力拿出更多资金用于改善园所条件、提高人员素质及待遇等方面，可持续发展更无从谈起。从调研情况来看，大多数农村幼儿园的教职工（编制内的除外）工资和日常运行主要依靠保教费收费；而且，随着办园成本不断上升，收支不平衡也已成为影响农村幼儿园"办园难"（或运转困难）的重要因素，更是带来克扣幼儿伙食费、降低教职工工资等问题。

（三）师资短缺、质量堪忧

农村幼儿教师数量不足，专业素质亟待提高。2011～2013 年，乡村幼儿教师的增幅虽然略高于县镇和城市，但无论是新增数还是总数，乡村与镇区、城区相比均有较大差距（如表 5.2 所示）。考虑到在园幼儿的实际规模，乡村幼儿教师数量不足的问题更加突出（如图 5.1 所示）。从在园幼儿与幼儿教师的比例来看（如图 5.2 所示），2013 年，乡村幼儿园的这一比例为 40∶1，远高于镇区（25∶1）和城区（16∶1）；即便是从在园幼儿与教职工的比例来看，乡村（24∶1）也高于镇区（16∶1）和城区（9∶1）。学历情况是反映幼儿教师专业素质的重要指标。2013 年，乡村幼儿园专任教师高中学历比例较高[②]（42.33%），远高于镇区（31.36%）和城区（22.84%）；而乡村幼儿园专任教师专科学历比例（43.88%）和本科学历比例（7.34%）则远低于镇区（51.74%、13.64%）和城区（55.72%、19.85%）（如表 5.3 所示）。

---

① 以浙江省嘉善县为例，各镇（街道）举办的公办园事业编制幼儿教师工资福利等基本支出全额由同级财政保障，所需资金列入镇（街道）财政年度预算；2007 年及以后招聘的事业编幼儿教师，县财政按每人每年 2.5 万元标准予以补助，其余经费由镇（街道）财政全额保障。

② 2013 年，乡村幼儿园专任教师专科毕业的人数最多（117751 人），占比为 43.88%；其次为高中阶段毕业（113586 人），占比为 42.33%；其他依次为：本科毕业（19692 人，7.34%），高中阶段以下毕业（17220 人，6.42%），研究生毕业（78 人，0.03%）。

表 5.2　　不同区域幼儿园专任教师情况（2011～2013 年）

	2011 年	2012 年	2013 年	三年增加	增幅（%）
城区专任教师（万人）	66.07	73.73	80.22	14.15	21.42
镇区专任教师（万人）	45.32	51.23	59.30	13.98	30.85
乡村专任教师（万人）	20.17	22.96	26.83	6.66	33.02

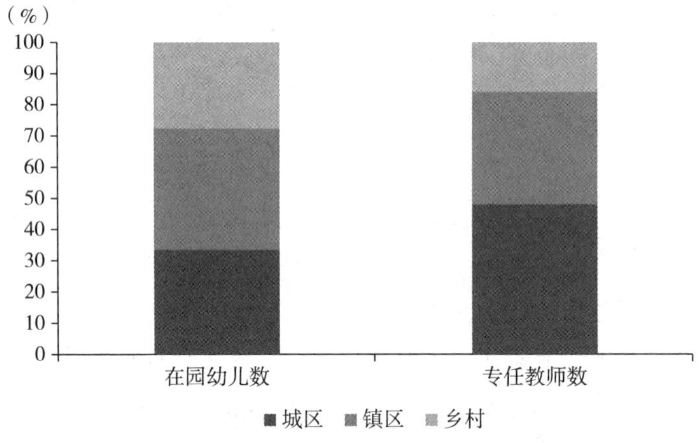

图 5.1　不同区域幼儿园在园幼儿与专任教师（2013 年）

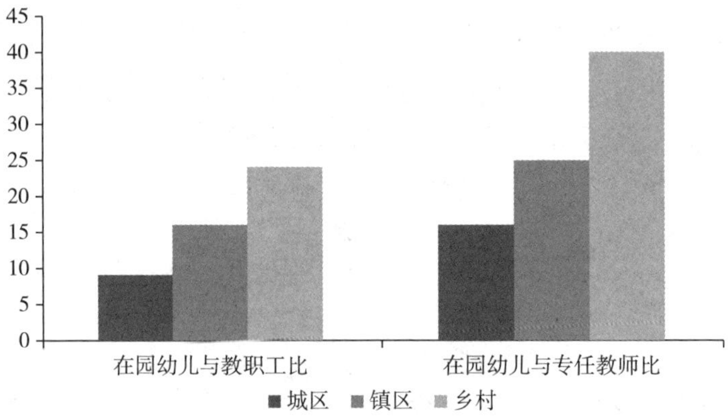

图 5.2　不同区域幼儿园在园幼儿与专任教师、教职工的比例（2013 年）

表 5.3 不同区域幼儿园专任教师学历构成情况（2013 年）

	研究生毕业	本科毕业	专科毕业	高中阶段毕业	高中阶段以下毕业
城区专任教师	0.23	19.85	55.72	22.84	1.35
镇区专任教师	0.05	13.64	51.74	31.36	3.22
乡村专任教师	0.03	7.34	43.88	42.33	6.42

（四）学前教育低水平发展

从调研情况来看，农村幼儿园违背幼儿成长规律的“小学化”问题较为严重，主要表现在教学内容小学化、教学形式小学化和教学管理小学化三个方面。此外，作为承担农村地区学前教育的重要力量，农村民办园大多数为缺乏资质的“小作坊式”，管理不规范、幼儿教师“无证上岗”等现象突出，园舍与设施、食品卫生与疾病预防、幼儿交通等方面存在诸多隐患，安全事故频发。这些都直接或间接影响到农村学前教育的保教质量。

二、制度机制不完善是造成农村学前教育现实问题的根本原因

造成农村学前教育上述现实问题的原因是多方面的，除了农村的贫困、凋敝以及经济社会发展滞后等因素外，最核心的仍在于农村学前教育制度机制不完善，一些关键问题仍需进一步突破。

（一）政府职能尚未转变

首先，政府责任不到位。由于对学前教育性质和作用的认识仍不明确，加之现有考核评价制度等的局限，部分农村地区（政府）在各级各类教育中有意或无意忽视（甚至边缘化）学前教育发展，没有把农村学前教育放在保障和改善民生的重要位置。特别是在发展规划、财政投入、师资建设和保障公平等方面，政府责任尚不到位。

其次，发展思路有偏差。目前，各地发展农村学前教育仍然沿袭“重点建设”的思路，大多通过建设乡镇中心园、示范园来提高学前教育普及水平，并把

幼儿园等级评估作为推进学前教育事业发展的重要抓手，评估结果更是与幼儿园等级创建经费、升级奖励经费、保教费收取标准等挂钩。现实中，等级幼儿园（优质园）数量与比例已然成为各地政绩指标，功利性、工具性色彩较强。而且，沿袭“重点建设”的思路，采取有区别的投入，从一开始就形成幼儿园之间的差距；对幼儿园实行等级管理，并实行有差别的扶持政策，则进一步强化幼儿园之间的差距。这些都与基本公共服务均等化的理念有所偏离。

第三，行业监管不得力。农村幼儿园（尤其是民办园）幼儿伤害事件、安全事故频发，反映出当地教育、卫生等行政部门联动监管“缺位”或存在“盲区”。如果不尽快解决因“九龙治水”、权责交叉、信息不畅等导致的监管缺失问题，规范农村幼儿园发展，确保其保教质量则无从谈起。

（二）事业管理重心偏低

横向来看，同一层级的不同政府部门在发展农村学前教育方面职责不清、分工不明、权责交叉、多头管理等问题较为突出，前面提及的农村幼儿园安全事故频发仅是其中一个表现。纵向来看，虽然“地方负责，分级管理”频频出现在学前教育相关文件表述中，但各级政府具体职责分担方面的规定仍然模糊，且不具体，特别是对各级政府在学前教育财政投入和支出方面的责任划分仍然不明确。实际操作中，学前教育的投入责任往往也层层下划到县级以下政府。虽然中央政府也会辅以转移支付提供一定经费支持，但并未形成稳定的保障机制。现实中，大多数乡镇也成为农村学前教育事业的直接责任主体，管理重心层级过低，统筹协调和财政保障能力十分有限。对于那些经济贫困、发展滞后的中西部农村地区，这一问题尤为突出。

（三）幼师政策有待突破

目前，制约幼儿教师队伍建设的关键性政策主要体现在身份、待遇、职业发展等方面。从身份来看，农村幼儿教师分为3种情况，即公办园编制内教师、公办园编制外教师和民办园教师，这会带来职业吸引力、师资稳定性、师德素养、保教能力等一系列差异。从待遇来看，由于身份的不同，“同工不同酬”问题突出。从调研情况来看，农村公办园编制外教师的收入水平仅相当于编制内教师的一半①，民办园教师的工资水平就更不乐观（更低甚至面临拖欠）。从职业发展来看，农村公办园对教师在职培训的重视和投入比民办园更多，教师的培养渠道、培训覆盖面也更广。当然，如果考虑到城乡的因素，幼儿教师在工资待遇、职业发展等方面的差异将更加显著，这也使得农村幼儿教师“下不去、留不住、干不好”的状况更加突出。

（四）经费保障机制没有确立

随着中央和地方加大学前教育财政投入，学前教育经费占财政教育总经费的比例在2010年以后明显增长，从2009年的1.36%增至2012年的3.23%。但这些投入大多是项目资金（或专项资金），涉及校舍改建、综合奖补、教师培训、幼儿资助等几大类，主要通过扩总量、增资源的方式来提高农村学前教育普及水平，尚未涉及园所成本分担、日常运行保障等方面的内容。事实上，目前各级政府对学前教育的财政投入仍然严重不足，政府的学前教育成本分担比例仍然偏低，以2013年为例，农村地区的政府分担比例仅为29.92%②。之所以会出现这种情况，根本原因还是在于学前教育（包括农村学前教育）在各级各类政府财政中仍未实现“预算有科目”，学前教育生均公用经费标准或生均财政拨款标准仍未出台，学前教育财政经费保障的长效机制仍未建立。此外，如前所述，由于县级以上政府统筹不足，越是（县级以下）基层政府，其学前教育财政支出压力越大。鉴于我国大多数乡镇财力较弱，仅仅依靠乡镇承担财政投入责任，将难以支撑农村学前教育可持续发展。

（五）质量保障机制不够完善

保障并提升农村幼儿园的保教质量，需要进一步健全幼儿园动态监管机制，不断提高教职工的专业素质和实践能力。如前所述，幼儿园等级评估作为评价保教质量的一个主要手段，目前存在的诸多问题。如何推进农村幼儿园管办评分

---

① 为解决公办园内部“同工不同酬”问题，有些地方采取财政补助的方式，保证编制外教师在岗期间与编制内教师“同工同酬”。由于缴纳的社保特别是养老保险的类别不同，前者是企业养老保险，后者是事业单位养老保险，二者退休后的待遇水平差距较大，仍不能从根本上消除编制外教师的后顾之忧。

② 王海英：“学前教育成本分担机制亟待完善”，《中国教育报》，2014年11月2日。

离，以及强化教育督导，委托社会组织开展教育评估监测，仍需深入研究。虽然在普惠性学前教育资源仍然不足的大背景下，这些问题还不突出、也不急迫，但解决不好会影响深远。

（六）民办园的作用尚不明确

虽然各地在发展农村民办园方面进行了许多有益探索，也推出不少得力举措，但就全局和总体而言，一些长期制约农村民办园健康发展的制度桎梏和政策壁垒还没有从根本上消除。在“要不要发展农村民办园”、“怎样发展农村民办园”等方面，各地认识并不一致，不同程度存在不敢、不愿、不让、不会的状况。首先，对农村民办园的定位、功能及活动范围认识不清。从调研情况来看，有的农村地区民办园发展很快、规模及数量很大，但提供普惠性学前教育服务的能力还不够强；有的农村地区则偏重（甚至偏好）发展公办园，过于强调公办园的占比，民办园发展还不够充分。其次，除监管不到位外，鼓励和引导农村民办园提供普惠性服务的用地、减免税费（租金）、教师培训等优惠政策（及落实）也不够。第三，购买农村民办园普惠性服务的长效机制还未形成，这里面也有基层政府缺乏相关经验和能力的问题。

三、实现农村学前教育可持续发展的政策建议

实现农村学前教育可持续发展，必须首先从根本上消除城乡二元体制的影响，完善相关政策，加大公共财政对农村公共事业投入的力度。聚焦到农村学前教育制度机制方面，则需要从系统设计与重点扶持两方面入手，以确保农村学前教育真正实现可持续发展。

（一）转变政府职能，均衡协调发展农村学前教育

发展农村学前教育，必须切实转变政府职能。首先，按照“国十条”关于多渠道加大学前教育投入的要求，加大财政对农村学前教育的投入力度，尽快出台学前教育生均公用经费标准或生均财政拨款标准，进一步明确学前教育经费投入及增长机制、学前教育经费在同级财政性教育经费中的比例等，务求具体化、

可操作，实现学前教育“预算有科目”、“新增有倾斜”、“生均有标准”、“优惠有政策”、“资助有制度”。其次，加大对农村薄弱地区学前教育的支持力度。针对集中连片特困地区中大多是山区或高原地区，应进一步推广“巡回支教”（或“送教入村”）这类服务模式，重视村一级的资源开发、利用和政策倾斜。第三，加大农村学前教育的督导力度。发展农村学前教育，以及相关配套措施的顺利实施，离不开当地政府的大力支持，需要各级政府及其主要负责人认识到位，对农村学前教育“真重视”。必须扭转片面追求等级园数量和比例的倾向，树立基本公共服务均等化的理念，把农村学前教育均衡协调发展程度作为对相关官员考核的约束性指标。

（二）理顺权责关系，建立“以县为主”的管理体制

发展农村学前教育，必须理顺各级政府间的权责关系。党的十八届四中全会决定（以下简称《决定》）明确指出，（要）“推进各级政府事权规范化、法律化，完善不同层级政府特别是中央和地方政府事权法律制度，强化中央政府宏观管理、制度设定职责和必要的执法权，强化省级政府统筹推进区域内基本公共服务均等化职责，强化市县政府执行职责。”根据《决定》的精神，下一步应着重提高中央和省级政府的责任，特别是在学前教育财政投入和支出方面的责任，建立各级政府共同分担、省级统筹的学前教育经费保障体制。由于县一级无论是在经费支出、财力保障，还是统筹规划、管理指导等方面都比乡镇一级更有优势，未来应更加明确并加大县级政府对农村学前教育事业的管理职责，建立“以县为主”的农村学前教育管理体制（而不是经费保障上的“以县为主”），同时优化乡镇的职责。部分地区①在这方面已有好的探索。

“以县为主”意味着要进一步加强县级层面对农村公办园、民办园发展的统筹、规划和监督职能，以及对这些幼儿园的评估和督导；“以县为主”也意味着

---

① 例如，成都市温江区上移学前教育管理重心，发挥县级教育行政部门的统筹功能，改变了长期存在的乡镇政府承担管理主体责任、人员配置不足、经费保障困难的格局。县级教育行政部门统一管理，统一调配资源，加强师资培训与教研指导，有效提升了农村幼儿园的办园水平。加强县级统筹的同时，市级的统筹管理和支持力度也在加大（详见“把农村园个个办成品质园——四川省成都市城乡学前教育均衡发展探索”，《中国教育报》，2013 年 6 月 23 日）。

要进一步加强对县域内各级各类农村幼儿园教职工（尤其是幼儿教师）队伍的管理与服务，既包括编制内教师，也包括编制外教师，还包括民办园教师。例如，可以通过建立“以县为主、县乡（镇）两级共管共建”的农村幼儿教师队伍管理体制[①]，落实农村公办园机构编制，提高农村民办园幼儿教师工资水平（尤其是解决保险待遇问题），强化农村幼儿教师专业培训，大力提升师资专业素养；有条件的地区，也可以考虑将农村幼儿园园长、幼儿教师纳入县域范围内校长教师交流轮岗的范围。总之，发展农村学前教育，仍然是中央、省、市和县各级政府的共同责任。要加大、提高中央和省级政府的统筹责任，特别是在学前教育财政投入和支出方面的责任，建立各级政府共同分担、省级统筹的学前教育经费保障体制。

（三）多措并举，充实提升农村幼儿教师资源

发展农村学前教育，关键在于加强保教人员队伍建设。从某种意义上来说，制约农村学前教育发展的核心问题不是园舍建设、设施设备等硬件资源，而是保教人员队伍（尤其是幼儿教师队伍）。如前所述，农村学前教育现有师资队伍，既存在量的不足，也存在质的担忧。如果“量”与“质”的问题不解决，势必影响到农村幼儿身心健康成长，乃至生命安全。要想实现农村幼儿教师“下得去、留得住、干得好”，改善他们的待遇水平是一个重要突破口。目前，中央财政已对中西部地区和东部困难地区试点省份的学前教育巡回支教志愿者在岗期间的工作生活补贴以及参加社会保险等费用给予补助[②]，这对于稳步推进农村学前教育发展、及时弥补师资缺口发挥了一定的作用。应在总结试点经验的基础上，将义务教育阶段已经实施的特岗计划、转岗计划、免费师范生制度、需求地生源

---

① “‘当农村幼儿教师更有尊严了’——山东省东营市以县为主县乡共建农村幼教队伍”，《中国教育报》，2013年6月16日。

② 2012年，中央财政补助经费1657万元，在辽宁、河南、湖南、贵州、陕西等5个省启动实施试点工作，设立支教点587个，招聘巡回支教志愿者745人，专科以上学历占67.8%。2013年，教育部又新增河北、内蒙古、福建、江西、广西、云南、甘肃、青海等8个省份，新增试点省份各选择2至4个县试点，中西部省份新增试点县主要集中在连片特殊困难地区。其中，西部地区每人每年补助1.5万元，中部地区每人每年补助1万元，东部困难地区每人每年补助0.5万元；对新设立的巡回支教点一次性补助1.5万元。

招生政策等进一步拓展到学前教育阶段，并通过多种方式让这些特岗幼儿教师、转岗幼儿教师能够在农村稳定工作。

但从长远来看，加快建立幼儿教师“人才储备库”十分必要。要充分利用现有具备办学条件的中职、高职以及专科、本科院校资源，扩大幼儿教师等相关专业招生规模，增加人才培养及供给；但对于扩大招生规模的院校，要对其办学条件、办学质量进行严格审查与督导，确保人才培养质量。与此同时，进一步加大中央（及各级）财政资金对农村幼儿教师的培训力度，科学制定培训规划，创新培训模式，完善培训体系，全面提高他们的整体素质和专业化水平。鉴于编制内与编制外教师“同工不同酬”现象普遍存在，下一步应把统筹解决农村幼儿教师编制、待遇（和职业发展）作为努力方向。这就要求进一步建立、完善、调整和优化财政性学前教育的投入结构，在编制数量难以突破的情况下，用服务岗位预算管理代替人员预算（编制）管理。当然，这也是需要进一步研究的重点。

（四）因地制宜，选择最适宜的服务供给模式

发展农村学前教育，必须因地制宜，绝不能脱离农村的实际、搞“一刀切”。这就要求，农村学前教育的规划布局必须充分考虑农村人口居住的特点，服务内容必须充分考虑农村家庭育儿的特点。总体而言，农村地区（尤其是中西部农村地区）人口居住相对分散，家长平均受教育程度较低，普遍缺少科学的育儿知识。对于那些父母进城务工、不在身边的留守幼儿，大多是跟祖辈生活在一起，这种隔代抚养给幼儿身体发育、情感、行为和社会性发展等方面造成的不利影响将更为突出。因此，规划布局上，要充分考虑服务半径和覆盖范围，确保广大农村幼儿能够方便、就近接受学前教育服务。

提供这些服务的，既可以是乡镇中心幼儿园，也可以是村幼儿园；既可以是全日制的机构，也可以是半日制、计时制的机构；既可以是按年龄分班的标准园所，也可以是混龄班的幼教点（或教学点）；既可以是公办性质的，也可以是民办性质的，但要保证公益性、普惠性的占有较大比例。服务内容上，要通过培训、观摩、家长班等多种形式，帮助农村家长了解幼儿身心发展的基本规律和特点，扬弃传统习俗与经验，掌握科学的育儿知识；与此同时，还要充分调动基层

组织（村委会）各种资源，加强其能力建设与资源整合，优化农村环境，促进家庭环境改善。最后，对于农村民办园，应采取相应举措，从规范与帮扶两方面入手，鼓励和引导其提供普惠性学前教育服务。

佘　宇　执笔

第六章

进城务工人员子女学前教育亟待解决的几个问题

伴随着我国城镇化进程的加快，大量进城务工人员随迁子女涌入城市，进一步加剧了城市学前教育需求的拥挤状态，让“入园难”问题更加凸显。究其原因，除了结构性供需失衡、财政投入不足且不均匀、幼儿园收费定价不规范等，最核心的仍在于我国福利筹资的高度分权化，即福利支出责任主要由省级以下政府承担，且长期以来省级以下政府支出占比较大。应充分考虑各种现实困难，从激励与约束两方面入手，对相关制度障碍进行针对性改革。对此，本报告建议，建立明确的政府间学前教育责任分担机制；尽快实现学前教育生均公用经费“钱随人走”；加紧研究制定学前教育阶段“两为主”的政策；多途径扩大公益性、普惠性学前教育资源供给。

伴随着我国城镇化进程的加快，大量进城务工人员随迁子女涌入城市，进一步加剧了城市学前教育需求的拥挤状态，让“入园难”问题更加凸显。如何解决好这一群体的学前教育问题，无疑给“流入地”政府带来了前所未有的新挑战，更是成为城镇化进程中涉及民生的重大时代性话题。2010 年 11 月出台的《国务院关于当前发展学前教育的若干意见》（以下简称“国十条”）明确提出，“城镇幼儿园建设要充分考虑进城务工人员随迁子女接受学前教育的需求”。这表明，国家政策层面已将这一群体的学前教育提上了议事日程。但有关调查①显

---

① 2011 年，教育部基础二司委托中国学前教育研究会组成课题组，以我国农民工主要流入地京、沪、渝三个直辖市以及长三角、珠三角和东北地区的四个省作为样本地区，对农民工子女的学前教育问题进行了调查。

示，各地（尤其是“流入地”）对于解决进城务工人员子女学前教育问题的态度并不一致，积极解决问题的少，力保不出问题的多。因此，如何厘清并统一认识，充分考虑各种现实困难，从激励与约束两方面入手，对相关制度障碍进行针对性改革，或将成为破解进城务工人员子女学前教育难题的可能途径。

一、解决好进城务工人员子女学前教育问题是政府不可推卸的责任

从学前教育的属性来看，虽然各国学前教育事业的公共性程度并不相同①，但提高学前教育的基本公共服务属性，并通过多种措施向幼儿提供免费学前教育的机会，已成为大多数国家今后发展的重要方向。2010 年出台的“国十条”不仅将学前教育定性为“重要的社会公益事业”，更是明确提出“发展学前教育，必须坚持公益性和普惠性，努力构建覆盖城乡、布局合理的学前教育公共服务体系”。可见，解决包括进城务工人员子女在内的所有适龄幼儿的学前教育问题，已然是各级政府不可推卸的重要责任。

从学前教育的功能来看，很多研究表明，其是最为经济有效的人力资本投资，且有利于打破代际贫困的转移②。换言之，适宜、合理的学前教育不仅有利于幼儿个体、幼儿母亲和家庭效用的提高，而且更能提高全社会的总效用。因此，解决进城务工人员子女学前教育问题，既有助于解除这些幼儿家长的后顾之忧，又可以降低后续发展的社会成本，减少未来对社会福利的依赖，减少辍学、失业、违法或犯罪等社会问题，还能缩小社会差距、推进教育公平与社会融合。从长远来看，这一举措更是培养合格公民、提高劳动者素质的有效手段。

但是，当前仍有不少“流入地”政府心存顾虑，担心解决进城务工人员子女学前教育问题会造成所谓的“洼地效应”，即吸引更多的进城务工人员子女进入城市、进而给城市的公共服务、财政支出造成压力。这种顾虑在短期、局部或

---

① 各国的学前教育大致可划分为 3 种类型：具有公共产品性质且完全免费，如法国；具有准公共产品性质并实行一定形式的免费措施，如美、英、韩等国；具有准公共产品性质，政府补助与家长缴费相结合但不直接实行免费，如日本。

② 参见佘宇：“学前教育健康发展的若干关键性问题”，《国务院发展研究中心调查研究报告专刊》，2013 年 49 期。

缺乏配套制度方面看来是有一定道理的，但并非不可以消除。一方面，进城务工人员为当地经济社会发展做出了贡献，同样是地方财政收入的创造者，理应与户籍人口一样享受相关公共服务；另一方面，绝大多数进城务工人员来到城市，仍是以就业为取向的，并非仅仅盯着一项或几项“福利”而来；第三，如果不妥善解决进城务工人员子女学前教育问题，一旦发生幼儿伤害等安全事故，各方问责的“板子”仍然是打在“流入地”政府身上。因此，无论是积极、主动应对，还是消极、被动处理，“流入地”政府都应当妥善解决进城务工人员子女学前教育问题。

此外，也有“流入地”政府担心，随着当地产业结构调整升级，进城务工人员及其子女规模可能会发生大的变化，近期扩张学前教育资源供给可能带来未来的闲置、浪费。对此，也需理性看待。首先，产业结构调整升级及其带来的幼儿规模减小，具体何时发生尚无准确时间，而解决这些幼儿的学前教育问题已刻不容缓；其次，适当的措施可以有效解决未来学前教育资源闲置、浪费的问题。例如，通过向符合条件的民办园购买服务、而非仅仅依靠公办园扩张的方式来满足这些幼儿的学前教育需求，将有利于防止幼儿规模减小可能带来的资源浪费，也有利于规范民办园以实现其在政府监管下的健康发展；第三，即便未来出现了资源闲置、浪费，也可加以改造用于其他公共服务（如养老等），而且保教人员资源可贵，也可配合“小班化”教学进行更好的人员配置（如从现有的“两教一保”调整为“三教一保”、“三教两保”等）。

二、进城务工人员子女学前教育面临的现实困难

从调研的情况来看，进城务工人员家庭经济社会地位总体偏低，收入、生活水平较差，且家长忙于生计，无暇照顾子女、也缺乏教育能力。因此，相较于城市户籍人口，进城务工人员子女学前教育面临更多的现实困难。究其原因，根源仍在于公益性、普惠性学前教育资源供给不足。

首先，“质高价低”的公办园，无论是数量还是设计规模都相对不足，且优先招收本地户籍幼儿。近年来，尽管公办园也开始向进城务工人员子女开放，但须有空余学位才可能招收，且往往还会附加一些审核条件（如符合计划生育政策

等）。现实中，本地户籍幼儿入公办园的难度尚且很大，就更不用说进城务工人员子女了。其次，现有政策下，民办园的收费一律实行市场调节价，采取的是备案制，除一部分向中端发展外，更多的是完全按照市场规律办园，提供高端化、贵族化的选择性服务。显而易见，进城务工人员家庭也没有足够的经济实力在市场（民办园）购买此类学前教育服务。第三，基于以上两点，进城务工人员子女大多数进入的是无证园。虽然无证园往往办园质量难以保证、办园行为不规范，且大多存在消防、卫生、食品等多方面的安全隐患，但由于其具有入园手续简单、保教费用较低、接送时间灵活等“优势”，进而成为进城务工人员家庭满足子女入园刚性需求的唯一选择。

造成上述现实困难的原因是多方面的，除了结构性供需失衡、财政投入不足且不均匀、幼儿园收费定价不规范等外，最核心的仍在于我国福利筹资的高度分权化。我国的福利支出责任主要由省级以下政府承担，且长期以来省级以下政府支出占比较大①。在这样一种福利支出责任机制下，提供进城务工人员子女学前教育这一公共服务，就需要主要依靠地方自身财力来解决，显然地方（尤其是“流入地”政府）的积极性不会高。与福利筹资的高度分权化紧密相关的，就是不同层级政府间职责不明确，且权责配置不合理。从国家政策层面来看，“地方负责，分级管理”频频出现在学前教育相关文件表述中（如表6.1），但各级政府具体职责分担方面的规定仍然模糊，且不具体，特别是对各级政府在学前教育财政投入和支出方面的责任划分仍然不明确。

与义务教育“两为主”政策执行过程中的财政困局类似，在实际操作中，学前教育的投入责任往往也层层下划到县级以下政府。虽然中央政府也会辅以转移支付为地方提供一定经费支持（例如，等级园创建的奖励，园舍维修、设备添置的财政补助），但是，或因为“流入地”多数为经济发达地区，进而无法获得县级以上财政支持；或因为这些经费投入没有形成稳定的保障机制，进而使得“流入地”政府财政压力加大、积极性不高（这里面也存在“撒胡椒面”的情况）。当然，“流出地”政府责任不明确，特别是有关学前教育经费投入分担机

---

① 以教育和卫生为例，在总支出中，地方财政支出比例长期在90%以上。近年来，随着中央政府对教育、卫生投入的加大，2011年地方支出比重分别下降到了80.2%和73.1%。但这一比重仍然是非常高的，而且这几年的下降有的是阶段性改革中的专项支出造成的，并没有形成中央和地方之间稳定的分担机制。

制不明确，也是造成“流入地”政府对解决进城务工人员子女学前教育问题态度不积极的原因之一，下一步需要予以统筹考虑。

表 6.1　　相关文件对于我国学前教育职责分担方面的表述

	文件	表述	评价
1987 年	国务院办公厅转发国家教委等九个部门《关于明确幼儿教育事业领导管理职责分工的请示》	首次提出幼儿教育事业实行“地方负责，分级管理”和有关部门分工负责的原则	仅规定了各部门职责，而未对各层级政府的责任做具体划分
2003 年	国务院办公厅转发教育部等部门（单位）《关于幼儿教育改革与发展的指导意见的通知》	明确提出“坚持实行地方负责，分级管理和有关部门分工负责的幼儿教育管理体制”	初步划分了省级和地（市）级、县级，以及乡（镇）级人民政府发展学前教育的责任，但规定较为模糊
2010 年	国务院《关于当前发展学前教育的若干意见》	提出“各级政府要加强对学前教育的统筹协调，健全教育部门主管、有关部门分工负责的工作机制”	并未对各层级政府发展学前教育的职责做具体规定

资料来源：庞丽娟，范明丽：“‘省级统筹，以县为主’，完善我国学前教育管理体制”，《教育研究》，2013 年第 10 期，第 25 页。

三、破解进城务工人员子女学前教育难题的政策建议

首先，建立明确的政府间学前教育责任分担机制。如前所述，福利筹资的高度分权化是造成进城务工人员子女学前教育现实困难的核心所在，不同层级间政府职责不明确、权责配置不合理更是加剧了福利制度地区分割的局面，进而影响到跨区域（特别是跨省）流动的进城务工人员子女平等享受学前教育这一公共服务。因此，下一步应着重提高中央和省级政府的责任，特别是在学前教育财政投入和支出方面的责任，建立各级政府共同分担、省级为主的学前教育经费保障体制，避免重蹈义务教育“两为主”政策执行过程中包括中央政府在内的各级政府间相互博弈的财政困局。此外，虽然现实中大多数街道、乡镇仍是学前教育事业的直接责任主体，但鉴于“国十条”已明确提出“以县为单位编制学前教育三年行动计划”，且相较于街道、乡镇，区县一级无论是在经费支出、财力保障，还是统筹规划、管理指导等方面都具有较强优势，因此，未来应进一步明确

并加大区县政府对学前教育事业的管理职责，建立以区县为主的学前教育管理体制，同时优化街道、乡镇的职责。

其次，尽快实现学前教育生均公用经费“钱随人走”。充分利用现有（及正在建设的）学籍信息管理、公安部身份认证、税务社保等系统，准确把握进城务工人员子女的区域流动情况。考虑到省际财力差别较大，以及推进改革的难易程度，近期不妨借鉴安徽省义务教育阶段电子教育券的做法①，先实现省内流动的生均公用经费“钱随人走”，再稳步实现跨省流动的“钱随人走”。对于跨省流动的生均公用经费“钱随人走”，或采取中央承担固定费用，基于全国平均水平确定，并综合考虑经济社会发展、物价正常增长等适时调整；或采取中央承担一定比例，根据区域确定不同比例，例如，中央对东、中、西部地区分别承担30%、50%、70%。而且，进城务工人员子女在“流入地”公办园的，其保教费等标准应与户籍幼儿一致；在民办园的，“流入地”政府部门核拨生均公用经费补助后，等额减收其保教费。但从长远来看，实现学前教育生均教育事业费“钱随人走”应是未来的改革方向。

第三，加紧研究制定学前教育阶段“两为主”的政策。参照义务教育阶段采取“以流入地区政府管理为主，以全日制公办中小学为主”的方式解决进城务工人员子女接受义务教育问题，加紧研究制定“以流入地区政府管理为主，以公益性、普惠性幼儿园为主”的政策解决进城务工人员子女接受学前教育问题。一方面，破解进城务工人员子女学前教育问题，需要“流入地”政府及其主要负责人认识到位，对这一群体基本的学前教育服务需求“真重视”。因此，除了“国十条”提出的城镇幼儿园建设要充分考虑这一群体的需求外，“流入地”政府在发展学前教育、构建（及布局）学前教育公共服务体系时，同样需要充分考虑进城务工人员子女接受学前教育的需求，应将此作为对相关官员考核的约束性指标。另一方面，鉴于区县政府（甚至街道、乡镇）实际上是“流入地”直接管理学前教育事业的责任主体，区别于以往政策中“地方负责，分级管理”

---

① 为保障农民工子女在城市平等接受义务教育的权利，落实同等待遇，深入推进教育公平，省教育厅会同财政厅于2011年11月印发《安徽省进城务工农民随迁子女电子教育券实施方案》。方案规定，“本省外县”迁入的义务教育阶段学生在注册电子学籍时，获取具有户籍来源特征的电子教育券，以电子教育券为收支凭据，到输入地义务教育阶段学校就读。

的概括性表述，“以流入地区政府管理为主”更加明确强调的是管理体制上的“以区县为主”，而不是经费保障上的“以区县为主”。因此，解决“流入地”所有适龄幼儿的学前教育问题，仍然是中央、省、市和区县各级政府的共同责任。

第四，多途径扩大公益性、普惠性学前教育资源供给。进城务工人员子女“入园难”问题凸显，反映出的同样是城市学前教育的供需失衡，因此，其在本质上仍是短缺问题。但是，在现有财政条件下扩大学前教育资源供给，除了用好增量与调整存量并举外，还必须合理把握服务的范围和水平。按照“广覆盖、保基本”的要求，审慎执行“适度超前”的建设标准，在城乡接合部、厂区（及部分城镇新区）等进城务工人员聚集地区，加大政府投入，新、改、扩建一批安全、适用的公办园；同时，通过相关政策引导、鼓励社会力量在上述区域举办普惠性幼儿园，通过政府购买服务的方式，对这些符合质量、安全等条件、吸纳进城务工人员子女的民办园予以补贴及相关政策优惠。其中，对于那些招收进城务工人员子女较多的民办园，既要加大财政经费支持力度，也要加强保教质量、安全管理、收费及盈余等方面的监管，尤其要做好保教人员的保护等（如采取幼儿教师最低工资保障政策）。此外，还可以借鉴上海市“三级园标准”、安徽省幼儿看护点分类管理、苏州市学前儿童看护点建设等做法，疏导与帮扶相结合，规范无证幼儿园发展，进而缓解进城务工人员子女基本的学前教育服务需求，弥补当前公益性、普惠性学前教育资源的供给不足。

余　宇　执笔

第七章

多措并举，扩大学前教育资源供给

通过实施第一期三年行动计划，苏州市学前教育改革发展取得良好成效，但受到经济发展、城市规划、人口结构变化等影响，学前教育资源供不应求的问题还比较突出，部分县市区当前及今后一段时期的入园压力依然较大。针对学前教育的发展现状与面临问题，苏州市不断加大学前教育公共财政投入，统筹规划学前教育布局与规模，持续加强对民办园的扶持力度，积极推进学前儿童看护点建设，充分发挥民办园、看护点补足学位、方便家长、满足个性化（多样化）需求的重要作用。基于苏州市的调研，本报告认为，扩大资源供给仍然是学前教育发展的主要任务；既要做好规划，更要确保规划落地；既要处理好公办园与民办园的关系，又要处理好优质与均衡的关系；解决好进城务工人员子女入园问题，仍然需要综合施策。

2010年11月颁布的《国务院关于当前发展学前教育的若干意见》（即“国十条”）明确提出，“（各地要）结合本区域经济社会发展状况和适龄人口分布、变化趋势，科学测算入园需求和供需缺口，……以县为单位编制学前教育三年行动计划，有效缓解‘入园难’。”通过实施第一期三年行动计划，学前教育改革发展取得显著成效。3年来，中央财政学前教育项目经费投入500亿元，带动地方各级财政投入1600亿元；全国在园幼儿增加918万人，比过去10年增量的总和还要多；学前三年毛入园率达67.5%，比计划实施前提高10.9个百分点，等等。但整体上看，由于底子薄、欠账多，学前教育仍是国民教育体系中的薄弱环节，城乡普惠性资源仍然短缺，“入园难”问题仍未得到根本解决，学前教育改革发展任务仍然十分艰巨。现将在苏州市调研的主要发现及相关思考报告如下。

一、苏州市学前教育发展现状与面临困难

作为长三角地区第二大人口城市，以及连续8年被评为“最受农民工欢迎的城市”，苏州市始终坚持以实施三年行动计划为抓手，以示范区创建为引领，以体制机制建设为突破，以城乡一体化为落脚点，大力推进学前教育改革发展，取得了良好成效。但与此同时，苏州市学前教育的发展也面临一些现实困难。尤其是受到经济发展、城市规划、人口结构变化等多方面因素的影响，学前教育资源供不应求的问题还比较突出，部分县市区当前及今后一段时期的入园压力依然较大。

首先，人口基数大且持续增长，对学前教育的需求不断增加。如前所述，苏州市已成为长三角地区第二大人口城市，户籍人口已从2010年“六普”时的637.66万人上升到2013年的653.83万人，3年增加16万人，增速依次为0.73%、0.85%和0.93%，可以说一年上一个台阶（如图7.1所示）。以2013年为例，全市出生人口6.74万人，人口自然增长率为3.52‰，其中，市辖区出生人口2.95万人，人口自然增长率为5.72‰。从每所幼儿园覆盖人数指标方面来看，截至2013年底，全市常住人口为1057.87万人，比2012年末增加2.96万人，根据《江苏省学前教育条例》第十九条“每一万至一万五千常住人口至少设置一所幼儿园”的规定，至少需要705所幼儿园，实际缺口为148所，入园压力可想而知。

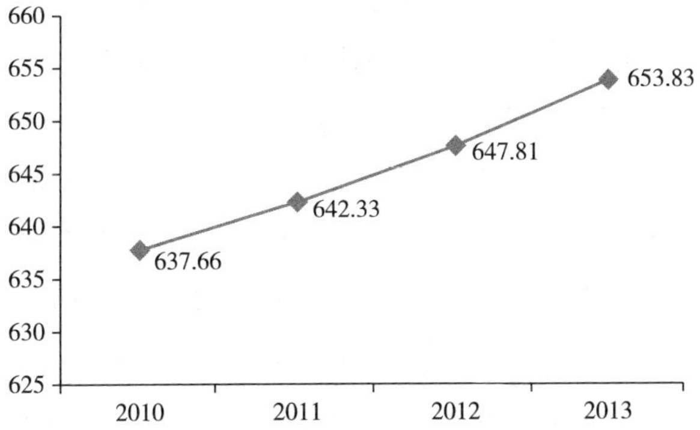

图7.1 苏州市户籍人口变化情况（单位：万人）

其次，城镇化进程加速，对学前教育的规划布局提出挑战。以工业园区为例，自开发建设以来，规划建设部门就按照“整体规划、合理布局”的原则，根据每5000人口左右配套建设一所2轨6班幼儿园的标准，对住宅区进行了较为合理的幼儿园配套规划。但随着住宅区开发楼盘容积率的不断提高，规划入住人口总量的持续增加，原规划幼儿园的数量和规模已无法满足。而且，住宅区配套幼儿园的建设滞后于住宅区的建设，也造成了当前以及今后一段时期学前教育资源的短缺。此外，新建或改扩建幼儿园的土地指标、建设资金无法得到落实，部分区域还存在居民拆迁难等具体问题，这些也都成为规划难以推进的瓶颈。

第三，进城务工人员规模大，随迁子女学前教育需求庞大。虽然近几年进城务工人员的增长有所下降，但作为“最受农民工欢迎的城市”，苏州市的经济快速发展还是吸引了庞大的进城务工人员，且在人数上已经超过或至少与户籍人口基本持平。以2013年为例，全市进城务工人员（流动人口）登记数为653.85万人，而这一数字在2012年为655.24万人。因此，学前教育阶段进城务工人员子女占比高也成为苏州市学前教育的一大特点。2013年，全市在园幼儿数为239488人，其中，进城务工人员子女为89879人，占比已达37.53%。但是，由于现有的学前教育资源无法满足这一群体的入园需求，仍有48599名进城务工人员子女只能进入那些办园水平低、环境脏乱差、教学管理不规范、消防安全隐患突出的无证幼儿园。如果把这部分幼儿计算在内，学前教育阶段进城务工人员子女的占比将达到48.07%，巨大的入园需求与现有学位不足之间的矛盾突出，无疑会给苏州市这样的“流入地”政府带来前所未有的挑战。

第四，由于受到政府投入、公民办比例、进城务工人员（子女）数量等诸多因素影响，学前教育发展并不平衡，局部区域“资源短缺”矛盾尤为突出。在公办园占比方面，最高的3个区域依次为张家港市（90.00%）、常熟市（83.87%）、太仓市（79.07%），最低的3个区域依次为高新区（37.50%）、吴中区（49.02%）、工业园区（55.88%）；在优质园占比方面，最高的3个区域依次为相城区（100.00%）、张家港市（92.50%）、常熟市（82.26%），最低的3个区域依次为吴中区（60.78%）、吴江区（62.71%）、太仓市（62.79%）；在学前教育阶段进城务工人员子女占比方面，最高的3个区域依次为昆山市

(50.32%)、太仓市（45.61%）、常熟市（42.06%），最低的3个区域依次为吴中区（22.11%）、高新区（29.36%）、工业园区（32.79%）；在入园压力方面[①]，除了吴江区、工业园区还有部分富余学位外，其他区域均存在不同程度的学位缺口，其中，缺口最大的3个区域依次为吴中区（6000个）、相城区（3876个）、常熟市（2420个）。而且，根据出生人口预测，未来几年学前教育资源短缺主要集中在苏州周边开发区与新建区域，特别是吴中区、相城区、常熟市和昆山市将面临沉重的入园压力。

二、苏州市扩大学前教育资源供给的主要做法

针对学前教育的发展现状与面临问题，特别是局部地区“资源短缺”矛盾突出，苏州市不断加大学前教育公共财政投入，科学规划学前教育布局与规模，持续加强对民办园的扶持力度，积极推进学前儿童看护点建设，充分发挥民办园、看护点补足学位、方便家长、满足个性化（多样化）需求的重要作用，努力扩大学前教育资源供给。

（一）加大学前教育公共财政投入，履行政府责任

发展学前教育，经费投入是基础。2013年江苏省财政性学前教育经费占财政性教育经费的比例4.83%，比2012年提高0.44个百分点，而苏州市及所属县市区的这一占比全部达到5%；全省占比超过10%的县市区有3个，苏州市就占了2个（吴江区16.58%、张家港市11.48%）[②]。苏州市连续三年把幼儿园建设项目列入市政府年度实事工程，2013年的政府工作报告中更是明确提出新建、改扩建101所幼儿园，总投资金额约24亿元，新增3.6万个学前教育学位，目前已有90%以上完工并投入使用。2013年，全市学前教育经费总投入为31.02

---

① 根据苏州市每年统计年鉴、卫生局妇幼保健活产数统计数据以及进城务工人员子女流入的增长趋势，各县市区对2013~2015年三年间的出生人口情况和幼儿园学位情况进行预判。经全市汇总，2013年可供小班年龄段学位缺口为18099个，2014年为18389个，2015年为20434个。

② 资料来源：《江苏省教育厅、财政厅关于2013年全省财政性学前教育经费占比情况的通报》（苏教财【2014】8号）。

亿元，比2012年增加3.94亿元，增长14.55%。其中，国家财政性教育经费20.13亿元（含教育附加等），比2012年增加2.56亿元，增长14.57%。财政性教育经费中学前教育所占比例，也从2012年的8.97%提高到2013年的9.07%。从2011年秋季开始，苏州市率先建立幼儿园生均公用经费制，并逐年递增。可以说，苏州市的学前教育公共财政投入体制基本形成。各县市区也都将学前教育经费列入财政预算，新增教育经费向学前教育倾斜，财政性学前教育经费在同级财政性教育经费占合理比例，确保学前教育投入到位。

例如，张家港市通过财政拨款、开征地方教育附加、社会捐资等多种渠道，形成财政支持为主、举办者投资、社会力量投资、幼儿园自筹为补充的多元投资机制；常熟市制定公办幼儿园生均经费标准和生均财政性拨款标准；原沧浪区则明确每年的学前教育专项经费增长比例不低于20%；工业园区财政和各乡镇每年都要从财政经费中安排专项经费，用于推进学前教育事业发展和幼儿园建设；高新区则将学前教育建立预算单列制度等。总之，各县市区尽可能地将学前教育纳入财政体系，使经费得到保障。

（二）科学规划学前教育布局与规模，提高服务可及性

为切实解决住宅区配套幼儿园、中小学规划建设和管理问题，苏州市于2007年就出台《关于加强苏州市区住宅区配套幼儿园、中小学规划建设和管理的意见》（以下简称《意见》），明确规定新建住宅区必须配套相应规模的幼儿园、小学、初中，并要求结合教育资源布局现状，综合考虑城市人口集聚、流动人口增加等因素，以及规模办学的需要，确定规划范围内配套幼儿园、小学、初中的设置规模、用地和建设规模。具体到配套幼儿园方面，《意见》明确提出，“规划部门应会同当地教育行政部门对配套幼儿园设计方案进行审批；建成后开发建设单位应会同当地教育行政部门进行验收，并无偿移交当地教育行政部门，产权属国有……移交后的配套幼儿园由当地教育行政部门举办或采用面向社会公开招投标的办法由社会组织和个人举办。幼儿园实行属地管理、以公办为主的原则。”按照《意见》的要求，各县市区先后出台了具体措施，以推动住宅区配套幼儿园规划建设落实到位。

例如，工业园区依据每5000人口左右配套建设2轨6班幼儿园的标准，规

划建设与居住人口规模相适应的配套幼儿园，并纳入园区建设总体规划，做到与其他建筑设施同步设计、同步施工、同步验收、同步交付使用。考虑到园区入住居民比较年轻的特点，适度提高学前教育资源配置标准，以满足居民的入园需求。国土房产部门将住宅区配套幼儿园建设、移交作为住宅开发地块出让的前置条件。大宗地块分期开发、交付的，必须确保配套幼儿园与住宅小区首期同时交付。各街道动迁时，也要将幼儿园建设与住宅小区建设统筹考虑。又如，吴中区对规划新建小区强制落实幼儿园配套建设项目，严格做到小区建设时“两个介入”，即规划时提前介入、验收时主动介入。积极规划建设收费低廉的普惠性幼儿园，着力解决进城务工人员子女入园难、入园贵的矛盾。再如，姑苏区根据区域经济社会发展规划以及人口出生变化的情况，研究制订全区幼儿园建设计划，预留空地，做到区域内整体规划、合理布局、规模适度，优化资源配置。明确配套幼儿园属于国有教育资产，其建设方案应报教育行政部门审核同意，建成后应按属地移交政府举办公办或民办幼儿园，不得改变性质和用途。与此同时，盘活现有闲置的教育资源或公共资源，优先安排教育用房，改建、扩建一批幼儿园并补贴部分建设资金或减免相关费用，鼓励民间资本举办普惠性幼儿园，通过以奖代补等扶持方式，吸引单位、个人等租用合适场地举办幼儿园。

（三）规范管理与积极帮扶民办园发展，努力扩大资源供给

为鼓励多渠道投入、支持多体制办园，形成公办与民办幼儿园协调发展的良好局面，苏州市 2011 年颁布的《关于进一步加快学前教育改革发展的实施意见》（以下简称《实施意见》）明确提出，“积极扶持面向大众、收费较低的普惠性民办幼儿园的发展。采取政府购买服务、减免租金、以奖代补、减免税费、免费提供场地、派驻公办教师、名园输出管理、享受公用事业减免费用等优惠政策的方式，支持民办幼儿园提供普惠性服务。鼓励民办幼儿园提供优质特色保教服务，为适龄儿童提供多样化选择。”按照《实施意见》的要求，结合本区域的人口特点、历史基础、产业构成等因素，各县市区采取相应举措，从规范与帮扶两方面入手，促进民办幼儿园发展。

例如，吴中区通过幼儿园园际办园联盟，将全区 26 所民办园与公办园结对，以办园联盟行动，加大园际间的交流与合作，积极帮扶民办园。同时，通过年检

制度，每年与各民办园签订规范办园责任书，切实加强对民办园的管理，规范办园行为，着力提升保教质量。又如，高新区对规范办学、年检合格的公助民办幼儿园，根据幼儿园类别及在园幼儿人数建立生均财政补助制度（每年每人补助标准：省优质园 1000 元、市优质园 800 元、合格园 600 元），用于补贴幼儿园的运行开支。其中，对普惠性民办幼儿园在享受政府专项补助、租金减免、园舍维修、校园安保等优惠政策的基础上，再给予幼儿园每年每人 500 元生均公用经费专项奖补。补助对象为符合入园条件及政府统筹安排的幼儿，补助标准根据幼儿园运行成本的变化适时进行调整。再如，工业园区积极探索民办公助幼儿园发展模式，通过购买教育服务等方式加大对民办园的扶持力度。对产权归政府的民办园，实行免租金、免物业管理费的政策。对规范办学、年检合格的民办园，对其吸纳的园区户籍居民、购房并实际居住居民及经园区组织人事部门认定的引进人才的 3 ~6 周岁学龄段子女，按照每年每人 3000 元的标准给予补贴（如核价后收费低于 780 元/月，按与公办省市优质园的收费标准的差价进行补贴）。同时，提出要组织公办园与民办园结对帮扶，选派公办园教师到民办园支教，安排民办园教师到公办园挂职学习，支持民办园不断提升师资队伍水平。

（四）推进学前儿童看护点建设，重点解决进城务工人员子女入园需求

为弥补学前教育资源不足，加快无证园清理整顿的进程，苏州市借鉴外地有关做法，结合本地幼儿人口不断增长的实际，于 2013 年出台《学前儿童看护点建设管理暂行办法》（以下简称《办法》）。通过建立一批学前儿童看护点，确保人口集中地区的适龄幼儿、特别是进城务工人员子女人身安全和身心健康发展，妥善解决区域内适龄幼儿接受看护的问题。按照《办法》的要求，各县市区根据当地经济发展情况、教育资源配置现状、学前适龄幼儿入园入托需求等，积极创造条件，加强区域内看护点建设与管理，并促进看护点在条件完全具备时逐步发展成为正规合格幼儿园。

例如，吴中区现有幼儿园 51 所（公办 25 所、民办 26 所），只能基本满足 62 万户籍人口的幼儿（约 21000 名）的入园需求，仍有 14000 多名进城务工人员子女需要解决入园看护的问题。为此，吴中区通过落实属地责任、强化部门协作、

以点带面推进，选择基础较好的无证园，通过整改和扶持，在苏州市率先建成学前儿童看护点6个，提供学位约2000个。2014年计划继续重点推进29个看护点建设项目，预计可提供学位8000个。当然，由于各县市区的区位特点、经济发展、人口分布等情况存在差异，工作推进的难度、力度、进度也各不相同，因此，看护点的建设数量、标准差异较大①。截至目前，苏州全市（除工业园区外）已建备案看护点71个，开设班级476个，看护幼儿15493人，计划再新建看护点59个。可以说，学前儿童看护点建设，既有助于缓解适龄幼儿（尤其是进城务工人员子女）入园需求的矛盾，也为无证园分类清理整顿开辟了分流渠道。

三、几点启示和需要进一步解决的问题

（一）扩大资源供给仍然是学前教育发展的主要任务

2014年11月颁布的《教育部、国家发展改革委、财政部关于实施第二期学前教育三年行动计划的意见》（以下简称“二期行动计划”）明确指出，“2011～2013年，各地按照国务院统一部署，以县为单位编制实施学前教育三年行动计划，学前教育改革发展取得显著成效，资源快速扩大，财政投入不断增加，教师队伍建设逐步加强，‘入园难’问题初步缓解。但是由于底子薄、欠账多，学前教育仍是教育体系中的薄弱环节，城乡普惠性资源依然短缺，运行保障机制建设相对滞后，教师数量不足、职业吸引力不强，保育教育质量有待进一步提高。”这表明，发展学前教育将是一项长期而艰巨的任务。

① 例如，昆山市因外来人口剧增，根据需求共建立看护点30所。吴中区2013年9月率先在临湖、胥口先行试点，认定临湖镇博雅学前儿童看护点等4所为苏州市首批看护点，2014年初再新建2所。相城区着眼长远，高标准、高起点办看护点，以投资1500万元为标准，新建了唐家幼儿园等4所看护点，一举关停15所无证园。2014年又在黄桥新建2所看护点，其中“澄云看护点”开设17班，在园幼儿736人，占地面积9000平方米，建筑面积5560平方米，户外活动面积2000平方米，活动室配置全部按照合格园标准，不仅较好地缓解了区域入学矛盾，更为看护点今后提档转型为合格幼儿园做好了充分的准备。

即便是在苏州市这样公办园、优质园占比“双高”[①] 的地区，仍然面临学前教育资源扩容赶不上人口增速、无证园现象短期内无法彻底根除等现实问题。而且，各县市区学前教育发展不平衡、政府对学前教育财政投入不足、因身份差异导致的幼儿教师同工不同酬、幼儿园的管理体制陈旧等问题也依然存在。苏州市这样的东部发达地区尚且如此，全国其他地区（尤其是中西部农村、连片特困地区）学前教育的发展现状可想而知。因此，巩固和扩大学前教育改革发展的既有成果，重点解决部分地区和群体“入园难”问题，落实“国十条”关于学前教育投入、师资、管理等方面的体制机制要求，构建学前教育发展的长效机制，促进学前教育健康可持续发展，仍然任重而道远。这也是国家启动“二期行动计划”的原因所在。可见，当前及今后一段时期，仍然要把扩大资源（尤其是普惠性资源）供给作为学前教育发展的主要任务，争取在“十三五”期间基本解决城乡幼儿“入园难”问题。

（二）超前规划，推动学前教育发展与经济社会发展相适应

发展学前教育，投入是保障，规划是前提。这就要求学前教育布局与规模的规划编制必须科学有效，考虑到经济发展、城市规划、人口结构变化等方面因素的影响，规划编制可以适度超前。建议由教育部门牵头，会同规划、建设、国土、房产管理等部门，按照城市预期规划总人口和就近入园、方便入园的需要，妥善解决土地指标、城市规划之间的矛盾，制定幼儿园建设的专业规划（包括设置规模、用地和建设规模等）。

发展学前教育既要做好规划，更要确保规划落地。城镇化进程中，住宅区配套幼儿园既是配置和增加学前教育资源的主要渠道，也是提高政府公共服务供给能力的有效手段。“二期行动计划”也明确要求“各省（区、市）出台小区配套幼儿园建设和管理的实施办法，对规划、建设、移交、举办以及回收、补建等作出具体规定。”现实中，各地普遍将住宅区配套幼儿园规划建设作为扩大资源和规范管理的一项重点工作，对土地指标、建设资金、配套建设的标准（指标）

---

① 截至2013年10月，苏州市幼儿园总数为557所，其中，公办园389所，占比为69.84%，民办园168所，所占比例为30.16%；全市557所幼儿园中，省优质园共有298所，占比为53.50%，市优质园99所，占比为17.77%，合格园160所，占比为28.73%，省、市优质园合计397所，占比达到71.27%。

等方面都有明确规定。但在具体实施过程中，配套幼儿园项目变通、变更甚至变异的现象时有发生，规划图纸上的幼儿园化为乌有也并非个案。因此，严格执行规划至关重要。一是加强部门间协调，定期沟通工程进展，解决具体问题，确保规划如期完工和正常投入使用；二是制定和落实更改项目的听证会制度，并接受社会监督，确保规划的顺利实施；三是加强对各地区住宅工程的监管、调研和督查，对幼儿园性质和用途变更等违规现象加大惩处力度。

（三）优化结构，形成学前教育均衡协调发展新局面

发展学前教育，必须坚持公益性和普惠性。《国家中长期教育改革和发展规划纲要（2010～2020年）》明确提出，“建立政府主导、社会参与、公办民办并举的办园体制。大力发展公办幼儿园，积极扶持民办幼儿园。”刚刚启动的“二期行动计划”也明确要求“扩大城乡公办园和普惠性民办园的覆盖面”。这表明，虽然办园体制不必回到最初的公办园一家独大、大包大揽的局面，但要保证域内大多数幼儿园为公办园或普惠性民办园。换言之，公办园、民办园之间的比例如何并不重要（国家层面也没有明确这一比例关系），关键是要保证域内所有适龄幼儿都能享受到公益普惠的学前教育公共服务。以苏州市为例，虽然未来公办园的占比有可能下降，但公办为主的办园体系已经初步构建，占园所总数69.84%的公办园已经吸纳占在园幼儿总数76.82%的幼儿。因此，对于苏州市这样公办园占比较高的地区，下一步可以把发展普惠性民办园作为扩大普惠性学前教育资源供给的主要方向；而对于那些公办园占比较低的地区，应把大力发展公办园作为扩大普惠性学前教育资源的主要方向，要在整体结构上保障公办园占比不低于50%，农村地区、贫困地区不低于70%①。

发展学前教育，还要处理好优质与均衡的关系。在资源有限的情况下，“优质”与“均衡”是一对矛盾。因此，在学前教育的发展思路上，势必面临一个孰先孰后的选择问题。当然，苏州市的优质园（主要是省级优质园）占比较高（71.27%），吸纳了占在园幼儿总数77.17%的幼儿。可以说，绝大多数的幼儿共享了优质学前教育资源。但也应注意到，苏州市仍然面临学前教育资源供不应

---

① 王海英：“提高公办园比例势在必行”，《中国教育报》，2014年7月13日。

求，特别是普惠性学前教育资源短缺的问题。因此，“保基本、广覆盖”（这实际上也就是普惠性学前教育资源“均衡”的一种体现）仍然是今后一段时期必须坚持的发展思路，必须尽最大可能，让最大多数、并尽可能覆盖到全部适龄幼儿都能享受到公益普惠的学前教育公共服务。这也是首要和最基本的要求。在满足了“保基本、广覆盖”之后，追求并实现“优质”也就顺理成章。换言之，应先守住“保基本”这一底线，再根据当地自身财力状况、未来中央财政转移支付方式的调整等因素，逐步把这个底线向上托起，通过“水涨船高”来实现学前教育“优质”的发展目标①。

（四）综合施策，解决好进城务工人员子女入园问题

学前儿童看护点建设，或可成为解决无证园的有效途径，但绝不能成为解决进城务工人员子女入园问题的唯一选项。从苏州市调研的情况来看，看护点建设也面临建筑标准、收费标准以及教师队伍等诸多政策瓶颈。首先，适合举办看护点的资源稀缺，现有建筑主要以工业厂房、民房为主，房屋空间结构、活动场地以及消防设施等条件存在局限；其次，看护点收费政策标准偏低，由于自收自支、无财政拨款，综合测算房租、工资、水电等成本，如果按照不高于公办合格园的收费标准（每月 250 元左右），常常会面临入不敷出的问题。因此，不妨突破收费政策瓶颈，根据看护点实际运行情况，建议物价部门参照办学成本核算并予以备案；同时，加大扶持和奖励力度，制定出台租金减免、设施设备添置、园舍维修、校园安保等优惠补贴政策，并由区级财政设立专项奖励资金；此外，看护点的房屋性质与土地性质可以脱钩，应更多发挥政府的日常监管责任。

解决好进城务工人员子女入园问题，仍然需要综合施策②。具体来看，就是提高中央和省级政府在学前教育财政投入和支出方面的责任，建立各级政府共同分担、省级为主的学前教育经费保障体制。明确并加大县市区政府对学前教育事业的管理职责，建立以县市区为主的学前教育管理体制，同时优化街道、乡镇的

---

① 详见佘宇：“发展公益性幼儿园是破解‘入园难、入园贵’的重要举措”，《国务院发展研究中心调查研究报告》，2014 年 16 号。

② 详见佘宇：“进城务工人员子女学前教育亟待解决的几个问题”，《国务院发展研究中心调查研究报告》，2014 第 7 号。

职责。充分利用现有（及正在建设的）学籍信息管理、公安部身份认证、税务社保等系统，准确把握进城务工人员子女的区域流动情况，先实现省内流动的生均公用经费“钱随人走”，再稳步扩大到跨省流动的范围，并最终实现学前教育生均教育事业费的“钱随人走”。加紧研究制定“以流入地区政府管理为主，以公益性、普惠性幼儿园为主”的学前教育阶段“两为主”政策，进一步明确管理体制而非经费保障上的“以区县为主”。用好增量与调整存量并举，多途径扩大公益性、普惠性学前教育资源供给，合理把握学前教育服务的范围和水平。

佘　宇　执笔

第八章

疏导与帮扶相结合，规范无证幼儿园发展

——安徽省合肥市实施幼儿看护点分类管理的有益探索

幼儿看护点（即无证园），是指已经开办但目前尚未达到民办幼儿园准入标准的，且规模较小的民办托幼机构。幼儿看护点分类管理是由安徽省教育厅联合公安、卫生、工商、安监等部门，于2012年8月发文并在全省范围内实施的规范无证园管理工作的一项措施。从合肥调研的情况来看，这项措施的初步影响及启示在于，实现了无证幼儿园的规范管理及有序发展，在一定程度上缓解了公众对学前教育服务的基本需求，并对其他公共服务领域类似问题实现有效监管提供了借鉴。当然，作为一项新举措，幼儿看护点分类管理也还存在若干问题需要进一步探讨。

作为“未经教育部门审批的幼儿园”或“未在教育部门注册的自办幼儿园”，无证幼儿园往往办园质量难以保证（例如，缺乏必要活动场地，房舍采光、通风不良，基本保教设施设备不足，保教人员短缺且素质不高）、办园行为不规范（小学化倾向突出），且大多存在消防、卫生、食品等多方面的安全隐患。近年来，此类托幼机构出现的虐待幼儿、意外伤害等更是频频见诸媒体，公众反映强烈，亟须政府加强监管。实际上，各地政府（尤其是教育行政主管部门）清理整顿无证园的力度并不小，但总体效果有限。

究其原因，除了个别地方政府不作为、“睁一只眼闭一只眼”外，根源仍在于公益性、普惠性的学前教育资源供给不足。无证园虽然发展无序、管理不规范

并带来了一系列问题，但却具有入园手续（证明）简单、保教费用较低、接送时间灵活等“优势”，客观上缓解了公众（尤其是进城务工人员、低收入群体）基本的学前教育服务需求。政府对无证园的监管策略如果是以“堵”为主、简单取缔，那么结果不外乎两种：公众的需求依然没有得到缓解（无园可入），无证园以更为隐蔽的方式“死灰复燃”（监管更难）。

对于无证园的管理，安徽省选择了另一种思路。2012 年 8 月，省教育厅联合公安、卫生、工商、安监等部门联合印发了《关于试行幼儿看护点分类管理的意见》（以下简称《意见》），规范无证幼儿园管理工作，加强对看护点的清理和整顿。根据《意见》的相关要求，省内各地纷纷出台具体实施方案，加强幼儿看护点的分类管理，引导民办幼儿园健康有序发展。现将课题组在合肥市调研的主要发现及政策建议报告如下。

一、幼儿看护点及其分类管理

（一）幼儿看护点的分类方法及认定程序

幼儿看护点（即无证园），是指已经开办但目前尚未达到民办幼儿园准入标准的，且规模较小的民办托幼机构。

根据《安徽省幼儿看护点基本条件》（见附录），看护点分为三类：A 类为条件较好，有可能经过 2 至 3 年的努力达到办园标准的；B 类为条件一般，有可能通过 1 至 2 年的努力达到 A 类看护点标准的；C 类为存在危及幼儿安全与健康隐患，短期内无力进行整改的。目前，合肥全市共有幼儿看护点 724 个，其中 A 类 166 个、B 类 458 个、C 类 100 个。

看护点的举办者每年 8 月须向县级教育行政部门递交书面申请认定报告，经专家对照《安徽省幼儿看护点基本条件》进行审核后，对达到 A 类、B 类条件的按类颁发看护点许可证，对 C 类的则坚决予以取缔。

对于经许可的 A 类、B 类看护点，下达书面限期整改批复，整改期分别为 2～3 年、1～2 年。整改期间，须确保幼儿安全和正常保教活动。期满后，经县级教育行政部门审查，重新履行准入程序或类别认定。对期满未达整改目标的，依次降类处理。

（二）合肥市加强幼儿看护点分类管理的主要做法

1. 明确责任，多部门紧密配合

各县、（市）区成立由教育、卫生、公安、工商、安监等部门组成的幼儿看护点规范管理领导组，定期召开联席会议，研究解决幼儿看护点管理中出现的各种矛盾和问题。

按照“属地为主、教育牵头、职能配合”的工作模式，对幼儿看护点进行有效管理。其中，以街、乡、镇为管理主体，负责对辖区内无证幼儿园的排查登记造册，建立幼儿看护点信息库，而教育、卫生、公安、工商、安监等职能部门负责行业监管。

对办园条件简陋、卫生状况差、安全管理混乱并存在安全隐患的 C 类看护点，街镇配合教育、卫生、公安、工商、安监等部门联合执法予以取缔，并做好幼儿分流工作。对规模小、条件差、距离近的看护点，按照“以强撤弱，以优并差”的原则进行资源整合。

2. 动态管理，积极帮扶和指导

发挥社居委、村委会作用，落实专人负责，通过建立日巡、周查、月检等制度，对看护点实行动态管理。及时向教育行政主管部门报送看护点在安全、规范、增减等方面信息，配合其每年 7 月份开展一次集中排查、分类认定以及日常规范管理等工作。

将看护点保教人员的培训纳入县、（市）区学前教育培训管理范畴。按照三年一轮训的要求对其进行政策法规、专业知识、安全卫生等方面的专业培训，并将参训情况作为幼儿园准入和看护点分类的重要条件。目前，全市幼儿看护点各类人员培训达 1305 人次。

将看护点纳入幼教辅导网管理，组织其参与学前教育各类教科研活动，建立结对帮扶制度。针对各看护点存在的问题提出限期整改意见，制定下一步提高计划，并适时督查整改落实情况。

3. 加强宣传，建立健全激励机制

通过多种形式，加强对幼儿看护点分类管理的政策宣传，提高全社会的认识，引导家长了解与支持。及时向社会公布看护点分类管理名单，让家长了解相关信息，有序选择规范、合格的幼儿园。

2011 年已设立市级专项奖补资金，鼓励通过加大投入、加强整改获得办园许可证的幼儿看护点。幼儿看护点经整改取得办学许可证，且办园规模达到 6 个班的，一次性奖励 10 万元。各县、（市）区也出台奖励政策，例如包河区通过以奖代补的形式，对在安全、卫生、保教等方面有明显进步的幼儿看护点进行奖励，引导举办者逐步规范办园行为，不断提高保教质量。

二、幼儿看护点分类管理的初步影响及启示

（一）实现了无证幼儿园的规范管理及有序发展

教育部 2012 年 6 月下发的《关于鼓励和引导民间资金进入教育领域，促进民办教育健康发展的实施意见》中明确提出“鼓励和引导民间资金进入学前教育和学历教育领域”、“积极扶持民办幼儿园特别是面向大众、收费较低的普惠性幼儿园”、“可以适当放宽幼儿园审批条件”。实施幼儿看护点分类管理，无疑是落实政府职责、支持民办幼儿园发展的一项具体措施。对于无证园而言，之所以不再与政府“躲猫猫”，愿意参加类别认定并进行整改，根本原因仍在于“近无忧虑、远有收益”。换言之，不仅不必担心因尚未达到民办幼儿园准入标准而被取缔，而且还有望在政府一系列帮扶（指导）政策中得到实惠（例如，业务指导、人员培训以及专项奖补）并发展壮大。总体上看，作为被监管的无证园，由于分类管理打通了其未来提升、发展的通道，因而参与整改的积极性也被充分调动起来。

对于政府而言，监管策略从简单取缔的“堵”转变为分类管理的“疏”，也就避免了对无证园的管理陷入“清理整顿→死灰复燃→再次清理整顿→再次死灰复燃”的无限循环。通过分类管理，政府有效掌握了辖区内所有无证园的基本信息，消除了监管盲点或空白地带（街乡镇属地管理使无证园无所遁形，类别认定、帮扶指导也使无证园无须隐藏），进而为接下来的帮扶、指导奠定了基础。而且，分类管理也使政府监管的重点（例如，坚决取缔的是 C 类看护点）更加

明确和细化。实际上，从幼儿看护点的类别认定到民办幼儿园的资格准入，是一个不断改进、完善和提高的过程。政府强化对这一过程的引导，寓动态监管于日常服务之中，激励与约束并举（例如，期满整改不达标的，仍面临依次降类的处理），从幼儿看护点这个源头抓起，从安全监督、办园方向、业务指导、人员轮训等多方面入手，将更加有助于民办幼儿园的健康有序发展。

（二）在一定程度上缓解了公众对学前教育服务的基本需求

如前所述，无证园存在的根源在于公益性、普惠性的学前教育资源供给不足。简单取缔并不能从根本上解决无证园发展无序、管理不规范等问题，毕竟公众（尤其是进城务工人员、低收入群体）的需求是客观存在的。从被取缔无证园的幼儿流向上来看（仅以进城务工人员随迁幼儿为例），大致有以下四种情形：返乡由亲属照料、成为留守幼儿，进城务工的父母带着幼儿一起返乡，父母一方辞工在家看管幼儿，由于其他原因无园可上（或跟随父母进入工厂、工地）。无论是哪一种情形，都表明其对学前教育服务的基本需求没有得到满足。

幼儿看护点分类管理的意义在于，一方面借助于现有的无证园，弥补了当前学前教育资源供给不足，进而在一定程度上缓解了公众“无园可入”的现实问题，为公益性、普惠性学前教育服务体系的建设争取了时间；另一方面通过将无证园纳入政府监管体系，对其积极扶持和指导，进而消弭公众反映强烈的因无证园发展无序、管理不规范而产生的一系列问题，为幼儿提供安全无虞、保教质量无恙且有提升的学前教育服务。从合肥的情况来看，全市幼儿看护点的幼儿数为64007人，约占全市在园幼儿总数的30%。其中，市区看护点的幼儿数为37587人，占到市区在园幼儿总数的34%；各县看护点的幼儿数为26420人，也占到了各县在园幼儿总数的25%。可见，幼儿看护点对于缓解公众基本的学前教育服务需求，弥补当前公益性、普惠性学前教育资源的供给不足，确实发挥了不小的作用。因此，对幼儿看护点采取分类管理而不是简单取缔十分必要。

（三）对其他公共服务领域类似问题实现有效监管的借鉴意义

从以往调研的情况来看，其他公共服务领域也或多或少存在与无证园类似的问题。例如，在部分地区存在依托三五张床位提供养老服务的无证机构，当前各方热议的打工子弟学校未来走向问题等。幼儿看护点分类管理的探索实践，也可以为上述问题的破解提供借鉴，或者说，提供了一种实现有效监管的选择。

诚然，在政府相关公共服务职能没有完全到位、资源供给不足的背景下，这些无证机构的存在有其合理性，公众也有这样的基本需求。但正因为是“无证”，也说明这些机构距离相关行政主管部门的标准、规范要求等还存在一定的差距，出现问题或存在隐患在所难免，而这恰恰又是公众反映强烈、亟待政府加强监管的。既然简单取缔不能根本解决问题，那么管什么、怎么管，以及如何在“满足需求”与“不出问题”之间寻求平衡就显得十分重要。幼儿看护点分类管理的探索实践，可以说对此予以了正面回答，即先将这些无证机构进行类别认定，切实纳入监管体系，再通过政府的帮扶和指导，本着“缺什么补什么”的原则，注重改进、完善、提高过程的引导，寓监管于服务之中，使其逐步走上健康发展的道路。

三、需要进一步探讨的若干问题

（一）幼儿看护点分类管理宜作为长期策略

目前对于幼儿看护点的整改期限比较明确，其中，A 类看护点要求 2 ~ 3 年达到幼儿园标准，B 类看护点要求 1 ~ 2 年达到 A 类标准。对于期满未达到整改目标的，采取依次降类的处理。可见，从 B 类看护点整改提高成幼儿园，至多不能超过 5 年。结合当前及今后一段时期我国的学前教育仍应以“保育”为主的目标定位①，以及对照《安徽省幼儿看护点基本条件》，幼儿看护点分类管理宜作为学前教育事业发展的长期策略，而不仅仅是清理整顿无证园的短期措施。事实上，不少看护点由于活动场地、人员社保等多方面原因，短期内（3 ~ 5 年）依照幼儿园的准入标准整改，难度确实很大；但通过政府帮扶和指导，确保幼儿的营养和安全无恙，提升效果更容易立竿见影。而且，考虑到我国城乡及地区发展

① 课题组认为，综合考虑我国学前教育的现状，当前我国的学前教育仍应以“保育”为主，从政策引导角度来看，需要先确保所有幼儿的营养和安全无恙，再逐步朝着“科学保教”方向发展（参见佘宇：“学前教育健康发展的若干关键性问题”，《国务院发展研究中心调查研究报告专刊》，2013 年 49 期）。

差异，中西部、农村地区的学前教育资源更加匮乏，即便是参照现有的看护点类别认定，真正达到B类标准的已属凤毛麟角，继续向上提升更加任重而道远。因此，各地在借鉴幼儿看护点分类管理的经验时，需结合自身实际在整改期限及提升标准上深入研究。

（二）从增量和存量两方面入手扩大学前教育资源

多种形式扩大学前教育资源，既要做好增量，更要盘活及用好存量。换言之，在各地教育财力比较紧张的情况下，公共财政在通过补贴、优惠、拨款等方式新建、改建、扩建更多公益性、普惠性学前教育服务机构的同时，也应通过相关制度设计、激励政策把现有的无证园（看护点）资源充分用好，通过动态管理与积极扶持、指导，确保消防、卫生、食品等方面安全无虞。无证园的消亡应是一个渐进的过程，可以有多种选择，或因公益性、普惠性的学前教育服务供给到位而自动消亡（这是市场选择的结果），或因自身整改、提高而转变为正规的幼儿园（这是能力建设的结果），或通过整合基层（社区、村委会）资源转换服务提供形式（这是资源整合的结果），或因所在区域拆迁、服务人群移出而结束经营（这是不可抗力的结果），而不是简单地通过政府一两次清理整顿来取缔。从这个意义上说，其实又回到了前一个问题，即幼儿看护点分类管理宜作为长远策略。

（三）无证园的保教人员分流应与幼儿分流同时考虑

紧接着上一个问题，无证园的消亡（主要针对第一种和第四种情况）不仅会带来在园幼儿的分流，而且也涉及保教人员的分流。鉴于当前学前教育的保教人员（尤其是幼儿教师）缺口明显且还在扩大，而部分公办园（或公益性、普惠性幼儿园）尤其是中西部、农村地区的，又难以吸引到满足需要的专任教师、保育员等，怎么把无证园现有的这批保教人员用好值得深入研究。人才培养不可能一蹴而就，无论是不考虑自身办学条件和能力、“一窝蜂”举办学前教育专业，还是不考虑专业底线（即专业课程、专业教师的数量要求）、“找米下锅”的专业设置方式，都无法保证培养出合格的幼儿教师。对此，一个可供替代的方案是，根据岗位需要、并经过考评，将无证园分流出来的保教人员进行“收编”，有教师资格证的安排幼儿教师岗位，没有教师资格证的则安排保育员岗位。这一做法，部分地区已开始尝试。与此同时，通过政府帮扶与指导，采取集中培训、名园代训、名师带徒等方式，加强保教人员培训（或轮训），进而提升其专业能力与服务水平。

佘　宇　执笔

附：安徽省幼儿看护点基本条件

根据《安徽省学前教育三年行动计划（2011～2013年）》中关于民办幼儿园“按照‘准入一批、整改一批、取缔一批’的要求，对无证办园全面排查、分类治理、督促整改”的精神，为了促进已经开办但目前尚未达到民办幼儿园准入标准的规模较小的民办托幼机构整改提高，特制订本“基本条件”（以下简称“条件”）。

一、看护点（A类）基本条件

1. 坚持正确的办园方向。全面贯彻党和国家的教育方针，遵纪守法，认真贯彻执行国家教育政策。

2. 坚持安全第一。设置在无污染、无危险的安全区域内。独立安全的院落，有独立出入口，有户外活动场地；房舍建筑在3层以下（含3层），安全无危房。室内外设施、设备安全；楼梯、走廊及其他安全通道设置合理，标志明显，确保畅通。

3. 具备基本房舍。有幼儿活动室，人均面积不少于1平方米。房舍通风、采光良好。有一间较大活动室，以便开展大型活动。有幼儿厕所、洗手场所及设备。有满足教师需要的办公用房。

4. 有必要的生活设备。配备安全的幼儿桌、椅、床及其他生活设备和设施；提供幼儿膳食的，应有厨房及符合卫生标准的设备和设施等；有必要的卫生消毒用品用具。

5. 有必要的教育设备。有满足需要的户外玩具，每班有3种以上能成套操作的桌面玩具；有小型体育活动器械（含自制）。教师拥有2种以上教师指导用书。

6. 实施科学保教。应遵循幼儿身心发展规律，坚持以游戏为基本活动，保教结合，寓教于乐。严禁“小学化”教学，严禁进行拼音、计算、外语教学，严禁使用幼儿教材和小学课本。

7. 有满足需要的师资。配备专职负责人1名，幼教专业毕业或取得幼儿教师专业培训合格证的。每班至少1名专任教师，具有相应教师资格或幼儿教育经验。每两班配备保育员1名，具有幼儿保育经验。禁止慢性传染病患者、精神病史者在看护点（A类）工作。

8. 健全的制度。有卫生保健制度、安全制度，责任到人。经过2至3年整改，通过消防部门的消防安全验收，取得卫生部门出具“合格”意见的“托幼机构卫生评价报告”，取得食品药品监督部门核发的餐饮服务许可证。

9. 符合以上条件的，经县级教育行政部门审核合格后，发给《安徽省幼儿看护点（A类）许可证》。获得证书的看护点应对照《安徽省民办幼儿园准入标准》，努力改善办园条件，提高保教质量，积极申报幼儿园。2至3年内达不到《安徽省民办幼儿园准入标准》的，由县区教育行政部门收回《安徽省幼儿看护点（A类）许可证》，降至B类。

二、看护点（B类）基本条件

1. 坚持正确的办园方向。全面贯彻党和国家的教育方针，遵纪守法，认真贯彻执行国家教育政策。

2. 坚持安全第一。设置在无污染、无危险的安全区域内。有独立安全的院落，有独立出入口；房舍建筑在3层以下（含3层），安全无危房。室内外设施、设备安全；楼梯、走廊及其他安全通道设置合理，标志明显，确保畅通。

3. 有满足需要的房舍和保教设备。活动室、幼儿厕所、洗手场所安全实用。有必要的幼儿生活设施及卫生设备，有满足需要的室外玩具和桌面玩具。

4. 实施科学保教。应遵循幼儿身心发展规律，坚持以游戏为基本活动，保教结合，寓教于乐。严禁“小学化”教学，严禁进行拼音、计算、外语教学，严禁使用幼儿教材和小学课本。

5. 有满足需要的保教人员。须配备专职负责人1名，具有幼儿教育经验。有满足需要的专任教师、保育员。禁止慢性传染病患者、精神病史者在看护点（B类）工作。

6. 有各项卫生保健制度、安全制度，并确实责任到人。经过 3 至 5 年整改，通过消防部门的消防安全验收，取得卫生部门出具“合格”意见的“托幼机构卫生评价报告”，取得食品药品监督部门核发的餐饮服务许可证。

7. 符合以上基本条件的，经县级教育主管部门审核合格，可发给《安徽省幼儿看护点（B 类）许可证》。获得看护点（B 类）证书的应努力改善办园条件，提高保教质量，换领《安徽省幼儿看护点（A 类）许可证》，1 至 2 年内达不到看护点（A 类）标准的，由县区教育主管部门收回《安徽省幼儿看护点（B 类）许可证》，降至 C 类。

三、看护点（C 类）

凡不能确保在安全、消防、卫生、食品监督等方面达到国家相关规定的存在严重危及幼儿安全与健康隐患，短期内无力进行整改的看护点，均归为 C 类。

第九章

政府购买学前教育服务的有益尝试

——南京市实施幼儿助学券[1]的初步影响及挑战

《国务院关于当前发展学前教育的若干意见》颁布后，为了创新学前教育的公共服务方式，各地进行了大量探索实践。其中，南京市在借鉴美国教育券概念的基础上，于2011年秋季学期开始全面实施幼儿助学券政策，通过政府购买学前教育服务的方式，鼓励社会多元办学，短期内解决"入园难"和"入园贵"的难题，使全市适龄幼儿、特别是农村和困难家庭幼儿入园得到制度性保证。从南京调研的情况来看，作为政府购买学前教育服务的一种尝试，幼儿助学券政策的初步影响及意义在于，在一定程度上减轻了适龄幼儿家庭的费用负担，有助于引导无证园及薄弱园按照要求改进提升，并对其他公共服务领域政府购买服务提供了借鉴。当然，作为实施不到两年的新政策，幼儿助学券也面临着一些挑战，并存在若干需要进一步探讨的问题。

政府购买公共服务，是指政府将原来直接提供的公共服务事项，通过直接拨款或公开招标的方式，交给有资质的社会服务机构来完成，最后根据择定者或者中标者所提供的公共服务的数量和质量，来支付服务费用[2]。需要指出的是，政

① 据《中国教育报》2013年11月9日的消息，南京市委、市政府于11月7日出台从学前教育到成人教育的一揽子改革计划与发展目标，其中包括实行学前一年免费教育，幼儿助学券政策可能会调整为针对困难家庭的补偿性政策。

② 王浦劬，莱斯特·M. 萨拉蒙等著：《政府向社会组织购买公共服务研究：中国与全球经验分析》，北京大学出版社2010年版。

府购买公共服务只是将公共服务的提供方式社会化，并没有将政府应该承担的责任社会化，提供质量可靠、覆盖广泛的公共服务仍是政府不可推卸的职责。

政府购买公共服务真正进入我国实践领域，大致可以追溯到1998年上海浦东新区罗山市民会馆接受政府养老服务的委托[①]。此后，政府购买公共服务的内容和范围逐渐扩大，但总体上来看，大多集中在社会养老、公共卫生、社区服务等领域，在教育领域（尤其是学前教育）的相对较少。《国务院关于当前发展学前教育的若干意见》颁布后，为了创新学前教育的公共服务方式，各地进行了大量探索实践，购买学前教育服务的形式也多种多样，有的采取公用经费补贴的直接购买，有的采取减免租金的间接购买，有的采取公建民营的竞争性购买，有的采取以奖代补的非竞争性购买，等等。其中，南京市在借鉴美国教育券[②]概念的基础上，于2011年秋季学期开始全面实施幼儿助学券政策，通过政府购买学前教育服务的方式，鼓励社会多元办学，短期内解决“入园难”和“入园贵”的难题，使全市适龄幼儿、特别是农村和困难家庭幼儿入园得到制度性保证。现将课题组在南京市调研的主要发现及相关思考报告如下。

一、幼儿助学券的基本内容及主要特点

（一）基本内容

幼儿助学券的本质是政府向符合相关规定的幼儿园购买学前教育服务，以抵扣相应保教费的形式提供给符合条件的在园幼儿。具体来看：

---

① 1995年，上海浦东新区社会发展局兴建了罗山市民会馆，为了提高管理效率，该局不是单纯依靠街道办事处和居委会等传统的社区管理组织，而是通过协商，委托上海基督教青年会出面管理，并于1998年接受政府养老服务的委托，政府购买公共服务由此第一次进入我国实践领域。

② 最早提出教育券理论的是美国经济学家米尔顿·弗里德曼（Milton Friedman）。1955年，弗里德曼在其《经济学和公共利益》一文中首次提出了教育券理论，后被改写为《政府在教育中的作用》并收录到《资本主义与自由》一书中。此外，弗里德曼在其1979年的《自由选择：个人声明》一书和1995年名为《公立学校：使其私有化》的文章中，分别进一步阐述了他的教育券理论。所谓教育券，是指政府把原来直接投入公立学校的教育经费按照生均单位成本折算以后，以面额固定的有价证券（即教育券）的形式直接发放给家庭或学生，学生凭教育券自由选择政府所认可的学校（公立学校或私立学校）就读，不再受学区的限制，教育券可以冲抵全部或部分学费，学校凭收到的教育券到政府部门兑换教育经费，用于支付办学经费。

符合相关规定的幼儿园，是指：①已领证的幼儿园；②达到江苏省幼儿园设置标准（以下简称“省标”）、尚未领证的幼儿园；③个别区域因学前教育资源不足，对部分满足“一无两有”（即无安全隐患；有教师，有教室和活动场地）、尚在筹备达“省标”并承诺两年内达标的幼儿园，经审核认定也可兑现助学券，但两年内不能达标的则取消兑券资格。

抵扣相应保教费的形式，是指：①每人每年可减免2000元的保教费；②分两学期兑现，每学期1000元；③每个幼儿在园期间最多只能享受三年的助学券补助。

符合条件的在园幼儿，是指：①符合计划生育政策；②年龄在3～6周岁；③在具备兑现助学券资格的幼儿园就读；④非南京户籍的外来务工人员子女，还应满足法定监护人具有南京市暂住证、在南京生活两年以上、有相对稳定工作等条件。

（二）主要特点

首先，幼儿助学券是一种“名义券”或“概念券”。换言之，不存在实物券，也不会以现金的形式直接发放。助学券的发放程序依次为：第一步，区县幼儿助学券发放工作领导小组公示符合兑现助学券条件的幼儿园名单；第二步，监护人向幼儿所在的符合兑现条件的幼儿园提出助学券申请；第三步，幼儿园对申请助学券的幼儿进行资格初审；第四步，区县幼儿助学券发放工作领导小组办公室复审申请材料；第五步，区县财政部门拨付助学券经费；第六步，幼儿园收取扣除助学券后的保教费。

其次，幼儿助学券具有公益性和普惠性的特点。换言之，不存在“排富”或“排外”的情况。所有符合条件的在园幼儿都可以享受助学券，不考虑其家庭收入状况、户籍所在地、实际的保教费支出情况等因素。针对家庭经济困难的在园幼儿实行的资助，另行规定。扣除助学券相应费用后的保教费不足部分，仍由幼儿家长自行支付；由于部分乡镇包括中心幼儿园在内的实际保教费收费标准并未达到政府指导价的最低档（即每生每月220元），对于助学券多出的部分，留作幼儿园日常公用经费。

第三，幼儿助学券兼顾了“公平”与“效率”。换言之，不存在“歧视”或

“排斥”民办机构的情况。所有符合相关规定的幼儿园都可以兑现助学券，既可以是公办园，也可以是民办园，甚至是部分经过审核认定的无证园。这既为民办园创造了公平参与的机会与空间，也有助于扩大学前教育的资源供给，以及改进服务的提供方式，提高服务供给的效率，进而增强资源配置的有效性。

第四，幼儿助学券定位于公共财政资金的“增量改革”。换言之，助学券在资金来源上着眼于“增量”范畴，而不是锁定在目前的“存量”水平。财政每年单独下拨 3 个多亿发放助学券，只是对现有财政公共教育经费的一种补充，尚未进入“存量改革”或“总量改革”的阶段。发放助学券所需经费，由市、区县（含街道和乡镇）政府共同承担，并根据现行的教育费附加管理体制，采取城区按比例补助（市补助 40%，区承担 60%）、远郊区县定额补助两种方式，补助资金从市教育费附加中列支。

二、幼儿助学券的初步影响及政策意义

（一）在一定程度上减轻了适龄幼儿家庭的费用负担

实施幼儿助学券，首先起到的是惠民的作用。南京市公办园保教费实行政府指导价，按等级收费，每生每月收费标准分别为：省级示范园 600 元，市级示范园 500 元，优质园 400 元，标准园 300 元，一般园 220 元。虽然各等级幼儿园可根据自身办园实际成本情况上下浮动，但上浮幅度最高不得超过 20%。可见，对于一般园而言，扣除助学券后，幼儿家长每月只需负担 20 元保教费；在农村地区，由于实际收费已经低于 220 元，连这 20 元都不用家长支付，实际上达到了免费入园的效果。对于省级示范园而言，即便是考虑到收费上浮 20% 的因素，助学券也能为幼儿家长节省近三成的保教费支出。目前，公办园的在园幼儿数为 97625 人，占到了全市在园幼儿总数的近六成，换言之，助学券对于减轻这部分幼儿家庭的费用负担，效果是比较明显的。如前所述，符合条件的民办园也可以兑现助学券。除了参照同等级公办园收费标准的普惠性民办园外，大多数民办园收费相对较高，例如达到省级优质园的每生每月收费在 2000 元左右。选择此类民办园的幼儿家庭，往往经济状况相对较好，但即便如此，每月 200 元的助学券

或多或少还是能为其减轻一部分的费用负担。

（二）有助于引导无证园及薄弱园按照要求改进提升

从幼儿园兑现助学券的条件来看，“持证”和“达标”是两个核心要素。所谓“持证”，是指公办园持有《学前教育机构登记注册证书》，民办园持有《学前教育机构登记注册证书》和《民办学校办学许可证》；所谓“达标”，是指达到江苏省幼儿园设置标准（即“省标”）。可见，南京市将助学券的兑现条件与幼儿园的办园条件、人员队伍、办园质量等直接挂钩，对于不能“持证”或“达标”的幼儿园采取限制甚至取消兑券资格等措施，从而引导其按照政府要求改进条件和规范发展。而且，如果能使现有的无证园或薄弱园按照“省标”要求改进提升，不失为短期内扩大学前教育资源供给的一条途径，且这种供给是基本合格的。助学券的意义，除了直接冲抵幼儿家长的保教费支出外，更在于体现或传递政府对符合兑现条件的幼儿园的信任与支持，进而也对那些无证园及薄弱园形成了一种“倒逼”压力。换言之，如果这些无证园或薄弱园不能在规定时间内改进提升、“达标”或“持证”，将无法（继续）兑现助学券，进而面临生源流失、经营难以为继等现实问题。助学券对保教费的冲抵，在一定程度上减轻了入园成本的同时，也增强了幼儿家庭（特别是低收入、外来务工人员）对幼儿园的选择能力。

三、幼儿助学券对政府购买公共服务的借鉴与启示

如前所述，助学券的本质是政府向符合相关规定的幼儿园购买学前教育服务。这里实际上包含以下四个问题，即：为谁购买、向谁购买、怎么购买，以及购买什么。首先，助学券是为全市适龄幼儿购买学前教育服务，不区分户籍和收入水平，一视同仁。其次，公办园和民办园都可以兑现助学券，甚至部分尚未“达标”或“持证”的幼儿园经过审核认定也可以兑现助学券。第三，助学券是以抵扣相应保教费的形式购买学前教育服务，不足部分仍由幼儿家长自付。最后，助学券购买的是“合格”的学前教育服务，其背后假定的是，“达标”或“持证”的幼儿园提供的学前教育服务都是合格的。

助学券对政府购买公共服务提供的借鉴与启示在于：第一，“为谁购买”的“谁”应该是全体的概念，不应有户籍、非户籍之分，也不必特意采用针对贫困家庭和弱势群体的救济思路①，这样既体现了“普惠性”原则，又避免了财政支持难以持久，以及错保、漏保等问题。第二，“向谁购买”的“谁”应该是多元的概念，不应有公办、民办之分，只要符合相关条件即可，这样既体现了公平，又兼顾了效率（即谁来提供服务更为有效），还有助于调动社会力量参与并进一步扩大公共服务的资源供给。第三，“怎么购买”涉及的是具体购买方式，助学券只是为公共财政用于“补需方”提供了一个思路，不一定适用于全部的公共服务领域，但仍有两点需要指出，即实物券可能存在各环节的损耗及管理成本，而直接发放现金更是需要慎之又慎。第四，“购买什么”涉及的是具体服务内容（标准），当然与之相关的还有服务价格的问题，这也是政府监管的关键所在，不仅助学券在这方面有待完善，其他公共服务领域同样需要深入研究。

四、幼儿助学券面临的挑战及需要进一步讨论的问题

（一）如何实现幼儿家长对学前教育服务机构选择的自由

赋予学生和家长选择学校的权利，可以说是美国教育券的核心理念之一。对于幼儿助学券而言，也希望通过幼儿家长对学前教育服务机构的自由选择，在一定程度上“倒逼”无证园及薄弱园按照要求改进提升。换言之，这是对公共服务领域实现需求方“用脚投票”的一种尝试，也是试图通过相关政策设计将“追求公平”与“追求效率”这两个看似矛盾、实则统一的目标加以兼顾。不管实际效果如何，这种“选择的自由”在政策方向上是值得肯定的。

对此，有以下三点需要特别强调：一是，幼儿家长能否选择？助学券从某种意义上说，是提供给家长选择幼儿园使用的，如果家长没有选择的能力，那么助

① 现实生活中专门针对穷人提供的服务往往缺乏持久的政治和财政支持。发达国家社会救助的历史已经证明，专门为穷人提供的服务是质量最差的服务。而且，在发展中国家，如何确定低收入人口的身份是一个难题，各类社会救助项目的错保率和漏保率都很高。即使在收入水平较高、政府治理能力较强的情况下，贫困人口的身份确定也很困难（详见贡森：“卫生保健制度建设的国际经验及对我国的启示”，葛延风，贡森等著：《中国医改：问题·根源·出路》，中国发展出版社 2007 年版）。

学券也就失去了原本的作用。例如，低收入、外来务工人员家庭往往因为自身教育程度较低以及迫于经济压力，选择幼儿园时首先考虑的可能就不会是保教质量，而更关注冲抵保教费之后自付费用的多少。因而，有必要帮助幼儿家长具备正确的选择、判断能力；同时，助学券本身的“含金量”也将影响幼儿家长选择的效果，换言之，如果助学券在幼儿园整个收入结构中的比重偏小，实现幼儿家长“自由选择”的目的将效果有限，可见这又回到了前面关于调整“增量”还是调整“存量”或“总量”的问题。二是，幼儿家长能否获得选择的信息？换言之，教育主管部门必须提供（或公示）充足的合格幼儿园信息，这样才能让幼儿家长选出适合自己子女进入的幼儿园。同时，政府部门也应加大宣传力度，让幼儿家长充分了解实施助学券的目的、意义及相关申请、发放程序，才不会出现跟风式的盲从。三是，幼儿家长是自由选择还是别无选择？这方面，既要考虑幼儿园距离家庭的远近，又要考虑实际的收费标准，还要考虑有没有充足的合格幼儿园可供选择，以免出现因布局、价格、质量等因素导致实际“无园可选”的境况。

（二）如何确保学前教育服务的资源供给充足与质量可靠

虽然幼儿助学券的发放对象也包括外来务工人员子女，但其享受幼儿助学券，须参照江苏省教育厅等六部门《关于进一步做好流动人口子女义务教育工作的意见》条件执行。也就是说，幼儿监护人应当在南京生活两年以上，有相对稳定的工作，符合国家计划生育政策并提供“四证”：户口簿、法定监护人在南京的暂住证、法定监护人相对稳定工作的证明（与用工单位签订的劳动合同，工商营业执照等）、符合国家计划生育政策规定的有关证明。目前，南京市外来务工人员子女处于学前教育阶段的约有 1 万~2 万人，占全市适龄幼儿总数的 6%~12%，比例不是太大。但实际上，仅“符合国家计划生育政策”一条就将不少外来务工人员子女排除在助学券政策之外，进而大多进入了不合格的幼儿园。因此，如何保证这些不符合申请助学券的幼儿能够享受到基本的学前教育服务，也应统筹考虑，核心仍在于扩大公益性、普惠性学前教育资源供给。

与此同时，由于助学券并不“排外”，符合条件的外来务工人员子女申请助学券的人数有可能在短期内出现较大的增长，事实上在南京市部分区县已经出现了这种现象，进而涉及财政支出压力有可能加剧。课题组认为，对于助学券产生的上述“洼地效应”需要正确看待。一方面，外来务工人员对当地经济社会发展做出了贡献，理应与户籍人口一样享受相关公共服务，况且申请助学券还是有条件的；另一方面，绝大多数外来务工人员进入城市仍是以就业为取向，并非仅仅盯着这一项或几项“福利”而来。所以，“普惠性”的政策取向本身没有问题，有条件的地方可以量力而行、尽力而为，即便不能一下子覆盖到全部外来务工人员子女，也要确保公益性、普惠性学前教育资源供给充足，这是政府不可推卸的职责。

此外，如前所述，助学券作为政府购买学前教育服务的方式，还需解决“购买什么”以及相关的服务内容（标准）、服务价格等问题。一方面，即便“达标”或“持证”的幼儿园提供的学前教育服务都是合格的，也应对具体的服务内容（标准）予以明确，这样也更加便于政府对所购买服务的质量进行监管；另一方面，服务价格“惠民”自然是好事情，但也应充分考虑实际的办园成本（或生均成本）。例如，即便暂不调整公办园的收费标准，为调动社会力量举办普惠性民办园的积极性，不妨允许其收费标准适当上浮、达至收支平衡甚至略有盈余，这样也有助于保证其服务质量不因成本而出现问题。

（三）如何调动学前教育服务机构（及人员）的积极性

作为一项公共财政投入，幼儿助学券在一定程度上起到了普惠于民的作用。但是，为了保证学前教育服务内容和质量能够持续、稳定、不打折扣，也需要兼顾如何调动服务机构（及人员）的积极性。实际上，对于助学券政策，即便是在南京市政府内部也有不同看法。有观点认为，每年用于发放助学券的3个多亿的财政资金，如果用于奖补、激励，可以撬动更多的民间或社会资金，进而可以建设更多的幼儿园。可见，这又回到了公共服务领域“补供方”还是“补需方”的讨论。从调研的情况来看，对于大多数幼儿园特别是省优质园来说，助学券不过是将过去由幼儿家长直接支付的（部分）保教费转由政府财政拨付，所以政策并未让其直接受益。而且，虽然优质园（公办、民办）约占全市幼儿园总数的60%左右，但学位仍然供不应求，与无证园或薄弱园不同，其并不必担心生源流失、自身存续等现实问题，所以仅靠助学券政策也难以调动其积极性。

因此，如何把“补需方”与“补供方”结合起来，相互取长补短，需要进一步研究。可供选择的思路有两种：一是不再保留助学券，而是结合幼儿园实际的生均成本，将这部分资金全部（或部分）转入幼儿园的生均公用经费（不足部分仍由财政予以补齐），加大生均公用经费在幼儿园收入结构中的比重，并在保证办园质量不下降的前提下，将收费标准相应调整以继续普惠于民；同时，考虑到目前助学券已经覆盖到了符合条件的非普惠性民办园，如果将助学券转入生均公用经费，需要兼顾对非普惠性的民办园的相应投入补偿，当然前提也是保证办园质量不下降，且收费标准相应下调。二是按照美国教育券的思路，从“存量”或“总量”角度对财政公共教育经费进行改革，进一步提升幼儿助学券的含金量，把政府原来直接投入幼儿园的财政经费按照生均成本折算以后，全部（或部分）以助学券的形式发放给幼儿家庭（可以沿用目前“先申请、后拨付”的方式），加大助学券在幼儿园收入结构中的比重；但是，这一思路将涉及财政拨款常规项目的调整，进而对幼儿园特别是公办园能否获得稳定的公共财政资金产生重大影响，复杂程度可想而知。有鉴于此，第一种思路相对更为稳妥。

但从长远来看，实现公共财政资金的效益最大化，仍有赖于多种政策的组合。而且，当某一政策实施的条件、氛围不够充分时匆匆开始，发现问题后又简单否定、将另一项政策作为灵丹妙药，往往会导致很多政策比较短寿。反之，完善和修订原有政策可能消耗的社会成本更小。因此，对于助学券在改善公平、效率和选择性方面的独特价值也不宜简单否定。

佘 宇 执笔

第十章
发展公益性幼儿园是破解“入园难、入园贵”的重要举措

为满足适龄幼儿入园需求，成都市明确把大力发展公益性幼儿园作为解决“入园难、入园贵”问题的主要措施。本质上来说，这是政府购买普惠性学前教育服务的一种方式。从成都市调研的情况来看，这项措施的初步影响及政策意义在于：用好增量与调整存量并举，多途径扩大普惠性学前教育资源，在较大程度上缓解“入园难”问题；政府定价与财政补助相结合，减轻幼儿家庭和幼儿园费用压力并实现“双赢”，较好解决“入园贵”问题；打破公办园与民办园界限，创新学前教育服务供给模式，促使各类幼儿园按照政府要求改进条件和规范发展。公益性幼儿园的平稳有序、持续健康发展，也面临着一些挑战，对此，本报告也探讨了若干需要进一步解决的问题。

学前教育是终身学习的开端，是国民教育体系的重要组成部分，是重要的社会公益事业。从总体上看，学前教育仍是各级各类教育中的薄弱环节，“入园难、入园贵”等问题仍然突出，公众反映强烈，亟须解决。为不断满足适龄幼儿入园需求，成都市于2010年12月出台《关于促进学前教育发展的意见》，明确把大力发展公益性幼儿园作为解决“入园难、入园贵”问题的主要措施。经过三年的努力，公益性幼儿园发展呈现出良好态势。2012年全市教育满意度测评中，市民对就近、方便入园感到满意的达80%以上。

一、“入园难、入园贵”的实质及原因分析

“入园难”反映了我国学前教育的供需失衡。从需方来看，虽然我国人口生育率总体呈下降趋势，但传统生肖观念与媒体宣传（或商业运作）的通力合作，导致个别年份生育扎堆（如 2007 年的金猪宝宝、2008 年的奥运宝宝），出生人口数量在全国大多数城市都不同程度地出现了年际波动，进而带来学前教育需求量的波动；而且，伴随着城镇化进程的加快，大量进城务工人员随迁子女涌入城市，也进一步加剧了城市学前教育需求的拥挤状态，让“入园难”问题更加凸显。从供方来看，20 世纪 90 年代以来，由于受到国有企事业单位改制、城镇建设布局调整、中小学布局调整等多种因素影响，我国学前教育事业不仅徘徊不前，甚至出现严重滑坡（主要是公办园数量的一路减少）。根据教育部历年公布的统计数据，以 2001 年为界，幼儿园数量呈现出先急剧下降、后缓慢回升的趋势，后期回升幅度低于前期水平；2011 年幼儿园数量回升到 16.6 万所，与 2000 年相比仍然处于减少状态，比 1997 年还少 1.6 万所。

除了生育扎堆、城镇化进程带来的需求波动，以及幼儿园数量减少带来的供给短缺外，幼儿家长更愿意选择办学质量高、收费比较低的公办园与公办园（数量或设计规模）相对不足之间的矛盾也是造成当前“入园难”日渐凸显的重要原因。而且，“入园难”（其实更是“选园难”，即选择符合自身经济条件、“性价比”好的幼儿园难）往往是集中在人口密集的中心城区和新建小区。因此，从某种意义上说，“入园难”更多的是一种供给结构与需求结构不匹配的结构性供需矛盾，是一种结构问题大于总量问题的供需矛盾。

“入园贵”的主要原因，则是学前教育财政投入政策不完善，以及幼儿园收费定价不规范。首先，无论是从总量还是相对量来看，学前教育的财政投入依然不足，且在区域和园所间非常不均匀；财政投入主要集中在城市或县镇公办园、机关园，特别是优质的示范园。有关调查表明①，对县级幼儿园的财政拨款占到

---

① 蔡迎旗，冯晓霞：“论我国幼儿教育政策的公平取向及其实现”，《教育与经济》，2004 年第 2 期，第 34 页。

对幼儿园财政拨款总投入的60.3%，乡镇所在地幼儿园为17.7%，村办幼儿园（班）仅为15.7%。其次，幼儿园的收费定价与管理规范也需要进一步落实。近年来，一些优质的公办园普遍收取不同数额的赞助费或捐资助学费，增加了幼儿家长的负担；而现有政策下，民办园的收费一律实行市场调节价，采取的是备案制，除一部分向中端发展外，更多的是完全按照市场规律办园，提供高端化、贵族化的选择性服务。现实中，学前教育机构也倾向于把园所建在高档小区或入住率较高的居民小区，但需先通过竞标方式才能拿到场地的租用权。考验竞标者的除了品牌、资质外，更有资金的实力，因此，中低档次的学前教育机构鲜有在新建楼盘中竞标成功的。在高端化、贵族化的风潮下，一些小的、收费相对便宜的具有普惠性的学前教育机构日益萎缩。

二、成都市发展公益性幼儿园的主要做法

破解“入园难、入园贵”，简单来说，就是要处理好学前教育服务（供给）“量”、“价”和“质”的问题。对政府而言，在发展学前教育过程中，如何既多种形式扩大学前教育资源，又积极引导各类学前教育机构面向大众提供大致均等的普惠性服务，是现阶段需要研究的重大课题。对此，成都市大力发展公益性幼儿园这一创新学前教育服务供给模式的做法值得关注。

所谓公益性幼儿园，根据《成都市公益性幼儿园管理暂行办法》的表述，是指满足具备成都市户籍的城乡3～5周岁幼儿接受基本学前教育的机构，收费实行政府定价，并享受政府补助。凡达到成都市三级幼儿园办园标准的幼儿园，无论是公办园还是民办园，均可自愿提出申请，经所在区（市）县教育行政部门认定成为公益性幼儿园。可见，政府定价、财政补助、面向大众是公益性幼儿园的三个要点。

首先，公益性幼儿园执行政府定价。收费项目统一为保教费和伙食费两项（严禁收取建园费、捐资助学费等其他费用），伙食费则按实收取、据实结算并定期公布使用明细；明确规定中心城区公益性幼儿园保教费标准为600元/生·月（相当于市二级公办园的收费标准），其他区（市）县由当地在不高于中心城区收费标准的前提下研究确定。例如，温江区根据公益性幼儿园的不同级别，采取

不同的保教费标准：省级示范园 500 元/生·月、市一级园 430 元/生·月、市一级以下的幼儿园 390 元/生·月。

表 10.1　成都市中心城区各类幼儿园收费标准

	保教费	全托幼儿的住宿费
公益性幼儿园	600 元/生·月	150 元/生·月
其他公办幼儿园	一级园 650 元/生·月 二级园 600 元/生·月 三级园 500 元/生·月	
民办幼儿园	根据办园成本合理确定，报当地区（市）县价格和教育部门备案	

资料来源：成都市教育局网站。

其次，公益性幼儿园接受财政补助。对一、二、三圈层（含青白江区）[①] 的公益性幼儿园分别补助 2000 元/年·生、800 元/年·生、600 元/年·生（其中，市级补助比例分别为 30%、30%、70%）。财政补助力度较大的区（市）县，这一额度更是达到了 2400 元/年·生。由于市和区（市）县两级政府财政对公益性幼儿园中成都市户籍 3~5 周岁幼儿给予了补助（投入到幼儿所在的公益性幼儿园，补助额度为 600~2400 元/年·生），故这些适龄幼儿的家长仅需要每月缴纳 120~400 元的保教费即可。

第三，公益性幼儿园的招生面向大众。坚持就近入园、免试入园、公开公平的原则，从发布招生信息、登记报名到录取入园全程全面公开，接受社会监督。优先招收幼儿园所在社区、街道本区（市）县户籍的适龄幼儿，若有空余学位，可考虑接收其他幼儿入园（据统计，成都市现有 2 万多的非户籍幼儿进入了公益性幼儿园）。若划片服务范围的幼儿报名数大于学位数，或者优先录取划片服务范围的幼儿后的其他成都市户籍幼儿报名数大于学位数，则采取计算机排位方式录取。

---

① 其中，一圈层包括锦江区、青羊区、金牛区、成华区、武侯区、高新区；二圈层包括龙泉驿区、双流县、郫县、新都区、温江区、青白江区；三圈层包括金堂县、彭州市、新津县、蒲江县、大邑县、邛崃市、都江堰市、崇州市。

三、大力发展公益性幼儿园的初步影响及政策意义

（一）用好增量与调整存量并举，多途径扩大普惠性学前教育资源，在较大程度上缓解“入园难”问题

为满足适龄幼儿就近入园的需求，成都市通过小区配套园、农村标准化中心幼儿园①以及布局调整的富余教育资源办园、优质公办园办分园、街道办园、农村集体办园等多种途径扩大公益性幼儿园的规模和数量。除了补助和奖励外，成都市还给予公益性幼儿园诸多支持政策②，并提供教师免费专业培训、教职工养老保险补贴等，鼓励社会资金开办更多公益性幼儿园，以及符合条件的民办园“转身”为公益性幼儿园，进而减轻单纯新建公办园带来的财政投入（尤其是一次性投入）的压力。

从2012年起，市财政每年划拨700万元设立公益性幼儿园发展专项经费，区（市）县按要求设立专项经费，共支持377所公益性幼儿园进行园舍改造和添置设施设备等。截至2012年底，成都市的公益性幼儿园实现了乡镇（街道）全覆盖，全市累计达535所（仅占全市幼儿园总数的29%），总共提供学位数142385个，公益性学前教育覆盖率达到50.4%。换言之，有近一半成都市户籍的适龄幼儿可在公益性幼儿园中享受普惠性的学前教育服务。其中，蒲江县、新津县的覆盖率更是达到了85%以上，已率先基本普及公益性学前教育；锦江区、双流县、郫县、温江区、青白江区、金堂县、彭州市、大邑县和崇州市的覆盖率也达到了50%以上。预计到2013年底，全市公益性幼儿园将突破650所，为学龄前幼儿提供学位16万个，公益性学前教育覆盖率有望达到60%。从构成来看，现有的535所公益性幼儿园中，由公办园“转身”而来的约占60%，这里面除了少数因资源配置布局需要（即每个乡镇、街道有1所公益性幼儿园）而将优质

---

① 在农村幼儿园建设经费补助方面，成都市财政对三圈层县（市）、青白江区自筹资金完成新建、改扩建的农村公益性标准化中心幼儿园，分别给予每所70万元、50万元的补助；对二圈层区（县）完成农村公益性标准化中心幼儿园建设的给予适当奖励。

② 主要包括：幼儿园可以按划拨方式供地、免收新建幼儿园在建设过程中的报建费、免征幼儿园教育费及保育费的营业税、免收幼儿园“按比例安置残疾人就业保障金”、免收幼儿园餐具和玩具检疫费及水质监测费等。

公办园“转身”为公益性幼儿园外，大多数属于新建幼儿园直接纳入，或一些原有的企事业单位幼儿园移交给教育行政部门后转为公益性幼儿园的情况。

（二）政府定价与财政补助相结合，减轻幼儿家庭和幼儿园费用压力并实现“双赢”，较好解决“入园贵”问题

现实中，无论是公办园还是民办园（尤其是民办园），为维持运营，或多或少都存在标准外收费（建园费、捐资助学等其他费用）的情况。例如，作为青羊区的一所优质公办园，成都市第六幼儿园在“转身”为公益性幼儿园之前，每月的保教费仅为179元，但每年要收取8000～10000元的捐资助学费，幼儿家长每月的实际支出为979～1179元；又如，作为锦江区的一所普通民办园，大观里幼儿园在“转身”为公益性幼儿园之前，每月的保教费为220元，但每年要收取3000元的教育成本补偿费，幼儿家长每月的实际支出也达到520元。当这两所中心城区的幼儿园“转身”为公益性幼儿园之后，幼儿家长每月只需缴纳400元的保教费即可（余下的200元由财政补助）。可见，对公益性幼儿园执行政府定价并予以财政补助，惠民效果是非常明显的（如表10.2所示）。

不仅如此，对于大观里幼儿园这类由民办园“转身”而来的公益性幼儿园，其总收入较之前更是不降反增（如表10.3所示）。所以，从实际效果来看，政府定价与财政补助相结合，实现了幼儿家长与幼儿园的“双赢”，即幼儿家长负担减轻的同时，幼儿园总收入有所增加，进而避免了因收入减少影响保教质量的问题。

表10.2　　成都市公益性幼儿园的惠民效果（针对户籍幼儿）

	保教费标准（元/生·月）	财政补助（元/生·月）	幼儿家长实际支出（元/生·月）	支出节省比重（%）
中心城区公益性幼儿园	600	200	400	33.3
其他区（市）县公益性幼儿园（以温江区为例）	500（省级示范园）	150	350	30.0
	430（市一级园）	170	260	39.5
	390（市一级以下的幼儿园）	150	240	38.5

资料来源：根据2013年调研资料整理。

表 10.3　　成都市锦江区大观里幼儿园收支变化情况

	政府补助前	政府补助后	全年效果
幼儿园总收入	保教费 220 元/月	保教费 400 元/月	增加 800 元
	伙食费 260 元/月	伙食费 260 元/月	
	教育成本补偿费 3000 元/年	政府补助 200 元/月，全年 2000 元（以 10 个月计）	
幼儿家长负担	保教费 220 元/月	保教费 400 元/月	减少 1200 元
	伙食费 260 元/月	伙食费 260 元/月	
	教育成本补偿费 3000 元/年	—	

资料来源：根据 2011 年调研资料整理。

当然，也有部分民办幼儿园“转身”为公益性幼儿园之后，由于原来收费相对较高，整体收入有所减少，但教育行政部门对其质量提升、师资队伍建设也有奖补。例如，青羊区、锦江区对公益性幼儿园教师学历提升进行奖补，甚至提供免费专业培训，以及前面提到的公益性幼儿园发展专项经费、教职工养老保险补贴等。因此，综合来看，这类公益性幼儿园仍是“得大于失”。

（三）打破公办园与民办园界限，创新学前教育服务供给模式，促使各类幼儿园按照政府要求改进条件和规范发展

按照《成都市公益性幼儿园管理暂行办法》的规定，公益性幼儿园须使用统一标识，并悬挂在幼儿园大门显著位置。这表明，公益性幼儿园从一开始就打破了公办园和民办园的界限。只要是公益性幼儿园，无论之前是公办园还是民办园，成都市在收费标准、财政补助、招生管理等方面均一视同仁，甚至有些区（市）县①还特别“优待”那些由民办园“转身”的公益性幼儿园，从而鼓励更多符合条件的民办园加入公益性幼儿园的行列，弥补公办园数量偏少、占比偏小的不足②，在较短时间内实现普惠性学前教育服务的“广覆盖”。此外，成都市

---

① 例如，温江区对于民办园“转身”的公益性幼儿园，保教费标准执行辖区内的最高一档即 500 元/生·月。其中，财政补助 240 元/生·月，幼儿家长实际支出仅 260 元/生·月，支出节省比重高达 48%。

② 2012 年，成都市共有各类幼儿园 1848 所。其中，公办园 265 所，占幼儿园总数的 14.3%；民办园 1583 所，占 85.7%。

还进一步打破地域和身份界限，组织60余所市一级幼儿园与农村公益性幼儿园结对，形成“一对一”的帮扶机制。2012年，组织省、市示范性幼儿园、市一级园分别与462所公益性幼儿园结对开展帮扶活动。通过城乡学前教育互动发展，初步形成城乡资源共享、优势互补、均衡发展的良好格局。

除了给予诸多优惠政策外，成都市也对公益性幼儿园提出了相关约束要求，进而促使各类幼儿园按照政府要求改进条件和规范发展。首先，按照“专业领办，环境安全，配置达标，管理规范”的要求，建立起了市、县、乡三级办园标准；制定下发《成都市公益性幼儿园管理暂行办法》，从申报、认定、招生、收费、办园、退出、监管等方面，规范了公益性幼儿园管理行为，初步构建起了公益性幼儿园准入与退出机制①。其次，教育行政部门对公益性幼儿园的保教质量、安全管理、办园水平和社会效益等方面实施动态管理，出现严重问题或整改后仍达不到要求的，将取消其公益性幼儿园资格，并向社会公示；同时，公益性幼儿园不得以任何形式的考试作为招生、编班的条件，招生计划、报名条件、报名时间及收费标准等信息也须在公示栏上予以公告。

四、几点启示和需要进一步探讨的若干问题

（一）合理把握普惠性学前教育服务的范围和水平，做到保基本

必须意识到，公益性幼儿园普惠于民的背后，其实是政府相应的财政补助或投入。公益性幼儿园的办园标准越高，政府的投入就越多，财政的压力也就越大。按照成都市既有的“保基本，广覆盖，多形式，有质量”的学前教育发展思路，现阶段公益性幼儿园的办园标准必须强调“适度水平保基本”、“限低又限高”的原则，审慎执行新建幼儿园“适度超前”的建设标准。从调研的情况来看，成都市对于公益性幼儿园的准入要求是必须达到三级园及以上的办园标准，而对公益性幼儿园的理想定位是二级园的水平，从中心城区公益性幼儿园的

① 2013年，成都市教育局明确要求所有新增公益性幼儿园必须达到三级园及以上办园标准，推进“准入、建设、管理”三达标。

保教费标准参照市二级公办园可见一斑。换言之，公益性幼儿园应该普遍达到二级园的水平。如能顺利达成这一目标，也就意味着成都市的学前教育实现了从“保基本”到“有质量”的提升。

我们认为，实现这一目标，任重而道远。从现实来看，必须统筹解决进城务工人员子女入园问题。以中心城区为例，公益性幼儿园的保教费标准是600元/生·月，成都市户籍幼儿入园可享受200元/生·月的财政补助，而非户籍幼儿入园则没有这一补助。这是收费。从招生情况来看，公益性幼儿园应优先招收划片服务范围的户籍幼儿，而非户籍幼儿仅在学位有空余的情况下有机会入园。不可否认，人口“流入地”与“流出地”在中央财政转移支付上（尤其是涉及公共服务方面的）“苦乐不均”的问题确实存在，但是，进城务工人员毕竟为当地经济社会发展做出了贡献，同样是地方财政收入的创造者，解决其子女入园问题理应是“流入地”政府不可推卸的责任。如果这一问题解决不了，恐怕很难说真正在域内实现了学前教育“保基本”的目标。对此，不妨先给予满足条件（即法定监护人在本地居住两年以上、有相对稳定工作、符合国家计划生育政策等）的进城务工人员子女“同等市民待遇”，同时，也要为那些不满足上述条件的进城务工人员子女提供更为基本的、哪怕是看护点形式的学前教育服务。从政府职责或财政投入的角度来说，“保基本”的核心应在于首先确保域内所有幼儿营养无虞、安全无恙，而不是只针对户籍幼儿、在短期内追求“有质量”。应先守住“保基本”这一底线，再根据自身财力状况、未来中央财政转移支付方式的调整等因素，逐步把这个底线向上托起，通过“水涨船高”来实现学前教育“有质量”的发展目标。

（二）因地制宜，做好普惠性幼儿园的布局规划，做到广覆盖

如前所述，成都市在2012年底已实现了公益性幼儿园在乡镇（街道）的全覆盖，基本满足了户籍幼儿就近入园的需求。从调研的情况来看，中心城区以鼓励符合条件的民办园“转身”公益性幼儿园为主，其他区（市）县则主要通过新建幼儿园直接纳入的方式完成这一民生目标考核。我们认为，公益性幼儿园的布局必须始终坚持就近入园的原则，特别是在那些交通不便、地广人稀的农村地区，适龄幼儿人数相对较少，社会力量基于办园成本的考虑一般不会选择进入，

这就需要政府（公益性幼儿园）积极介入以履行职责。对此，成都市已有好的做法。例如，温江区寿安镇中心幼儿园的玉石明德分园，距离寿安镇约10公里，在园幼儿数仅61人，采取的就是举办2个混龄班的形式，为当地居民提供就近的普惠性学前教育服务。

而在那些人口相对集中的地区，可以采取多种形式的公益性幼儿园布局：个别区域（街镇）公益性学位缺乏、入园矛盾比较突出，可按照现行做法将所在区域的公办园（往往是优质园）转为公益性幼儿园，但这只能是个别做法，且须审慎施行，如果简单将优质公办园直接纳入，则有可能引发新一轮的“择园热”；新建小区的公建配套幼儿园直接办为公益性幼儿园，举办者既可以是教育行政部门，也可以通过公开招标等形式引入有资质的社会力量，采取“公建民营零租金（或低租金）”的形式；对于那些区域内民办园较为充足，且有符合条件的民办园愿意转为公益性幼儿园的，不宜采取政府另起炉灶直接举办公益性幼儿园的做法。需要特别指出的是，如果某一区域内已经存在民办园“转身”的公益性幼儿园，且大致能够满足所在区域就近入园需求，必须考虑新的公益性幼儿园布局（尤其是那些政府直接举办或优质公办园“转身”的）可能对其产生的冲击（如，生源的大量流失）。总之，用好增量与调整存量必须并重，充分用好现有学前教育资源（尤其是符合条件的民办园），并在公益性幼儿园这个框架下真正做到一视同仁。

（三）完善政府购买普惠性学前教育服务机制，做到可持续

公益性幼儿园必须执行政府定价，但这个价格不应该一成不变，而应按照不同幼儿园的办园水平、质量和成本等内在因素，并综合考虑经济社会发展、物价正常增长等外在因素，适时地规范和调整其保教费标准。对于民办园“转身”的公益性幼儿园来说，由于其分担了政府的部分职责，且教师工资、场地租金、园所经营费用等均需自筹，加之多数承担了进城务工人员子女入园任务，因此，尤其需要多渠道给予其必要的经费保障以保证正常运营，这既是对幼儿园负责，更是对在园幼儿及家长负责。从调研的情况来看，同为公益性幼儿园，事实上已经存在不同档次的收费及补贴标准（以温江区为例，如表10.2所示）。我们认为，除了根据上述内在、外在因素动态调整公益性幼儿园收费标准外，为了体现

政策的引导作用（保基本），可在借鉴温江区做法的基础上，进一步做好财政补助的文章，即：不同等级的公益性幼儿园收费标准要有差异；同时，等级越高的公益性幼儿园，财政补助越少，幼儿家长支出节省比重越低；第三，对那些由民办园“转身”的公益性幼儿园执行最高一档收费标准、加大财政补助额度。

此外，公益性幼儿园的成本核算还应充分考虑保教人员的收入因素，毕竟幼儿园之间质量的差异，除了硬件设施等方面的区别外，主要还是体现在人员队伍（幼儿教师、保育员等）的差异上。从调研的情况来看，同为公益性幼儿园，保教人员的收入差距仍然较大，不仅不同幼儿园之间存在差距，同一园所内部不同身份（即有无编制）的人员之间差距更大。例如，有编制的幼儿教师平均每月实际收入在4000～5000元，无编制或自聘的则只有2000～3500元；有编制的保育员平均每月实际收入在3200元左右，无编制或自聘的则只有1000～2300元。我们认为，为实现公益性幼儿园持续健康发展，保教人员同工同酬应是努力的方向。以幼儿教师为例，可供选择的思路有两个：一是，针对政府直接举办或公办园“转身”的公益性幼儿园，可以采取老人老办法、新人新办法，即新招聘的幼儿教师全员聘用，保证其收入水平尽可能接近在编人员（如，达到70%～80%）；针对民办园“转身”的公益性幼儿园，参照前一类幼儿园的水平，制定幼儿教师最低工资标准（大致也达到前者的70%～80%），差额部分由财政予以补齐。二是，对所有公益性幼儿园进行全成本核算，特别是对于政府直接举办或公办园“转身”的公益性幼儿园，以此作为财政补助民办园“转身”的公益性幼儿园的依据，差额部分仍然由财政予以补齐，这样也更有助于“倒逼”公益性幼儿园按照“保基本”的思路健康、可持续发展。

佘 宇 执笔

第十一章
学前教育服务供给模式创新
——对成都市公益性幼儿园的简要分析

在促进义务教育均衡发展和普及高中阶段教育之后，为不断满足适龄幼儿入园需求，成都市于2010年12月出台《关于促进学前教育发展的意见》，明确把大力发展公益性幼儿园作为解决“入园难、入园贵”问题的主要措施。经过三年的努力，公益性幼儿园发展呈现出良好态势。通过比较可以发现，与单纯依靠增加公办园供给来缓解“入园难、入园贵”相比，公益性幼儿园的做法更有助于减轻财政投入的压力，尤其是一次性投入的压力；与民办园相比，公益性幼儿园更有助于大多数适龄幼儿（尤其是户籍幼儿）就近接受普惠性的学前教育服务；与普惠性民办园相比，公益性幼儿园也具有一定的优势。此外，通过与幼儿助学券政策进行比较还可以发现，公益性幼儿园的补助政策及相关保障机制仍需进一步完善，特别是如何将非户籍适龄幼儿纳入补助范围，将是下一步需要重点研究的内容。

一、公益性幼儿园与其他类型幼儿园的比较

公益性幼儿园的做法，本质上是政府购买普惠性学前教育服务的一种方式。政府定价、财政补助、面向大众只是对公益性幼儿园政策要点的概括，为深入了解这一创新学前教育服务供给模式的做法，有必要将其与一般意义上的公办园、

民办园，以及部分城市推行的普惠性民办园进行比较。其中，重点是与普惠性民办园的比较。

首先，与单纯依靠增加公办园供给来缓解“入园难、入园贵”相比，公益性幼儿园的做法更有助于减轻财政投入的压力，尤其是一次性投入的压力。城市（尤其是中心城区）土地资源稀缺，加之不菲的建设成本，以及园所建成后随之而来的年度刚性成本（如教师编制）等，使得仅靠新建公办园来满足全部需求难度较大。从调研的情况来看，建设一所9个班、班均规模30人的幼儿园，不考虑土地问题及日常运行费用（人员工资、玩教具添置等），仅园所的建设成本，最高的需要2000万元（锦江区），最低的也要500万元（温江区寿安镇）；而采取公益性幼儿园的做法，由于剔除了园所建设的成本因素，不考虑其他奖补措施，每年一次性的财政补助则不会超过54万元（即2000元/生·年×270人）。可见，同样是一次性财政投入，公益性幼儿园的做法将解决更多适龄幼儿（尤其是户籍幼儿）的入园需求。以锦江区为例，全区22所公益性幼儿园，如果全部由政府投资建设（不考虑土地问题），经当地政府测算，仅一次性投入就需要4.2亿元，换言之，4.2亿元的一次性财政投入（即2000万元/所）仅能解决5940人（22所×9班/所×30人/班）的入园需求。即便以建设成本相对较低的武侯区（1000万元/所）、温江区（500万元/所）进行换算，4.2亿元的一次性财政投入，大致也只能解决1.2万人、2.4万人的入园需求。但是，如果采取公益性幼儿园财政补助的方式，受益的幼儿人数将达到21万人（4.2亿元÷2000元/生·年）。

其次，与民办园相比，公益性幼儿园更有助于大多数适龄幼儿（尤其是户籍幼儿）就近接受普惠性的学前教育服务。现有政策下，民办园的收费一律实行市场调节价，采取的是备案制，除一部分向中端发展外，更多的是完全按照市场规律办园，提供高端化、贵族化的选择性服务。在民办园所占市场份额较小的情况下，这并不会造成很大的影响。但从成都市的现状来看，据2013的统计，民办园占幼儿园的总数高达85.7%，这无疑给普惠性服务的提供带来巨大挑战。公益性幼儿园的收费实行政府定价，其上限仅相当于市二级公办园的收费标准，换言之，保教费最高仅为600元/生·月（中心城区）。加之财政对户籍幼儿的补助，适龄幼儿的家长仅需要每月缴纳120～400元的保教费即可。即便是那些暂未纳入财政补助范围的非户籍幼儿，进入公益性幼儿园同样只需缴纳最高不超过

600元/生·月的保教费，这对于减轻家庭负担而言，效果也是明显的。

第三，与普惠性民办园相比，公益性幼儿园也具有一定的优势。无论是“普惠性”，还是“公益性”，本质上都是强调机构提供的是普惠性学前教育服务。通过简单比较（如表11.1所示），可以发现公益性幼儿园与普惠性民办园确实具有不少相似之处，例如，政府补贴或资助、收费执行政府指导价或定价、办园规范或符合条件、政府准入及监管等。但是，二者也存在至少四方面的不同：在园所来源上，公益性幼儿园既可以是公办园、也可以是民办园，而合肥市、南京市的普惠性民办园就是针对民办园而言。在园所等级上，公益性幼儿园以三级园作为准入条件，设计的理想定位仅为二级园水平，且鲜有将优质园纳入公益性幼儿园的情况，进而避免出现“择园”问题；而合肥市、南京市的普惠性民办园则未对园所等级上限进行规定，换言之，那些省级示范、市级示范或市一级的优质园也可以是普惠性民办园，“择园”现象在所难免。在收费标准上，公益性幼儿园的保教费最高不超过市二级公办园；而合肥市的普惠性民办园除了每生每学期700元的财政补贴外，保教费标准也要高于相应等级公办园的0.5～0.6倍[①]，南京市的普惠性民办园虽执行同类公办园标准、但也预留了“执行政府指导价（另行制定）”的口子。在身份界限上，公益性幼儿园从一开始就打破公办园与民办园的界限，规定“使用统一标识，并悬挂在幼儿园大门显著位置”。换言之，用“公益性幼儿园”这一模式，淡化公办、民办的界限，进而在实践中逐渐消弭幼儿家长对民办与公办的不同态度及各种顾虑；而合肥市、南京市的普惠性民办园，仍然强调其是民办园的身份（如，牌匾上仍是“普惠性民办幼儿园”），很难消除幼儿家长对民办与公办的不同认可度。

---

① 合肥市公办幼儿园保育教育费上限标准为：省一类公办幼儿园每生每学期2000元；市一类公办幼儿园每生每学期1800元；普通公办幼儿园每生每学期1400元。而普惠性民办幼儿园实行分类管理，设立A类、B类、C类三个等级幼儿园，保育教育费实行政府最高指导价管理，即每生每学期收费标准分别是：A类3200元、B类2700元、C类2200元。分别相当于对应公办园收费标准的1.6倍、1.5倍、1.57倍。

表 11.1　　　　公益性幼儿园与普惠性民办幼儿园的比较

	公益性幼儿园	普惠性民办幼儿园	
城市	成都市	合肥市	南京市
含义	满足具备成都市户籍的城乡 3～5 周岁幼儿接受基本学前教育的机构，收费实行政府定价，并享受政府补助	政府通过补贴办园经费或减免园舍及其他固定资产租金等方式支持举办的、面向大众、收费较低、办园规范的民办幼儿园	设立条件、保育教育质量达到同类公办幼儿园水平，受政府委托或资助提供学前教育服务，执行同类公办幼儿园收费标准的民办幼儿园。符合上述其他条件，执行政府指导价（另行制定）的民办幼儿园，也可视为普惠性民办幼儿园
准入	在区（市）县教育行政部门进行了登记注册的幼儿园。民办幼儿园还须取得《中华人民共和国民办学校办学许可证》	办学许可证、经物价部门审查通过的收费备案材料、餐饮服务许可证等证照齐全、有效	经教育行政部门审批，取得《中华人民共和国民办学校办学许可证》和《学前教育机构登记注册证书》
收费	中心城区的收费标准相当于市二级公办园。其他区（市）县由当地在不高于中心城区收费标准的前提下研究确定	保育教育费的标准实行政府最高指导价。设立 A、B、C 类三个等级，高于对应公办园收费标准 0.5～0.6 倍	执行同类公办园收费标准（公办园按等级收费，上浮幅度最高不得超过 20%）
招生	优先招收幼儿园所在社区、街道本区（市）县户籍的适龄幼儿，若有空余学位，可考虑接收其他幼儿入园	—	优先满足所在社区、街道适龄儿童入园。若有空余学位，可考虑接收其他儿童入园
监管	加强对公益性幼儿园保教质量、安全管理、办园水平和社会效益等的评估检查。对存在的问题要提出整改意见，对问题严重或整改后仍达不到要求的，取消其公益性幼儿园资格，并向社会公示	普惠性民办幼儿园出现安全责任事故、严重违背学前教育规律、挪用专项资金、乱收费、克扣教师工资以及弄虚作假等情形的，取消其普惠性民办幼儿园资格，取消或收回当年奖补资金	对办园行为不规范、保育教育质量下降、侵害教职工合法权益、擅自挪用财政资助经费、违规乱收费的普惠性民办幼儿园，一经发现，可以采取减少财政资助金额、停止专项资助、甚至取消普惠资质并在两年内不得再申报等方式进行严肃处理

资料来源：《成都市公益性幼儿园管理暂行办法》、《合肥市普惠性民办幼儿园认定和管理办法》、《南京市普惠性民办幼儿园管理办法（试行）》等相关文件。

二、公益性幼儿园财政补助与幼儿助学券的比较

作为政府购买学前教育服务的不同形式，无论是成都市补助公益性幼儿园，还是南京市发放“幼儿助学券”的做法，都是地方政府履行公共服务责任的一项民生工程。从财政补助标准来看，成都市（中心城区）公益性幼儿园的补助标准是2000元/年·生（其他区县略低），南京市发放“幼儿助学券”的标准也是2000元/年·生，二者大体相似。虽然成都市、南京市学前教育财政补助的具体做法并不完全相同，但确实存在某种共通之处，因此，有必要对两项政策的主要内容进行比较（如表11.2所示）。

表11.2　　成都市、南京市学前教育财政补助对比

	成都市	南京市
保障对象	成都户籍3～6岁在园幼儿	3～6岁在园幼儿（包括满足条件的外来务工人员子女）
调控项目	保教费限价+政府补助	“幼儿助学券”扣减保教费
服务提供	公益性幼儿园（按“省标”准入并达到市三级园及以上）	达到“省标”的幼儿园

资料来源：根据相关文件整理。

保障对象方面，成都市、南京市均以学龄前三年在园幼儿作为政策保障的对象，而0～3周岁及在家抚养的幼儿并未纳入。与成都市限定户籍儿童不同，南京市“幼儿助学券”涵盖面更广，满足条件的外来务工人员子女在符合兑现条件幼儿园就读的也能享受这一政策。这些条件包括：法定监护人在南京市居住两年以上、有相对稳定工作、符合国家计划生育政策并提供“四证”（户口簿、暂住证、与用工单位签订的劳动合同或工商营业执照、符合国家计划生育政策规定的有关证明）。此外，成都市并非所有户籍适龄幼儿都能享受到这一财政补助，只有那些进入公益性幼儿园的户籍幼儿（约占总数的50%）才能享受到2000元/年·生的补助，换言之，财政补助强调的是“保基本”，对于那些有经济能力追求更高标准、优质服务的幼儿家庭，则不在这一财政补助的保障范围；而南京市“幼儿助学券”并没有区分家庭经济状况，在户籍适龄幼儿方面实现

了“全覆盖”。

调控方式方面，成都市和南京市均以幼儿园收取的保教费作为政策调控的项目。二者的差异在于：成都市采取的是“限价+补助”，而南京市采取的是“扣减”的方式。具体来看，成都市在保教费限价（每生每月不超过400元，伙食费则按时收取、据实结算并定期公布使用明细）的基础上进行财政补贴，投入在提供学前教育基本服务的幼儿园上；南京市则将财政补贴投入在3~6岁在园幼儿上，按照每生每年2000元的标准发放“幼儿助学券”，且每个幼儿在园期间最多只能享受三年即6000元的补助。从实际惠民的效果来看，鉴于两市公办园的保教费标准大致相当①，对于那些进入公办园（及普惠性民办园）的南京市户籍幼儿（及部分符合条件的非户籍幼儿）而言②，与成都市公益性幼儿园类似，至少可以节省幼儿家长1/3的支出费用，实际惠民效果明显；但对于那些进入非普惠性民办园的南京市幼儿，由于每月需缴纳上千元甚至更高的保教费（及其他费用），因此，对他们而言，“幼儿助学券”的实际惠民效果有限。

服务提供机构方面，成都市、南京市均对提供服务的幼儿园进行某种条件的限定。成都市将这种提供学前教育基本服务、收费实行政府限价并享受政府补助的幼儿园称为公益性幼儿园（即政府定价幼儿园），要求每个乡镇（街道）至少有1所公益性幼儿园以满足辖区内适龄幼儿的入园需求，其准入门槛是：按《四川省幼儿园办园基本要求（试行）》（即“省标”）取得《办园许可证》，并达到市三级园办园水平；南京市则明确要求兑换“幼儿助学券”的幼儿园必须达到江苏省幼儿园设置标准（即“省标”），但考虑到个别区域可能存在学前教育资源不足的情况，对部分满足“一无两有”（即无安全隐患；有教师，有教室和活动场地）、尚在筹备达“省标”并承诺两年内达标的幼儿园，经审核认定也可兑现。可见，成都市、南京市提供服务的学前教育机构都打破了身份界限，既有公办，也有民办；既有城市，也有农村，体现了“广覆盖”。需要注意的是，南京市对兑换“幼儿助学券”的幼儿园只是设置了准入门槛的下限，却没有设置上

---

① 以成都市中心城区公办园为例，每生每月的保教费标准是：一级园650元，二级园600元，三级园500元，公益性幼儿园参照二级园收费，且区县更低；而南京市公办园每生每月的保教费标准是：省级示范园600元，市级示范园500元，优质园400元，标准园300元，一般园220元。

② 据2013年统计，南京市公办园在园幼儿数为97625人，约占全部在园幼儿数的57%。

限。换言之，不论是普通园还是优质园，不论是收费较低还是收费较高，只要符合“省标”都能兑换“幼儿助学券”。例如，除了收费相对较低的公办园、普惠性民办园外，那些收费相对较高的非普惠性民办园，只要符合“省标”，同样具有兑换“幼儿助学券”的资格，而选择此类民办园的幼儿家庭，往往经济状况也相对较好。与南京市不同，成都市公益性幼儿园设计的理想定位只是二级园的水平（目前远未达到）；为避免出现新一轮的“择园”，实际操作中也鲜有将优质公办园“转身”为公益性幼儿园的情况（除非区域内确实没有公益性幼儿园）。因此，从这个意义上说，成都市“保基本”的特点更突出。

概言之，成都市采取政府限价与补助并举的措施，充分发挥政府主导作用，大力发展公益性幼儿园，保证适龄幼儿能够就近入园；而南京市则是通过全面实施“幼儿助学券”这一政策，鼓励社会力量参与发展学前教育，保障适龄幼儿享受良好学前教育权利。需要明确的是，两市对学前教育财政补助方式的不同，很大程度上是基于当地学前教育资源供给及适龄幼儿规模的现状。例如，据2013年的统计，成都市共有公办园265所，仅占幼儿园总数的14.3%，而南京市共有公办园324所，却占到幼儿园总数的56%；又如，成都市在园幼儿总数为384525人，而南京市只有168757人；再如，南京市的外来务工人员子女处于学前教育阶段的人数仅1万~2万人，占全市适龄幼儿总数的6%~12%，规模不是太大，且符合“幼儿助学券”兑换政策条件的更少，而成都市则完全不同，进入了公益性幼儿园的非户籍幼儿已有2万多人。

虽然两市的补助方式各有利弊，但实践中已得到了社会充分认可，各自的政策影响也已开始显现。通过比较可以发现，公益性幼儿园的补助政策及相关保障机制仍需进一步完善，特别是如何将非户籍适龄幼儿纳入补助范围，将是下一步需要重点研究的内容。

佘　宇　执笔

下篇　背景报告

第十二章
幼儿家长对学前教育的认知和态度调查报告 I

学前教育是我国基础教育的重要组成部分，为了解幼儿家长对与学前教育相关问题的认知和态度，我们在全国多个地方进行了调查研究。研究采用问卷调查方法，并对数据进行 SPSS 统计分析。问卷的内容包括家长对幼儿园日常管理的认知与态度，家长对政府介入幼儿园管理程度的认知和态度，家长对各种类型学前教育提供形式在促进幼儿身心健康、语言能力发展、人际交往和社会适应能力、探究能力和思维发展、审美能力等方面所发挥作用的重要性的认知和态度三个部分。问卷分析了不同阶层的家长对各种问题的看法和差异。调查发现，家长对民办园教学内容和质量进行了充分肯定。与公办园家长相比，民办园家长更反对幼儿园自由竞争，更支持政府指导定价。为实现学前教育的公平性，促进民办园和公办园共同发展、相互借鉴，建议多发展并合理布局公益性幼儿园。

我国有记载最早的民办（私立）幼儿园于 1898 年在厦门鼓浪屿建立。1903 年 1 月，清政府颁布了《奏定蒙养院章程及家庭教育法章程》，明文规定“以蒙养院辅助家庭教育”，这标志着政府开始创办幼儿园制度。1922 年 11 月，北洋政府教育部公布《学校系统改革令》，改“蒙养院”为“幼稚园”。1953 年，中华人民共和国教育部委托北京师范大学编写《幼儿园教育工作指南》。一百多年来，特别是进入 21 世纪以后，我国学前教育取得了长足发展。2010 年 7 月颁布的《国家中长期教育改革和发展规划纲要（2010～2020 年）》提出到 2020 年要“基本普及学前教育”。

本研究正是在这样的背景下，以幼儿家长为研究对象所开展的一项问卷调查[①]，以了解这一群体对与学前教育相关问题的认知和态度。希望通过对幼儿家长的认知和态度分析，为我国未来学前教育政策的发展提供决策依据。

一、研究设计

（一）研究方法和抽样设计

研究采用问卷法。样本采用多阶段抽样，先在全国选取典型的市县，并在各市县内选择不同性质的幼儿园，然后在所选择的幼儿园内选择大班、中班、小班、托班各 1 个班级。最后选取的幼儿园，在地域分布上尽可能做到东、中、西部地区都有，共选择了全国 5 个省的 27 个幼儿园进行了问卷调查。这些幼儿园既有公办园，也有民办园，既有位于大城市中心城区的幼儿园，也有位于农村地区的幼儿园。确保调查结果具有一定的普遍性和代表性。

问卷委托相关幼儿园向幼儿家长进行发放和收取，以确保问卷的回收率。大部分问卷在课题组结束当地调研活动后统一带回，其余部分及个别市县的问卷则通过物流寄往研究中心。课题组对问卷采用 SPSS 统计软件进行数据分析。总共发放问卷 2414 份，实际回收有效问卷 2116 份，有效问卷回收率为 87. 7%。其中部分问卷疑似在运输过程中遗失。

每份问卷包括三个部分的问题。第一部分是家长基本信息和家长对幼儿园宏观发展的认知和态度。第二部分为家长对幼儿园在促进幼儿身心健康、语言能力发展、人际交往和社会适应能力、探究能力和思维发展、审美能力等方面所返回作用的重要性的认知和态度。以上两个部分均为客观题，受访者只需要在相应的空白处打钩或打叉即可。第三部分为主观题，是为更详细了解家长对有关问题的认知和态度而设计。本报告是对问卷客观题，即第一和第二部分的汇总分析，关于主观题部分，参见另文。

---

① 佘宇、寇翔、韩巍共同设计了调查问卷初稿，曹启挺参与讨论。其中，部分问题及选项参考了蔡迎旗教授在《幼儿教育财政投入与政策》一书中所附问卷内容。

（二）问卷的区域分布

为确保本调研能体现全国一般现状，我们选取的幼儿园，在地域分布上尽可能做到东、中、西部地区都有，既有来自都市区的幼儿园，也有来自非都市区农村的幼儿园。

在城市分布方面，2116 份问卷分别来自 5 个省。按行政区分，四川省成都市 443 份，安徽省合肥市（含肥东县）359 份，江苏省南京市 308 份、苏州市（含昆山市）631 份，浙江省嘉善县 307 份，湖南省长沙市 68 份。

在城乡分布中，以来自都市区核心城市为最多，有 1368 份，占 64.7%。都市区边缘和非都市区城镇分别占到 17.1% 和 6.6%。非都市区农村地区的问卷占 11.7%。

这里所说的都市区核心城市参照各地城市规划部门的设定，成都都市区指成都一圈层 4 个区和高新区，合肥都市区指 4 个市辖区，南京都市区不包括外围 5 个区，苏州都市区包括苏州市区。成都市温江区城区、肥东县县城、昆山市玉山镇、周市镇，统计为都市区边缘区域。嘉善县县城统计为非都市区城镇，嘉善县姚庄镇、昆山市周庄镇统计为非都市区农村。

都市区核心城市、都市区边缘和非都市区城镇在本研究中均被视为城镇地区，非都市区农村则视为乡村地区。合计 1868 份问卷由城镇幼儿的家长填写，248 份由乡村幼儿的家长完成。

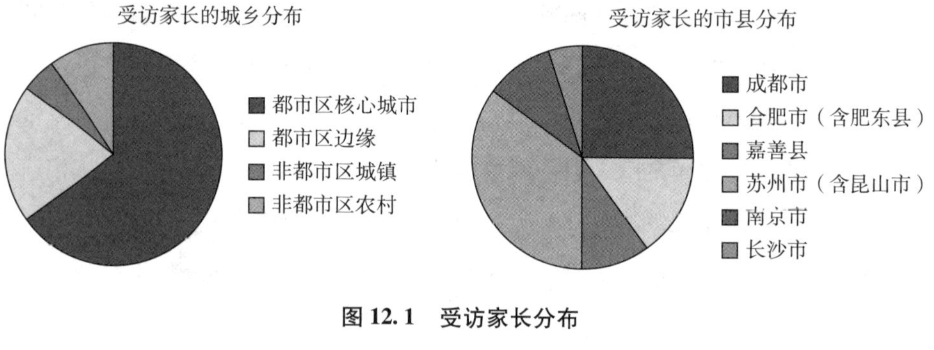

图 12.1　受访家长分布

表 12.1　　受访家庭的区域分布

家长的市县分布	家长的城乡分布				合计
	都市区核心城市	都市区边缘	非都市区城镇	非都市区农村	
成都市	337	106	0	0	443
合肥市（含肥东县）	307	52	0	0	359
嘉善县	0	0	139	168	307
苏州市（含昆山市）	348	203	0	80	631
南京市	308	0	0	0	308
长沙市	68	0	0	0	68
合计	1368	361	139	248	2116

资料来源：自行整理。

（三）幼儿园的属性分布

本调查访问的幼儿园在所有权属性上，既有公办园，也有民办园。其中，公办园又包括机关园、教办园、街道或小区园以及“公建民营”幼儿园。

这里特别说明一下本研究将“公建民营”幼儿园归类为公办园的问题。“公建民营”幼儿园是指由政府无偿划拨土地并出资兴建，按照国家幼儿园标准进行建设，由政府委托具有办园资质的社会团体、社会机构或个人进行管理，具有公益性和普惠性的幼儿园。“公建民营”幼儿园的土地及政府投资形成的固定资产归国有，承办者在办园期间投资购买的设备等归承办方所有。幼儿园的固定资产最主要的就是土地和园舍，这两项都属于国有资产。“公建民营”幼儿园是最近几年新出现的幼儿园形式。传统的幼儿园无论是公办还是民办，都是“管办结合”，谁办的幼儿园谁管理，公办的公管，民办的民管。所以，幼儿园公私分明。但是“公建民营”幼儿园则不一样，实行的是“管办分离”。

作为全国“公建民营”幼儿园发展较快的安徽省，2014 年 2 月该省教育厅领导在接受某媒体采访时称当年安徽省“将新建 1000 所公办幼儿园，尤其是提高基层学前教育的办学质量”，“新建的公办幼儿园都将试点‘公建民营’模式”[①]。因此，本研究将“公建民营”幼儿园归类为公办园，而不是民办园。

① 来源：“安徽今年再添千所公办幼儿园，将是‘公建民营’”，安徽网，http：//www.ahwang.cn/anhui/20140211/1348780.shtml。

为使问卷能体现子女就读于各种类型幼儿园的家长的情况，问卷扩大了来自公办园家长的比重。2116份问卷中，子女就读于教办园的家长数量最多，达到42.2%，这是因为教办园本身在公办园中所占比重较大。机关园和“公建民营”幼儿园的数量最少，分别只占3.8%和3.4%，前者是因为数量本来就少，后者则是因为属于近年来新兴的幼儿园形式，以往的幼儿园分类中没有。另外，公办园中的企事业园，因为很多逐渐转化为教办园或其他形式的幼儿园，且数量较少等其他原因，所以在本次调查中并没有被涉及。

如果把机关园、教办园、街道或小区园、“公建民营”幼儿园合并计算为公办园，则公办园合计收到有效问卷1573份，约占3/4，反之来自民办园或合资园的问卷有543份，约占1/4。必须承认的是，公办园和民办园的实际分布，几乎是比例倒转的。

表12.2　　受访家庭儿童所在幼儿园的类别分布

幼儿园性质	数量	占比（%）
来自公办幼儿园	1573	74.3
机关园	81	3.8
教办园	892	42.2
企事业园	0	0.0
街道或小区园	527	24.9
公建民营	73	3.4
来自民办幼儿园或合资园	543	25.7
合计	2116	100.0

资料来源：作者整理。

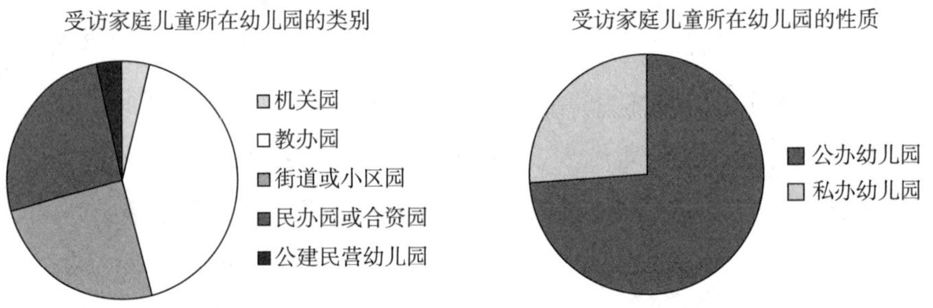

图12.2　受访家庭儿童所在幼儿园的类别和性质

二、幼儿家庭的基本情况

（一）母亲是幼儿的主要照料者

问卷询问了受访家庭幼儿的主要照料者是什么人，备选项包括父亲、母亲、祖父母（含外祖父母）、亲戚以及其他共 5 个选项，允许多选。有 2110 份问卷回答了这个问题，6 份问卷没有做任何勾选，视为无效回答，计入缺失值。

其中“母亲”被选择的频率最高，1793 份问卷进行了选择，高达 85%。其次为“父亲”，共计 1258 份，接近 60%。“祖父母”的 1012 份，将近一半。其他两个选项则非常少。

“母亲”也是在唯一选项中出现频次最高的，共计 394 次，占 18.7%。换句话说，接近 2 成的家庭照顾幼儿的责任完全由母亲承担。请注意这个数据并不等于单亲家庭比例，因为很多父亲常年在外的家庭，问卷中也把母亲作为唯一选项。这个数据远远高于选择父亲为唯一照料者的数量，因为后一种情况的家庭只占问卷数量的 2.0%。

另一方面，有 9.3% 的受访家庭的幼儿，完全是由祖父母隔代教养，这个数据侧面反映我国的隔代教养问题在都市区也非常普遍，而不是只存在于偏远农村。

表 12.3　　受访家庭幼儿的主要照料者

主要照料者	频率	占比（%）	其中：唯一选项	频率	占比（%）
父亲	1258	59.6	父亲	42	2.0
母亲	1793	85.0	母亲	394	18.7
祖父母或外祖父母	1012	48.0	祖父母或外祖父母	196	9.3
亲戚	69	3.3	亲戚	9	0.4
其他	68	3.2	其他	11	0.5

资料来源：作者整理。

调查发现，唯一照料者的出现频次，在不同的调查区域有所差异。嘉善县的问卷中以母亲为唯一主要照料者的达到 27%，占比最高；合肥市、长沙市都超过平均数；南京市、苏州市、成都市则只有14% ~17%，低于平均数。但是成都市受访家庭中以祖辈为唯一主要照料者的比重最高，达到14.7%，远高于其他地区。

在城乡分布方面，非都市区农村的问卷中选择以母亲为唯一主要照料者的比重最高，达到27%，远高于其他三类城镇地区。而以祖辈为主要照料者的比例，则呈现纺锤形，在受访的都市区边缘和非都市区的城镇地区，这一数据分别达到14.7%和12.2%，但在两头的都市区核心城市，以及非都市区农村，则分别只有7.7%和8.1%。不过，由于我国并没有明确对都市区进行定义，加上这个命题也不是本次调查研究的重点，所以这个结论不能确定是否适用于调查以外的区域和人群。另外，本调查中的非都市区农村，来自浙江省嘉善县和江苏省昆山市，也就是长江三角洲地区，这里的农村劳动力结构与中西部地区农村有所不同。中西部地区的农村劳动力流出更为普遍，所以中西部农村的情况还需要其他更多的研究加以佐证。

表12.4　以母亲或祖辈为唯一主要照料者的幼儿的区域分布

区域	问卷总数	以母亲为唯一主要照料者		以祖辈为唯一主要照料者	
		问卷数	占比（%）	问卷数	占比（%）
按市县分布					
成都市	443	73	16.5	65	14.7
合肥市（含肥东县）	359	81	22.6	22	6.1
嘉善县	307	83	27.0	28	9.1
苏州市（含昆山市）	631	96	15.2	47	7.4
南京市	308	46	14.9	30	9.7
长沙市	68	15	22.1	4	5.9
按是否都市区分布					
都市区核心城市	1368	232	17.0	106	7.7
都市区边缘	361	70	19.4	53	14.7
非都市区城镇	139	25	18.0	17	12.2
非都市区农村	248	67	27.0	20	8.1

资料来源：作者整理。

问卷询问了主要照料者的最高学历，这个问题并没有区分照料者是谁，当主要照料者是复数的时候，那么就勾选其中学历最高者的选项。此题共收到有效回答问卷2041 份，其中勾选本科及以上的870 份，占42.6%；大专419 份，占20.5%。合计大专及以上学历共占63.1%。

当主要照料者为唯一时，那么最高学历者就是唯一的主要照料者的最高学历。调查发现，当唯一的主要照料者为母亲或父亲时，其最高学历50%以上都在大专或大专以上。也就是说，任何学历的母亲，成为幼儿的唯一主要照料者的概率基本上是一样的。至于唯一照料者为父亲的情况，因为样本量太少，这里不做具体分析。

但是当唯一照料者为祖父母或外祖父母时，则50.8%为初中或初中以下。能达到大专以上者只有22%。

表12.5　　　　唯一主要照料者的最高学历分布

唯一的主要照料者	总数	初中或初中以下	%	高中或中专	%	大专	%	本科及以上	%
1. 父亲或母亲	425	91	21.4	113	26.6	95	22.4	126	29.6
其中：父亲	41	7	17.1	12	29.3	7	17.1	15	36.6
其中：母亲	384	84	21.9	101	26.3	88	22.9	111	28.9
2. 祖父母或外祖父母	191	97	50.8	52	27.2	22	11.5	20	10.5
参照的其他家庭	1425	153	10.7	246	17.3	302	21.2	724	50.8

资料来源：作者整理。表中的总数为有效回答数，已排除缺失值。

（二）近半数幼儿来自中产家庭

本调查所称的中产家庭，是指同时满足居住在城镇、夫妻双方至少一方拥有大专及以上学历、家庭年收入在5 万至25 万之间这3 个指标的家庭。调查显示，受访幼儿中有四成以上来自中产家庭。

问卷统计显示，在所有的有效回答中，44.9%的父亲和40.1%的母亲的文化程度是本科及本科以上。仅有10.3%的父亲和12.1%的母亲的文化程度在初中或初中以下。城乡差异和文化程度经检验具有显著的相关性。以拥有大专及以上学历的比例来说，城镇（包括都市区核心城市、都市区边缘和非都市区城镇）的幼儿父亲为75.2%，母亲为70.8%，非都市区城镇相对略高，都市区核心城市相对最低，考虑到调查产生的误差，这种差距不明显。但在非都市区农村，大专及以上学历的比例，迅速下降为37.1%和30.8%，和前者的差距极其明显。

总的来看，父母至少一方拥有大专及以上学历的受访家庭共有1512个，占受访家庭总数的71.5%。

表12.6　　幼儿父母的文化程度分布

	父亲		母亲	
	频率	有效百分比	频率	有效百分比
初中或初中以下	211	10.3	248	12.1
高中或中专	372	18.2	432	21.1
大专	543	26.6	544	26.6
本科及本科以上	917	44.9	821	40.1
合计	2043	100.0	2045	100.0
缺失值	73		71	

资料来源：作者整理。表中的总数为有效回答数，已排除缺失值。

幼儿父母的职业分布方面，在问卷设计的8个选项中，无论是父亲还是母亲，均以“各类专业技术人员”为最多，分别占25.4%和20.0%。幼儿父亲方面接下来依次为国家机关、党群组织、企事业单位负责人员（16.6%）、办事人员和管理人员（16.3%）和商业从业人员（16.0%），幼儿母亲方面接下来依次为办事人员和管理人员（17.1%）、商业从业人员（14.9%）和服务业从业人员（12.6%）。

关于家庭收入，问卷选取的标准是最近一年的可支配收入。如是城镇户口，包括工资、奖金及各类隐性收入；如是农村户口，则是务农和从事其他各种活动的收入。以年可支配收入1万元、2.5万元、5万元、8万元、12万元、25万元为界，分为7档。共收到有效回答问卷2020份，中位值为74921元。

总的来看，年可支配收入在1万元以下的受访家庭共107户，占2020份有效回答问卷的5.3%，这部分数据相当于低收入户。年收入在10001至50000元的占28.9%，这部分相当于中等偏下收入的家庭。年收入在5万至25万的合计1193户，占59.1%，这部分相当于中等收入家庭。若结合居住在城镇，夫妻双方至少一方拥有大专及以上学历，且家庭年收入在5万至25万之间3个指标同时满足则视为中产家庭的认定标准，那么受访问家庭中，中产家庭的数量为916户，占问卷总数2116份的43.3%。另有6.7%的家庭属于年收入超过25万的高收入户。

表12.7　　幼儿父母的职业分布

	父亲		母亲	
	频率	有效百分比	频率	有效百分比
国家机关、党群组织、企事业单位负责人员	339	16.6	202	10.0
各类专业技术人员	519	25.4	404	20.0
办事人员和管理人员	334	16.3	346	17.1
生产工人、技术工人和相关人员	232	11.4	176	8.7
农林牧渔劳动者	23	1.1	40	2.0
服务业从业人员	120	5.9	255	12.6
商业从业人员	328	16.0	300	14.9
其他请注明	149	7.3	295	14.6
合计	2044	100.0	2018	100.0
缺失值	72		98	

资料来源：作者整理。表中的总数为有效回答数，已排除缺失值。

表12.8　　受访家庭最近一年的可支配收入分布

最近一年的可支配收入	频率	有效百分比
10000元及以下	107	5.3
10001～25000元	227	11.2
25001～50000元	358	17.7
50001～80000元	382	18.9
80001～120000元	425	21.0
120001～250000元	386	19.1
250001元以上	135	6.7
合计	2020	100.0
缺失值	96	

资料来源：作者整理。表中的总数为有效回答数，已排除缺失值。

（三）幼儿的基本情况

作为幼儿园幼儿的家长，所有的受访家庭当然都拥有至少 1 个正在读幼儿园的幼儿。下面是这些幼儿的基本情况分布信息。

在性别方面，男孩有 1067 人，女孩 1043 人，性别比为 102.3，属于正常范围。缺失值（未报告）6 份。

在“孩子的户口所在地”这个选项上，59.9% 的幼儿被填写的户口是“本城市幼儿园所属区域”，23.0% 填写的是户口在“本城市非幼儿园所属区域”，填写户口来自“外地”的有 352 份，占 17.1%。

表 12.9　　孩子的户口所在地分布

最近一年的可支配收入	频率	有效百分比
本城市幼儿园所属区域	1234	59.9
本城市非幼儿园所属区域	474	23.0
外地	352	17.1
合计	2060	100.0
缺失值	56	

资料来源：作者整理。表中的总数为有效回答数，已排除缺失值。

公办园和民办园所收幼儿的户口所在地具有较大的差异。公办园中 63.1% 的幼儿户口来自“本城市幼儿园所属区域”，外地户口占 15.5%。而民办园则是本园所属区域和非所属区域各占 50%，其中外地户口的幼儿占 21.8%。

表 12.10　　公办园和民办园幼儿户口所在地差异

受访家庭儿童所在幼儿园的性质	受访家庭儿童的户口所在地			
	本城市幼儿园所属区域	本城市非幼儿园所属区域	外地	合计
公办园	969（63.1%）	329（21.4%）	238（15.5%）	1536（100%）
民办园	265（50.1%）	145（27.7%）	114（21.8%）	524（100%）

资料来源：作者整理。表中的总数为有效回答数，已排除缺失值。

按班级划分，入读托班的 70 人（占 3.3%），小班 717 人（34.2%），中班 631 人（30.1%），大班 680 人（32.4%）。缺失值 18 人，未做回答。

所有受访家庭幼儿入读的均为普通班，有48位家长声称他们的孩子读的是收费较高的蒙氏班或英语班，但根据事后抽样回访，可能只是这些班级有蒙氏课程，而且也不是针对个别幼儿，所以该数据没有被采纳。有8位家长声称他们的孩子“寄宿”在幼儿园，其余幼儿全部是“全日制”走读。

三、家长对幼儿园管理的相关问题的态度

（一）对幼儿园目前收费标准总体上满意

调查显示，家庭是幼儿园阶段生活、学习所需经费的主要来源。根据对问卷数据汇总显示，家庭提供了幼儿最近一年的生活、学习所需费用的96.1%，幼儿园减免、资助或奖励占1.9%，家长所在单位补助（如独生子女费）占0.9%，亲戚资助占0.7%，其他占0.3%，社会其他单位或个人赞助、捐赠以及借贷，则为0.1%。

幼儿园阶段的家庭经费支出（即幼儿最近一年的生活、学习费用）方面，公办园和民办园、城镇和乡村均有显著差异。公办园平均为1.26万元，民办园则达到2.16万元。城镇平均为1.6万元，农村则平均为0.95万元。最低的某农村幼儿园为5659元，而最高的某城市民办园为32896元，两者约相差5倍。

家长对目前幼儿园的收费标准的看法方面，总体认为“适中”的占85.4%，认为较高的占10.3%，认为非常高的占0.7%，认为较低的占2.4%，认为非常低的占1.3%。可见，大多数家长对幼儿园的收费标准是比较满意的。而且，13个幼儿园收费分项目之间差别也不大。其中，认为兴趣班收费标准“适中”的最低，有83.3%；排除“其他”项后，认为伙食费“适中”的最高，占86.5%。二者差异在可接受范围之内。

表12.11　　家长对幼儿园收费标准的态度分布

项目		有效表态						未表态
		非常高	较高	适中	较低	非常低	合计	
保教费	频率	13	209	1668	52	4	1946	170
	百分比	(0.7)	(10.7)	(85.7)	(2.7)	(0.2)	(100.0)	

续表

项目		有效表态						未表态
		非常高	较高	适中	较低	非常低	合计	
管理费	频率	8	169	1410	36	12	1635	481
	百分比	(0.5)	(10.3)	(86.2)	(2.2)	(0.7)	(100.0)	
书本费	频率	8	153	1323	38	19	1541	575
	百分比	(0.5)	(9.9)	(85.9)	(2.5)	(1.2)	(100.0)	
伙食费	频率	7	177	1658	63	11	1916	200
	百分比	(0.4)	(9.2)	(86.5)	(3.3)	(0.6)	(100.0)	
代办费	频率	9	128	1141	30	19	1327	789
	百分比	(0.7)	(9.6)	(86.0)	(2.3)	(1.4)	(100.0)	
借读费	频率	13	131	1029	28	22	1223	893
	百分比	(1.1)	(10.7)	(84.1)	(2.3)	(1.8)	(100.0)	
空调费	频率	9	127	1061	30	15	1242	874
	百分比	(0.7)	(10.2)	(85.4)	(2.4)	(1.2)	(100.0)	
家长学校	频率	8	131	1055	25	23	1242	874
	百分比	(0.6)	(10.5)	(84.9)	(2.0)	(1.9)	(100.0)	
服装费	频率	6	137	1144	40	19	1346	770
	百分比	(0.4)	(10.2)	(85.0)	(3.0)	(1.4)	(100.0)	
兴趣班	频率	9	152	1077	30	25	1293	823
	百分比	(0.7)	(11.8)	(83.3)	(2.3)	(1.9)	(100.0)	
集资费	频率	11	126	1021	27	27	1212	904
	百分比	(0.9)	(10.4)	(84.2)	(2.2)	(2.2)	(100.0)	
赞助费	频率	11	137	1014	29	23	1214	902
	百分比	(0.9)	(11.3)	(83.5)	(2.4)	(1.9)	(100.0)	
其他	频率	8	77	840	11	7	943	1173
	百分比	(0.8)	(8.2)	(89.1)	(1.2)	(0.7)	(100.0)	

资料来源：作者整理。

调查问卷还询问了家长，假定以本学期的各项收费为基础，如果在上涨不同的幅度，家是否还会继续送孩子上该幼儿园。问卷设定的上涨幅度包括“上涨

10%”、“上涨30%”、“上涨50%”、“上涨1倍”和“上涨2倍”。选项包括“继续上该幼儿园”、“改上其他价位低的园或班”、“不确定”和“退学在家”。

数据显示，当现有收费上涨10%时，仅有3.3%的家长产生让孩子转园或退学的想法。如果上涨50%，选择继续上该幼儿园的有效百分比下降到41.8%，跌破一半，同时回答“不确定”的家长达到1/3。可见，学费上涨越多，转园的倾向就越高。不过严格来说，当上涨幅度超过50%以后，变化的显著性开始降低。根据问卷调查后的抽样访谈得知，这个原因来自于“无奈”，学费上涨不是一家幼儿园的事情，当涨到那么高的幅度以后，转哪个幼儿园都一样了。

表12.12　　如果学费上涨家长选择继续送孩子上幼儿园的比例分布

项目	上涨10%			上涨30%			上涨50%			上涨1倍			上涨2倍		
	频次	%1	%2	频次	%1	%2	频次	%1	%2	频次	%1	%2	频次	%1	%2
继续上该幼儿园	1692	80.0	86.0	996	47.1	58.1	712	33.6	41.8	518	24.5	30.8	445	21.0	26.6
改上其他价位低的园或班	48	2.3	2.4	271	12.8	15.8	390	18.4	22.9	457	21.6	27.1	496	23.4	29.7
不确定	210	9.9	10.7	414	19.6	24.2	566	26.7	33.3	614	29.0	36.5	589	27.8	35.2
退学在家	17	0.8	0.9	33	1.6	1.9	34	1.6	2.0	95	4.5	5.6	141	6.7	8.4
小计	1967	93.0	100.0	1714	81.0	100.0	1702	80.4	100.0	1684	79.6	100.0	1671	79.0	100.0
缺失值(未回答)	149	7.0		402	19.0		414	19.6		432	20.4		445	21.0	
合计	2116	100.0		2116	100.0		2116	100.0		2116	100.0		2116	100.0	

资料来源：作者整理。表中1%为总百分比，%2为有效百分比。

（二）家长对不同收费标准认可程度的差异

调查问卷还询问了家长对另外7项与收费相关的假设的态度。按有效百分比计算，具体分布如下：

71.6%的家长同意或很同意“按幼儿园的等级和质量统一收费，等级质量越高，收费也越高”，选择不同意或很不同意的为14.4%；

68.6%的家长同意或很同意“按幼儿园的公、私立性质、类型分别确定收费标准”，选择不同意或很不同意的为13.8%；

27.6%的家长同意或很同意“按幼儿园的受欢迎程度收费，越受欢迎，要求入园的幼儿越多，收费越高”，选择不同意或很不同意的为62.2%；

14.4%的家长同意或很同意“按幼儿家长与幼儿园的关系收费，本单位部门职工的孩子收费低一些，对父母不在本单位部门的孩子应适当提高收费”，选择不同意或很不同意的为71.0%；

27.9%的家长同意或很同意“按幼儿的户口分类对待，户口在幼儿园招生范围的幼儿，收费可低一点，非本范围的，尤其是外地的幼儿，收费应高一些”，选择不同意或很不同意的为50.2%；

27.8%的家长同意或很同意“按幼儿个人的教育成本收费，其他因素一概不考虑”，选择不同意或很不同意的为42.7%；

77.8%的家长同意或很同意“按幼儿家庭状况酌情考虑收费，幼儿园可适当减免低收入家庭、单亲家庭、流动人口等处境不利的幼儿的费用”，选择不同意或很不同意的为8.4%。

表12.13　　家长对一些收费相关的假设的态度

项目	很同意	同意	不确定	不同意	很不同意	未回答
按幼儿园的等级和质量统一收费，等级质量越高，收费也越高	319	1120	281	256	35	105
按幼儿园的公、私立性质、类型分别确定收费标准	206	1161	349	243	32	125
按幼儿园的受欢迎程度收费，越受欢迎，要求入园的幼儿越多，收费越高	74	269	394	1030	186	163
按幼儿家长与幼儿园的关系收费，本单位部门职工的孩子收费低一些，对父母不在本单位部门的孩子应适当提高收费	41	243	287	929	468	148

续表

项目	很同意	同意	不确定	不同意	很不同意	未回答
按幼儿的户口分类对待，户口在幼儿园招生范围的幼儿，收费可低一点，非本范围的，尤其是外地的幼儿，收费应高一些	97	456	435	785	211	132
按幼儿个人的教育成本收费，其他因素一概不考虑	111	436	580	666	173	150
按幼儿家庭状况酌情考虑收费，幼儿园可适当减免低收入家庭、单亲家庭、流动人口等处境不利的幼儿的费用	448	1097	276	133	33	129

资料来源：作者整理。

为了分析哪些因素影响了家长的上述选择，我们对包括文化程度、收入情况、城乡分布等诸多因素和上述 7 个选项进行了变量之间的相关分析，最终发现有 5 个因素和上述 7 个选项中的一个或多个存在显著性相关关系。这 5 个因素是：

①幼儿园的性质。

②城乡分布。

③主要照料者是否母亲。

④父母文化程度（包括幼儿母亲的文化程度、幼儿父亲的文化程度和父母至少一方拥有大专及以上学历）。

⑤家庭收入（家庭最近一年的可支配收入）。

经过检验，相关变量之间的相关关系如下：

①“父母文化程度”和“家庭收入”与变量“按幼儿园的等级和质量统一收费，等级质量越高，收费也越高”在 0.01 水平（双侧检验）下，有显著性相关关系。即父母文化程度越高，家庭收入越高，越倾向支持幼儿园等级质量越高收费越高。其他因素无显著性相关关系。

②“受访家庭儿童所在幼儿园的性质”与变量“按幼儿园的公、私立性质、类型分别确定收费标准”在 0.01 水平（双侧检验）下，有显著性相关关系；“主要照料者是否母亲”和“家庭收入”2 个因素与该选项在 0.05 水平（双侧检验）下，有显著性相关关系。即来自公办园的家长更倾向于公办园和民办园收费

标准不同，而来自民办园的家长则更反对分别确定收费标准。主要照料者是母亲的家长，更倾向支持公、民办幼儿园分别确定收费标准，家庭收入越高，越倾向支持分别确定收费标准。

③“父母文化程度”和“家庭收入”与变量“按幼儿园的受欢迎程度收费，越受欢迎，要求入园的幼儿越多，收费越高”在0.01水平（双侧检验）下，有显著性相关关系。即父母文化程度越高，家庭收入越高，越倾向支持受欢迎程度越高的幼儿园收费越高。

④“城乡”、“幼儿园性质”和“父母文化程度”与变量“按幼儿家长与幼儿园的关系收费，本单位部门职工的孩子收费低一些，对父母不在本单位部门的孩子应适当提高收费”在0.01水平（双侧检验）下，有显著性相关关系。即居住在城镇地区的家长更倾向于支持对父母不在本单位部门的孩子应适当提高收费，文化程度越高的家长越倾向于支持对父母不在本单位部门的孩子应适当提高收费。

⑤“父母文化程度”与变量“按幼儿的户口分类对待，户口在幼儿园招生范围的幼儿，收费可低一点，非本范围的，尤其是外地的幼儿，收费应高一些”在0.01水平（双侧检验）下，有显著性相关关系。“家庭收入”与该选项在0.05水平（双侧检验）下，有显著性相关关系。即父母文化程度越高，家庭收入越高，越倾向支持对非本地户口幼儿提高收费。

⑥“母亲的文化程度”与变量“按幼儿个人的教育成本收费，其他因素一概不考虑”在0.01水平（双侧检验）下，有显著性相关关系。即母亲的文化程度越高，越倾向于支持按幼儿个人的教育成本收费，其他因素一概不考虑。其他因素包括“父亲的文化程度”、“父母双方至少一人拥有大专及以上学历”，与该变量都没有显示有显著性相关关系。

⑦“主要照料者是否母亲”与变量“按幼儿家庭状况酌情考虑收费，幼儿园可适当减免低收入家庭、单亲家庭、流动人口等处境不利的幼儿的费用”在0.01水平（双侧检验）下，有显著性相关关系。即主要照料者有母亲的，越倾向支持幼儿园适当减免低收入家庭、单亲家庭、流动人口等处境不利的幼儿的费用。

（三）家长选择幼儿园首要考虑保教质量和办园条件

为了解家长在选择幼儿园时，幼儿园的位置、收费、质量、社会关系以及群体压力等因素所起的作用，我们分别对这些变量进行了分析。

在所有影响因素中，被选择为“很重要”或“重要”次数最多的是“幼儿园保教活动的质量和办园条件”，占2116份问卷的92.1%；其次为“幼儿园的地理位置或离家的远近”，有87.0%的家长进行了选择；再次为“幼儿园的声誉、地位和等级”（85.9%）、“将来有可能上对口的重点小学或有其他的好处”（53.4%）。以上这些变量反映的都是幼儿园本身的（办园）条件。

被选择为“不重要”或“很不重要”次数最多的是“周围人的压力，别人的孩子上这所幼儿园了”（59.0%），是唯一超过半数的变量。关于这点，事后的抽样访谈显示，原因可能在家长初为幼儿选择幼儿园时，社区关系不熟悉，但如果是“转园”的选择时，该变量的重要性有可能提升。

“熟人的推荐，或听从各种广告宣传”成为最大的“不确定”因素。认为该因素重要（或很重要），不重要（或很不重要），以及不确定的家长各占三成。

表12.14　　家长选择幼儿园时的重要考虑因素分布

变量		很重要	重要	不确定	不重要	很不重要	未回答	合计
幼儿园的地理位置或离家的远近	频次	1035	806	66	113	5	91	2116
	百分比	(48.9)	(38.1)	(3.1)	(5.3)	(0.2)	(4.3)	(100.0)
学杂费的数量，可以少交、免交学费，享受某些优惠	频次	266	682	493	490	34	151	2116
	百分比	(12.6)	(32.2)	(23.3)	(23.2)	(1.6)	(7.1)	(100.0)
熟人的推荐，或听从各种广告宣传	频次	154	532	638	577	52	163	2116
	百分比	(7.3)	(25.1)	(30.2)	(27.3)	(2.5)	(7.7)	(100.0)
幼儿园的声誉、地位和等级	频次	921	897	122	43	8	125	2116
	百分比	(43.5)	(42.4)	(5.8)	(2.0)	(0.4)	(5.9)	(100.0)
幼儿园保教活动的质量和办园条件	频次	1283	666	52	10	5	100	2116
	百分比	(60.6)	(31.5)	(2.5)	(0.5)	(0.2)	(4.7)	(100.0)

续表

变量		很重要	重要	不确定	不重要	很不重要	未回答	合计
周围人的压力，别人的孩子上这所幼儿园了	频次	113	174	422	1035	213	159	2116
	百分比	(5.3)	(8.2)	(19.9)	(48.9)	(10.1)	(7.5)	(100.0)
将来有可能上对口的重点小学或有其他的好处	频次	439	692	476	327	46	136	2116
	百分比	(20.7)	(32.7)	(22.5)	(15.5)	(2.2)	(6.4)	(100.0)

数据来源：作者整理。

同样，我们将上述几个变量和前文所列的5个变量做了两两相关分析。结果如下：

①“幼儿园的地理位置或离家的远近”与“父母文化程度”、“家庭收入”在0.01水平（双侧检验）下，有显著性相关关系。与“城乡分布”、“幼儿园性质”在0.05水平（双侧检验）下，有显著性相关关系。即父母文化程度越高，家庭收入越高，越会倾向考虑幼儿园地理位置。城镇家长、民办园家长在选择幼儿园时更倾向考虑幼儿园地理位置。

②“学杂费的数量，可以少交、免交学费，享受某些优惠”与“幼儿园性质”、“母亲的文化程度”和“家庭收入”在0.01水平（双侧检验）下，有显著性相关关系。即民办园家长会更多考虑学费问题。母亲的文化程度越高，越倾向于不考虑学费问题，但父亲的文化程度与此变量没有呈现显著性相关关系。家庭收入越高的家庭，越倾向于不考虑学费问题。

③“熟人的推荐，或听从各种广告宣传”与“城乡分布”、“幼儿园性质”和“父母的文化程度”在0.01水平（双侧检验）下，有显著性相关关系。即城镇家长、民办园家长更倾向于依赖熟人的推荐。这可能是因为城镇可供选择的民办园较多，家长必须去查找更多的消息来源；而农村往往就那么一两家幼儿园，并且人家知根知底；城镇公办园也是一样，数量非常有限。父母的文化程度越高，越依赖熟人的推荐，这可能也跟父母期望有关。但此变量和家庭收入无关。

④家长考虑“幼儿园的声誉、地位和等级”和“幼儿园保教活动的质量和办园条件”可以合称为“幼儿园办学条件”，因为他们在相关分析中的结果完全一致。“城乡分布”、“父母的文化程度”和“家庭收入”与家长择园时考虑“幼

儿园办学条件”在 0.01 水平（双侧检验）下，有显著性相关关系。即城镇家长、文化程度越高的家长、家庭收入越高的家长更倾向于考虑幼儿园办学条件。

⑤“周围人的压力”是唯一一个和所有的变量存在显著性相关关系的变量。与“家庭文化程度”和“家庭收入”在 0.01 水平（双侧检验）下，有显著性相关关系。与“城乡分布”、“幼儿园性质”和“主要照料者是否母亲”在 0.05 水平（双侧检验）下，有显著性相关关系。即文化程度越高，收入越高的家长，周围人压力对其影响越小。居住在城镇的家长，选择公办园的家长，周围人的压力对其影响越小。幼儿主要照料者是母亲的，比主要照料者中没有母亲的家庭，更倾向于受周围人压力的影响，这也是“主要照料者是否母亲”这个变量在本组 7 个选项中唯一有相关关系的一个。

⑥“将来有可能上对口的重点小学或有其他的好处”与“城乡分布”和“幼儿母亲的文化程度”在 0.01 水平（双侧检验）下，有显著性相关关系。即母亲的文化程度越高，越不考虑将来升小学和其他好处，农村家长比城镇家长更倾向于考虑这个要素。但是父亲的文化程度对此变量没有呈现显著性相关关系。

综合来看，幼儿择园一定是发生在有足够多的幼儿园可以选择的前提下，并且幼儿园本身的教学质量是最主要的择园要素，相比而言，母亲在幼儿择园这个问题上发挥了主导的作用。

四、家长对政府介入幼儿园管理的态度

（一）家长欢迎政府成为学前教育费用的第一承担者

关于家长对政府介入幼儿园管理的态度方面，主要包括：

（1）您认为下列四方（①政府，②幼儿园的举办单位或个人，③社会其他团体或个人，④家庭）如何分担学前教育费用才算合理。

（2）对政府资助幼儿个人的各种形式，您的态度是什么。

（3）对政府调控幼儿园收费价格的方式，您的态度是什么。

首先，在关于各方如何分担学前教育费用才算合理这个问题上，问卷设计有 4 个选项，即政府，幼儿园举办单位或个人，社会其他团体或个人，以及家庭。

这个题目是一个排序题，要求受访的家长按照自己认为的承担经费份额的多少进行排序。约10%的问卷只写了自认为重要性最高或最低的两项或其中一项，中间没有排序。

调查显示，在排序第一的1717个有效回答中，“政府”占78.2%，而“政府”一共被排序了1522次，排序第一的占88.2%。可见家长对政府的期待很高。

如果按照①、②、③、④对排序的重要性进行赋分，排第一的得1分，排第四的得4分。1分为在学前教育费用承担中重要性最高，4分为重要性最低。那么“政府”的平均得分为1.12分，“幼儿园的举办单位或个人”为3.08分，“社会其他团体或个人”为3.40分，“家庭”为2.40分。也就是经过加权后，家长认为“政府”在分担学前教育费用中所占的重要性为第一，“家庭”第二，“幼儿园的举办单位或个人”排第三，最后是“社会其他团体或个人”。

表12.15　家长对各方分担学前教育费用合理性的排序

	变量名	排序第一	排序第二	排序第三	排序第四	小计
有效回答	政府	1342	44	44	92	1522
	幼儿园的举办单位或个人	78	765	765	291	1899
	社会其他团体或个人	32	481	481	791	1785
	家庭	265	356	356	481	1458
	合计	1717	1646	1646	1655	
缺失值	未选择	399	470	470	461	
总计		2116	2116	2116	2116	

数据来源：作者整理。

在对“排序第一”的答案与有关变量进行相关性分析后显示，“受访家庭幼儿入读的幼儿园的性质”和“排序第一”在0.01水平（双侧检验）下有显著性相关关系，“父母的文化程度”则和“排序第一”在0.05水平（双侧检验）下有显著性相关关系。民办园家长比公办园家长更倾向于选择“家庭”，而公办园家长则更倾向于选择“政府”。父母的文化程度越高，选择“政府”的倾向性越大。

（二）家长对政府资助幼儿形式的态度

关于政府资助幼儿个人的形式，问卷列举了8种，家长选择的结果如表12.16所示。每种资助形式，都获得了半数以上家长的支持（包括“很同意”和“同意”）。其中，“学费减免”所获支持最高，有效百分比高达94%；最低的“给家长代币券，该代币券只能用于冲抵孩子的学费”也获得了58.2%的支持。

不支持（包括“很不同意”和“不同意”）率最高的是“给家长代币券，该代币券只能用于冲抵孩子的学费”（13.8%）和“奖励优秀幼儿”（13.6%）。结合对部分家长的深度访谈，这可能是因为担心这两种形式在操作中较易带来腐败，妨碍社会公平。

表12.16　家长对政府资助幼儿个人的形式的态度

变量名		很同意	同意	不确定	不同意	很不同意	合计	未选择
发放助学现金	频次	775	871	168	114	23	1951	165
	有效百分比	(39.7)	(44.6)	(8.6)	(5.8)	(1.2)	(100.0)	
学费减免	频次	941	950	98	15	7	2011	105
	有效百分比	(46.8)	(47.2)	(4.9)	(0.7)	(0.3)	(100.0)	
家长个人所得税部分抵扣或豁免	频次	561	783	456	118	24	1942	174
	有效百分比	(28.9)	(40.3)	(23.5)	(6.1)	(1.2)	(100.0)	
允许家长税前预存教育资金，该资金只能用于缴纳孩子的学费	频次	457	830	510	139	27	1963	153
	有效百分比	(23.3)	(42.3)	(26.0)	(7.1)	(1.4)	(100.0)	
给家长代币券，该代币券只能用于冲抵孩子的学费	频次	345	783	541	229	39	1937	179
	有效百分比	(17.8)	(40.4)	(27.9)	(11.8)	(2.0)	(100.0)	
立法规定孩子父母所属单位提供资助	频次	416	784	577	146	25	1948	168
	有效百分比	(21.4)	(40.2)	(29.6)	(7.5)	(1.3)	(100.0)	
发放助学贷款	频次	365	955	450	143	33	1946	170
	有效百分比	(18.8)	(49.1)	(23.1)	(7.3)	(1.7)	(100.0)	
奖励优秀幼儿	频次	541	849	289	203	63	1945	171
	有效百分比	(27.8)	(43.7)	(14.9)	(10.4)	(3.2)	(100.0)	

数据来源：作者整理。

在进行相关性比对分析后发现受访家庭的某些因素和上述态度具有显著性相关关系，详见表 12. 17。但是“发放助学贷款”这一条，跟受访家庭的各种因素都没有呈现显著性相关，所以表 12. 17 中不再显示“发放助学贷款”这一条。

分析表明，“城乡分布”和“学费减免”、“家长个人所得税部分抵扣或豁免”，以及“允许家长税前预存教育资金，该资金只能用于缴纳孩子的学费”具有显著相关关系。即城镇家长更倾向同意这三种政府资助形式。

“儿童所在幼儿园的性质”和“学费减免”、“家长个人所得税部分抵扣或豁免”、“允许家长税前预存教育资金，该资金只能用于缴纳孩子的学费”、“给家长代币券，该代币券只能用于冲抵孩子的学费”，以及“立法规定孩子父母所属单位提供资助”5 项呈现显著相关关系。即民办园家长更倾向支持以上五种政府资助形式。需要指出的是，这 5 种资助形式都属于间接资助形式，相反另外 3 种都是直接现金发放。

“主要照料者为母亲”的家庭更倾向支持“发放助学现金”。

“幼儿父母的文化程度”越高的家庭，越倾向于支持“学费减免”、“家长个人所得税部分抵扣或豁免”、“允许家长税前预存教育资金，该资金只能用于缴纳孩子的学费”、“给家长代币券，该代币券只能用于冲抵孩子的学费”，以及“立法规定孩子父母所属单位提供资助”五种政府资助形式，但是更倾向反对“奖励优秀幼儿”。在这里，父亲的文化程度和母亲的文化程度的影响总体上是一致的。

“家庭收入”和“学费减免”、“家长个人所得税部分抵扣或豁免”、“允许家长税前预存教育资金，该资金只能用于缴纳孩子的学费”、“给家长代币券，该代币券只能用于冲抵孩子的学费”呈现显著性相关。即家庭收入越高，越倾向于支持上述四种政府资助形式。

表 12.17　　家长对政府资助幼儿个人的形式的态度的相关检验

变量名		发放助学现金	学费减免	个税抵扣或豁免	税前预存教育资金	发放代币券	立法规定单位资助	奖励优秀幼儿
城乡分布	Pearson 相关性	0.032	-.056*	-.059**	-.095**	-0.042	-0.021	0.035
	显著性（双侧）	0.164	0.012	0.010	0.000	0.065	0.354	0.121
	平方与叉积的和	18.025	-23.732	-34.540	-55.887	-25.859	-12.304	23.442
	协方差	0.009	-0.012	-0.018	-0.028	-0.013	-0.006	0.012
	N	1951	2011	1942	1963	1937	1948	1945
儿童所在幼儿园的性质	Pearson 相关性	0.021	-.068**	-.108**	-.078**	-.096**	-.057*	0.021
	显著性（双侧）	0.351	0.002	0.000	0.001	0.000	0.012	0.348
	平方与叉积的和	16.194	-39.237	-85.684	-62.201	-79.815	-44.692	19.002
	协方差	0.008	-0.020	-0.044	-0.032	-0.041	-0.023	0.010
	N	1951	2011	1942	1963	1937	1948	1945
主要照料者是否母亲	Pearson 相关性	-.082**	-0.007	-0.014	0.001	0.001	-0.002	-0.017
	显著性（双侧）	0.000	0.750	0.551	0.964	0.972	0.925	0.449
	平方与叉积的和	-48.192	-3.209	-8.363	0.636	0.512	-1.319	-11.985
	协方差	-0.025	-0.002	-0.004	0.000	0.000	-0.001	-0.006
	N	1924	1983	1915	1936	1910	1920	1917
幼儿母亲的文化程度	Pearson 相关性	-0.019	-.139**	-.187**	-.168**	-.137**	-.123**	.068**
	显著性（双侧）	0.421	0.000	0.000	0.000	0.000	0.000	0.003
	平方与叉积的和	-32.857	-184.016	-340.241	-308.690	-262.278	-223.090	140.582
	协方差	-0.017	-0.095	-0.181	-0.163	-0.140	-0.118	0.075
	N	1890	1946	1880	1899	1873	1885	1880
幼儿父亲的文化程度	Pearson 相关性	-0.019	-.101**	-.173**	-.134**	-.103**	-.099**	.088**
	显著性（双侧）	0.414	0.000	0.000	0.000	0.000	0.000	0.000
	平方与叉积的和	-32.297	-129.126	-308.480	-239.208	-191.659	-175.238	177.968
	协方差	-0.017	-0.067	-0.165	-0.126	-0.102	-0.093	0.095
	N	1883	1942	1875	1897	1872	1881	1877

续表

变量名		发放助学现金	学费减免	个税抵扣或豁免	税前预存教育资金	发放代币券	立法规定单位资助	奖励优秀幼儿
家庭最近一年的可支配收入	Pearson 相关性	-0.020	-.105**	-.109**	-.121**	-.110**	-0.009	0.012
	显著性（双侧）	0.382	0.000	0.000	0.000	0.000	0.690	0.609
	平方与叉积的和	-55.201	-214.256	-305.865	-338.327	-323.802	-25.662	37.863
	协方差	-0.030	-0.111	-0.164	-0.180	-0.174	-0.014	0.020
	N	1872	1923	1862	1884	1858	1867	1864

**. 在0.01 水平（双侧）上显著相关。

*. 在 0.05 水平（双侧）上显著相关。

数据来源：作者整理。

（三）家长对是否允许幼儿园自主定价的态度

最后，问卷询问了家长对政府调整幼儿园收费价格方式的态度。针对“机关园”、“教办园”、“企事业园”、“街道或小区园”和“合资园和民办园”，分别询问了是选择以下态度中的哪一种：

①政府分级分类定价，每园实行一价制，幼儿园不得调价；

②政府设立指导价，允许幼儿园在一定幅度内浮动价格；

③政府制订定价标准，幼儿园根据这一标准自己定价；

④政府完全放开价格，让幼儿园自由竞争，由市场决定价格。

调查显示，从机关园到合资园和民办园，答案的比重逐渐后移。即认为机关园应该“①政府分级分类定价，每园实行一价制，幼儿园不得调价”的有效百分比高达77.4%，应该“④政府完全放开价格，让幼儿园自由竞争，由市场决定价格”的仅占4.6%。但到“合资园和民办园”时，这一比重分别变化为48.3%和24.6%。

但是我们必须承认，这个总体的百分比的真实性是被隐藏了的。当我们把公办园家长和民办园家长的回答分开统计后，就会发现完全不一样的数据。表12.18是不同性质幼儿园的家长对“教办园”（即公办园的主体）与“合资园和民办园”的不同态度。

从表12.18可以看到，无论是公办园还是民办园的家长，认为对“合资园和民办园”应该由“a. 政府分级分类定价，每园实行一价制，幼儿园不得调价”的选择并没有明显的差异。在后面的3个选项中，民办园家长甚至更倾向“b. 政府设立指导价，允许幼儿园在一定幅度内浮动价格”，而公办园的家长更倾向于“d. 政府完全放开价格，让幼儿园自由竞争，由市场决定价格”。

民办园家长甚至对“教办园”和“合资园和民办园”应该由“a. 政府分级分类定价，每园实行一价制，幼儿园不得调价”的选择也没有明显的差异。也就是说，无论是公办园还是民办园，都有约半数的民办园家长认为应该由“a. 政府分级分类定价，每园实行一价制，幼儿园不得调价”。

真正对数据发生重要影响的，是约75.7%的公办园家长坚定地认为“a. 政府分级分类定价，每园实行一价制，幼儿园不得调价”，这个比例比民办园家长的比例高约50%。由于我国目前学前教育主要是以民办园为主，所以民办园家长的答案，应该更加接近多数幼儿园家长的平均值。

表12.18　不同性质幼儿园的家长对政府调控幼儿园收费方式的态度异同

变量名		对教办园			对合资园和民办园		
		全部	公办园家长	民办园家长	全部	公办园家长	民办园家长
a. 政府分级分类定价，每园实行一价制，幼儿园不得调价	计数	874	727	147	512	369	143
	百分比	(69.9)	(75.7)	(50.7)	(48.3)	(48.8)	(46.9)
b. 政府设立指导价，允许幼儿园在一定幅度内浮动价格	计数	250	157	93	166	99	67
	百分比	(20.0)	(16.4)	(32.1)	(15.6)	(13.1)	(22.0)
c. 政府制订定价标准，幼儿园根据这一标准自己定价	计数	80	56	24	122	90	32
	百分比	(6.4)	(5.8)	(8.3)	(11.5)	(11.9)	(10.5)
d. 政府完全放开价格，让幼儿园自由竞争，由市场决定价格	计数	46	20	26	261	198	63
	百分比	(3.7)	(2.1)	(9.0)	(24.6)	(26.2)	(20.7)
	计数	1250	960	290	1061	756	305
	百分比	(100.0)	(100.0)	(100.0)	(100.0)	(100.0)	(100.0)

资料来源：作者整理。上表中的数据已经排除缺失值（未回答）。

五、家长对各种类型学前教育提供形式的态度差别比较

在这一部分，我们分别询问了家长对“家庭（散居在家）”、“社区（综合性服务中心）”和“全日制幼儿园”、“非全日制幼儿园”、“寄宿制幼儿园”这五种学前教育提供形式在幼儿的健康、语言、社会、科学和艺术5个领域的能力培养方面重要性的看法。

这部分问卷的设计初衷，是尝试研究推动“社区”在学前教育中发挥更大的作用，所以希望了解家长对“社区”所发挥作用的认知和态度。

由于本次调查中的幼儿均在“全日制幼儿园”，没有“非全日制幼儿园”和“寄宿制幼儿园”，所以家长关于这两种提供形式的任何回答，只作为参考，不进行详细的分析。本研究主要比较家长对“家庭（散居在家）”、“社区（综合性服务中心）”和“全日制幼儿园”这三种学前教育提供形式在幼儿5个领域能力培养方面的看法。

（一）指标设定

为精确了解家庭、社区和幼儿园对幼儿具体的各种技能发展的作用，我们将每一大项幼儿能力又分为2~3个不等的二级指标，4~9个不等的三级指标。合计共5个大项，11个二级指标，32个三级指标。

原则上，要求家长对每一个二级指标，在“家庭（散居在家）”、“社区（综合性服务中心）”和“全日制幼儿园”、“非全日制幼儿园”、“寄宿制幼儿园”五者中选择一项自认为作用最明显的在问卷表中打“✓”，选择一项自认为作用最不明显的在问卷表中打“×”。不过由于问卷发放采取自填问卷的形式，没有访问员在现场指导，所以有很多家长只勾选了一项“作用最明显的”，而没有选择一项“作用最不明显的”。但这样的问卷仍旧传递了明确和有效的信息，因此，我们将这些问卷也视为有效问卷。

还有个别问卷，可能是因为理解的问题，在个别三级指标进行选择的时候，出现同时选择两项以上的“作用最明显”或“作用最不明显”的情况。课题组

经过研究认为，由于问卷的匿名性，无法联系受访者本人，且受访者的勾选本身也真实反映了其态度，所以课题组也将这些问卷视为有效问卷，这些回答也按有效回答录入。这也是为什么在表 12.19 中，选择家庭、社区和幼儿园在促进幼儿“具有健康的体态（身高和体重适宜，能正确坐、立、行）”的“作用最明显”的三者之和等于 2238（582 + 217 + 1439），大于问卷总数 2116 份的原因。

（二）统计结果

表 12.19 至表 12.23 是家长对各种学前教育形式在促进幼儿健康、语言、社会、科学和艺术 5 个领域发展方面的评价。

调查结果显示，大部分家长都认为“全日制幼儿园”在促进幼儿各方面能力上发挥的作用“最明显”。其中以认为幼儿园促进幼儿“手的动作灵活协调（能画、剪、折、粘，自己吃饭、扣扣子等）”能力作用最明显的次数最多，共计 1550 份问卷，占回收问卷总数的 73.3%。认为幼儿园在促进幼儿“亲近自然，喜欢探究（激发好奇心和探究兴趣）”的能力方面最明显的次数在 32 个三级指标中选择率最低，但也有 1113 份，占问卷总数的 52.6%。

家庭在幼儿的“身心状况”方面被认为作用最明显而被选择的频次最高。例如，认为家庭对幼儿“情绪安定愉快（有安全感和信赖感，会恰当表达和调控情绪）”作用最明显的共有 682 份问卷，占问卷总数的 32.2%。

至于“社区”，则在所有的三级指标上，认为“发挥的作用最不明显”的次数，都要超过“发挥作用最明显”次数，以至于加权以后，社区一项的所有分数都是“负分”。在 32 个三级指标中，“社区”只有 1 个指标被选择“作用最不明显”的频次少于“家庭”，那就是促进幼儿“喜欢并适应群体生活”的能力，毕竟在促进幼儿人际交往和社会适应方面，社区被认为是人的社会化的重要场所。

表 12.19 家长对各种学前教育形式在促进幼儿身心健康发展方面的评价

评价项目	家庭（散居在家）				社区（综合性服务中心）				全日制幼儿园			
	all	✓	×	W	all	✓	×	W	all	✓	×	W
身心状况												
a. 具有健康的体态（身高和体重适宜，能正确坐、立、行）	872	582	290	292	628	217	411	-194	1500	1439	61	1378
b. 情绪安定愉快（有安全感和信赖感，会恰当表达和调控情绪）	883	682	201	481	605	212	393	-181	1352	1279	73	1206
c. 具有一定的适应能力（能适应季节变化，促进平衡机能发展，能适应生活环境变化）	694	457	237	220	593	225	368	-143	1461	1389	72	1317
动作发展												
d. 具有一定的平衡能力，动作协调、灵敏（活动中能学会自我保护能力）	625	387	238	149	609	233	376	-143	1528	1483	45	1438
e. 具有一定的力量和耐力	636	385	251	134	591	219	372	-153	1458	1358	100	1258
f. 手的动作灵活协调（能画、剪、折、粘，自己吃饭、扣扣子等）	639	371	268	103	570	184	386	-202	1592	1550	42	1508
生活习惯与生活能力												
g. 具有良好的生活与卫生习惯（作息、饮食、个人卫生、锻炼等）	723	487	236	251	566	135	431	-296	1451	1370	81	1289
h. 具有基本的生活自理能力（如穿脱衣和鞋袜等）	737	501	236	265	533	139	394	-255	1359	1264	95	1169
i. 具备基本的安全知识和自我保护能力	700	440	260	180	571	185	386	-201	1371	1256	115	1141

资料来源：作者整理。上表中，“✓”表示被该形式在左列的评价项目中作用最明显，“×”表示最不明显。“all”为前述两数据之和，表示该形式共被选择的次数。“W”为前述两数据之差，表示加权后的被家长认为的作用重要性，正数表示作用明显，负数表示作用不明显，数值越大表示程度越深。

表 12.20　　家长对各种学前教育形式在促进幼儿语言能力发展方面的评价

评价项目	家庭（散居在家）				社区（综合性服务中心）				全日制幼儿园			
	all	✓	×	W	all	✓	×	W	all	✓	×	W
倾听与表达												
a. 认真听并能听懂常用语言	673	515	158	357	495	82	413	-331	1270	1238	32	1206
b. 愿意讲话并能清楚地表达	597	447	150	297	516	121	395	-274	1296	1249	47	1202
c. 具有文明的语言习惯	530	314	216	98	469	87	382	-295	1414	1364	50	1314
阅读与书写准备												
d. 喜欢听故事，看图书	550	364	186	178	465	79	386	-307	1355	1314	41	1273
e. 具有初步的阅读理解能力	453	253	200	53	455	68	387	-319	1368	1299	69	1230
f. 具有书面表达的愿望和初步技能（如通过涂涂画画表达一定的意思）	432	227	205	22	467	73	394	-321	1451	1391	60	1331

资料来源：作者整理。上表中，“✓”表示被该形式在左列的评价项目中作用最明显，“×”表示最不明显。“all”为前述两数据之和，表示该形式共被选择的次数。“W”为前述两数据之差，表示加权后的被家长认为的作用重要性，正数表示作用明显，负数表示作用不明显，数值越大表示程度越深。

表 12.21　　家长对各种学前教育形式在促进幼儿人际交往和社会适应方面的评价

评价项目	家庭（散居在家）				社区（综合性服务中心）				全日制幼儿园			
	all	✓	×	W	all	✓	×	W	all	✓	×	W
人际交往												
a. 愿意与人交往	580	295	285	10	478	189	289	-100	1308	1268	40	1228
b. 能与同伴友好相处	445	175	270	-95	401	124	277	-153	1449	1422	27	1395
c. 具有自尊、自信、自主的表现	513	274	239	35	399	97	302	-205	1341	1264	77	1187
d. 关心尊重他人	568	305	263	42	415	114	301	-187	1290	1251	39	1212
社会适应												
e. 喜欢并适应群体生活	462	163	299	-136	378	122	256	-134	1443	1409	34	1375

续表

评价项目	家庭（散居在家）				社区（综合性服务中心）				全日制幼儿园			
	all	✓	×	W	all	✓	×	W	all	✓	×	W
f. 遵守基本的行为规范	464	198	266	-68	400	97	303	-206	1368	1337	31	1306
g. 具有初步的归属感	556	352	204	148	356	61	295	-234	1249	1161	88	1073

资料来源：作者整理。上表中，“✓”表示被该形式在左列的评价项目中作用最明显，“×”表示最不明显。“all”为前述两数据之和，表示该形式共被选择的次数。“W”为前述两数据之差，表示加权后的被家长认为的作用重要性，正数表示作用明显，负数表示作用不明显，数值越大表示程度越深。

表 12.22　家长对各种学前教育形式在促进幼儿探究能力和思维发展方面的评价

评价项目	家庭（散居在家）				社区（综合性服务中心）				全日制幼儿园			
	all	✓	×	W	all	✓	×	W	all	✓	×	W
科学探究												
a. 亲近自然，喜欢探究（激发好奇心和探究兴趣）	636	441	195	246	461	189	272	-83	1164	1113	51	1062
b. 具有初步的探究能力（能对事物和现象进行观察比较以发现异同，提出问题并猜测答案等）	495	301	194	107	413	129	284	-155	1323	1283	40	1243
c. 在探究中认识周围事物和现象（如引导思考、简单推理和分析等）	497	283	214	69	406	112	294	-182	1351	1289	62	1227
数学认知												
d. 初步感知生活中数学的有用和有趣（能用数来表达事物，感受数所表达的意义）	498	285	213	72	383	77	306	-229	1330	1281	49	1232
e. 感知和理解数、量及数量关系（理解大小多少，以及加减等）	453	243	210	33	384	66	318	-252	1404	1348	56	1292

续表

评价项目	家庭（散居在家）				社区（综合性服务中心）				全日制幼儿园			
	all	√	×	W	all	√	×	W	all	√	×	W
f. 感知形状与空间关系（理解上下、前后、左右、里外、中间、旁边等）	463	269	194	75	374	71	303	－232	1335	1294	41	1253

资料来源：作者整理。上表中，“√”表示被该形式在左列的评价项目中作用最明显，“×”表示最不明显。“all”为前述两数据之和，表示该形式共被选择的次数。“W”为前述两数据之差，表示加权后的被家长认为的作用重要性，正数表示作用明显，负数表示作用不明显，数值越大表示程度越深。

表 12.23　家长对各种学前教育形式在促进幼儿审美方面的评价

评价项目	家庭（散居在家）				社区（综合性服务中心）				全日制幼儿园			
	all	√	×	W	all	√	×	W	all	√	×	W
感受与欣赏												
a. 喜欢自然界与生活中美的事物（能用语言、动作等描绘美的方面，如颜色、形状、形态等）	579	385	194	191	423	147	276	－129	1394	1338	56	1282
b. 喜欢欣赏多种多样的艺术形式和作品（专心观看，有模仿和参与的愿望等）	464	220	244	－24	426	141	285	－144	1462	1370	92	1278
表现与创造												
c. 喜欢进行艺术活动并大胆表现（如唱唱跳跳、涂涂画画等）	457	238	219	19	425	124	301	－177	1500	1450	50	1400
d. 具有初步的艺术表现与创造能力（如能用声音、动作、姿态以及绘画、手工制作等模仿和表现）	431	187	244	－57	397	105	292	－187	1529	1434	95	1339

资料来源：作者整理。上表中，“√”表示被该形式在左列的评价项目中作用最明显，“×”表示最不明显。“all”为前述两数据之和，表示该形式共被选择的次数。“W”为前述两数据之差，表示加权后的被家长认为的作用重要性，正数表示作用明显，负数表示作用不明显，数值越大表示程度越深。

需要特别说明的是，在社区对促进幼儿人际交往和社会适应方面，城乡分布与该变量呈现显著性相关。交叉分析发现，在促进幼儿人际交往和社会适应方面，农村家长认为社区所发挥作用“最明显”的，超过了“最不明显”，但由于城镇问卷总数较多，这个结论被掩藏了。这其实反映了当今社会，尤其是城镇社区中人际关系疏远的现状，既然社区关系都是断裂的，自然不太可能让社区在学前教育中发挥最明显的作用。随着我国社区建设的大力推进，这个数据有可能会得到改善，至少加权后的数据，将来有可能不至于负分这么多。

表 12. 24　　城乡分布和社区在促进幼儿社会能力方面的作用比较

	家长的城乡二分分布		合计
	乡村	城镇	
作用最不明显	60	1963	2023
作用最明显	72	732	804
合计	132	2695	2827

资料来源：作者整理。表中的总数为有效回答数，已排除缺失值。

六、结论和建议

通过以上数据分析，我们大概得出以下几个结论。

首先，当前以城镇中产家庭为主的幼儿家长，对学前教育非常重视，要充分重视女性和家庭在学前教育中的作用。其次，家长对当前幼儿园的收费标准总体上满意，但是当前作为幼儿园教育的主体的民办园的家长非常希望加强政府在学前教育中的投入，并缩小民办园和公办园的差异。最后，当前幼儿园的教学质量和他们对幼儿身心发展的重要性得到家长的广泛认可。

基于此，为实现学前教育的公平性，促进民办园和公办园共同发展、相互借鉴，建议如下：

第一，多发展公益性幼儿园。不必过于强调幼儿园是公办的还是民办的，这样既能保证政府对幼儿园的建设投入，又使幼儿园在管理上保持灵活性和教学多样性，也有助于提高家长对学前教育的满意度。

第二，合理布局公益性幼儿园。按照社区人口规划足够数量的公益性幼儿园，使适龄幼儿在家附近就能进入理想的幼儿园。合理的规划也将有助于缓解家庭被迫送孩子上本辖区外的幼儿园的现状，进而减少安全隐患。

此外，还需要进一步改善幼儿园师资力量，规范幼儿园非教师的队伍建设，提高师资稳定性等。更详细的对策性研究可参见课题组其他部分的研究成果。

曹启挺 执笔

第十三章
幼儿家长对学前教育的认知和态度调查报告Ⅱ

本报告是幼儿家长对学前教育的认知和态度调查研究的第二部分，即主观题部分的数据分析报告。报告采用开放式问卷调查和文献研究相结合，使用内容分析法找出家长在学前教育机构（幼儿园）应提供哪些方面的服务，需要加强的服务，孩子在接受学前教育服务时遇到的最大问题，未来学前教育的发展方向，以及学前教育人员队伍建设等五个方面的主要答案。分析表明，家长普遍认为幼儿园的主要功能是提供幼儿健康、安全、快乐成长的环境，并在该环境中培养幼儿良好的生活、行为习惯和社会交往、语言表达、独立自理能力。家长较为关注幼儿园的安全，以及提高幼儿园和家长的沟通。家长支持学前教育纳入义务教育，但对幼小衔接则持不同看法。家长迫切希望增加男性教师，改善幼教性别结构，以及通过提高教师待遇来保证人员队伍稳定性。

本报告是前一篇幼儿家长对学前教育的认知和态度调查报告分析的延伸。前一篇报告是对调查问卷中第一、第二部分客观题部分的统计分析，本报告则是对该问卷第三部分即家长所回答的五个主观题的统计和分析。

一、研究设计

（一）研究方法

本研究采用问卷法与文献法相结合的研究方法。研究的主题通过五个主观题的形式，附在客观题之后，作为一份完整的问卷交给受访的幼儿家长填写。抽样方法同前一篇报告，本处不再赘述。回收的答案，则采用文献研究方法中的内容分析法，进行定量分析。具体来说分为两个步骤进行。

第一步是变量操作化，即分词。具体来说，就是将问卷收到的家长的回答，在录入计算机后，分解为若干个“单词”。这是因为中文没有分词连写的书写习惯，不能直接进行单词频次统计。比如文中出现“学习习惯”这样的文字，那么既有可能处理为“学习”和“习惯”两个单词，也有可能处理为“学习习惯”一个。所以计算机分析的时候，必须先进行分词处理。分词工作由“结巴”中文分词软件（jieba）进行处理。

如有家长在回答“您认为当前学前教育机构（幼儿园）需要加强哪些方面的服务?”这个问题时的答案是“自我保护能力和安全意识的培养；人际交往和社会适应能力的培养；想象力和创造力的激发与培养”。这个回答无法进行统计分析，所以必须先将这段话进行分词操作，结果为“自我/保护/能力/和/安全意识/的/培养/；/人际交往/和/社会/适应能力/的/培养/；/想象力/和/创造力/的/激发/与/培养/”。

第二步是数据分析，即频次分析和排序。具体就是根据第一步进行的分词结果，对所有的汉字词进行频次统计，然后对结果进行排序。频次排在前面的词，将被认为是关键词，是家长们关心的点。之所以要对所有的汉字词都进行统计，是因为这样可以避免因为研究者的个人偏好而导致有些关键词被忽略。频次统计采用 Replace Pioneer 软件进行，必要时用 Excel 验证。Excel 验证的原因是，如果某位家长连续使用了某个单词 3 次，那么 Replace Pioneer 将统计为 3 次，但实际上这只是一个人次，而 Excel 的查找功能可以剔除这个问题。不完全的验证发现这种情况出现的概率不高，在必要的情况下，本研究会使用 Excel 的数据进行修正。

统计分析时，真正使用的汉字词主要是“名词”，有三类词即使高频出现也将舍弃不做分析处理。一是无实际意义的虚词，如“的”、“和”、“最”、“是”、“应”、“对”、“等”等。二是“孩子”、“幼儿”、“幼儿园”、“方面”等名词，它们都没有任何态度取向。三是“发展”、“提供”、“养成”等这些动词，跟第二项一样，也不具备任何态度信息。

也就是说，本研究在资料收集时所使用的方法，实际上接近定性研究的访谈法，下文所列的 5 个开放式问题即相当于访谈提纲。但在数据处理上严守内容分析法的传统，主要采用定量研究方法，辅之以定性研究技术。

（二）问卷回收

调查共发放问卷 2414 份，分布在全国 6 个市县 27 个幼儿园。调查共回收有效问卷 2116 份，其中主观题部分有填答的 1815 份（包括只填写了 5 道主观题中的任何 1 题），占回收问卷总数的 85.8%。在自填问卷尤其是相当于邮寄问卷的自填问卷中，这个比例可算是很高了。回答主观题的 1815 份问卷都填写了第一道题目，对后面的 4 道题目的回答率则有所下降。这应该是跟受访对象的回答耐心有关。回收的问卷中共有家长总数 20.9 万字的回答，平均每位填答了主观题的家长写了 115 个字。

表 13.1　　主观题答案回收情况统计表

题目	有效回答数	回答率
01. 您认为作为一家学前教育机构（幼儿园），应提供哪些方面的服务？其中，最基本的学前教育服务应包括哪些？换言之，幼儿园最基本的功能是什么？	1815	85.8%
02. 您认为当前学前教育机构（幼儿园）需要加强哪些方面的服务？	1527	72.2%
03. 您的孩子在接受学前教育服务时遇到的最大问题在哪里？	1210	57.2%
04. 您认为未来学前教育服务应如何发展？	1366	64.6%
05. 您认为当前学前教育机构（幼儿园）的人员队伍方面（包括园长、幼儿教师、保育员、保健员等）面临哪些突出问题？您对此有什么好的建议？	971	45.9%

二、数据统计

下面是按照研究设计的方法，对家长的回答通过分词提取和频次分析后所得到的家长对学前教育若干问题的详细数据分析。

（一）家长对幼儿园的功能的认知

问卷原题目为“您认为作为一家学前教育机构（幼儿园），应提供哪些方面的服务？其中，最基本的学前教育服务应包括哪些？换言之，幼儿园最基本的功能是什么？”本题目共收到1815份回答，家长主要提到的关键词有安全、学习、习惯、语言、健康、伙食、教育、环境等。下面是该题答案中全部出现次数在40次以上的单词。

表13.2　　第一题关键词出现的频次分布

单词	频次	单词	频次	单词	频次	单词	频次
培养	699	身心健康	193	师资	90	礼貌	58
基本	543	快乐	191	人际交往	89	全面	57
学习	452	生活习惯	177	基础	89	艺术	56
能力	445	知识	163	活动	78	常识	55
生活	440	社会	147	行为习惯	78	集体生活	54
教育	416	成长	144	力量	72	技能	53
良好	393	语言	130	保育	72	性格	52
环境	276	自理能力	119	游戏	70	小学	52
发展	272	家长	115	认知	69	独立	49
健康	261	引导	110	营养	67	科学	48
交往	260	基本功能	107	身心	66	健康成长	48
安全	255	学前教育	106	照顾	64	自理	45
习惯	250	适应	100	动手	61	语言表达	42
服务	244	兴趣	97	伙食	58	智力	41

大体上，这些单词可以归为两大类。

1. 良好安全的保育环境

表13.2中，直接出现“环境”276次。属于这方面的单词包括健康、安全、身心健康、快乐等。有家长认为幼儿园基本的功能是“给孩子一个快乐、安全、成长、与人相处的环境”。

其中以健康最为家长所关注，健康（包括身心健康、健康成长等）出现的频次远远超过安全和快乐，共被 480 个家长所提及。其次为安全。在有关幼儿园安全的社会新闻层出不穷的情况下，安全（255 次）也成为家长关心的仅次于“健康”的环境因素之一，有家长说“最基本的功能是帮家长安全、放心的托管孩子”。相比之下，快乐（191 次）则被挤到了第三位。

这部分家长的意见可以概括为：幼儿园当为幼儿身心健康、语言表达、社会交际及适应能力的基础培训提供一个有保障的场所。

2. 能力和知识的学习

“培养”一次出现 699 次，按人计算为 549 人，占 1815 名回答主观题的家长数的 30.2%。“学习”一词出现 452 次，按人计算为 379 人，占 20.9%。“教育”出现 416 次。可见相当部分家长还是认为幼儿园应该使幼儿有所收获，通过幼儿园的“培养”和“教育”，幼儿从中“学习”到某些技能或知识。

“能力”这个词在第一题的答案中出现了 445 次，按人计算为 442 人，约占回答主观题的家长数的 24.4%，可见为家长关注的程度非常高。当然，关于能力的界定比较多样，甚至家长对能力一词的理解有可能南辕北辙。相比之下，“知识”才出现 163 次，远远低于“能力”。

关于能力和知识的内容，我们看到家长回答中按被提及次数排序依次为习惯、交往、语言和自理能力等。

第一组出现频次相当高的单词是“习惯”（包括生活习惯、行为习惯）的培养。一共有 484 位家长提到了习惯这两个字，占 26.7%，真正是最多的家长所提及的名次或形容词，超过前文提到的健康。

第二组是社会“交往”能力的培养。按人计算，交往、相处、交流、沟通这 4 个词，共有 326 位家长提到了其中至少一个单词。这一组的其他词汇还包括集体生活等。

第三组应当为“语言”能力培养。其中“语言”出现 160 次，“语言表达”出现 42 次。按人计算共被 166 位家长所提到。

第四组是培养“自理”能力，也就是幼儿独立性的问题。这包括自理能力（119 次）、独立（49 次）、自理（45 次）等。

其他幼儿园应当提供的教育还包括“礼貌”、“艺术”、“常识”、“科学”等，但它们出现的概率要更低一些。

我们将以上主要关键词组合起来，可以得出一个比较大众化的认识，那就是在幼儿家长的普遍认识中，幼儿园的主要功能是提供幼儿健康、安全、快乐成长的环境，并在该环境中培养幼儿良好的生活、行为习惯和社会交往、语言表达、独立自理能力。

（二）家长对幼儿园需要加强的服务的认知

问卷原问题为“您认为当前学前教育机构（幼儿园）需要加强哪些方面的服务?”本题目共收到1527份回答。下面是该题答案中全部出现次数在40次以上的单词。

表13.3　第二题关键词出现的频次分布

单词	频次	单词	频次	单词	频次	单词	频次
加强	427	老师（含教师）	129	需要	66	硬件	42
培养	318	学习	122	社会	59	健康	42
教育	270	服务	114	创新能力	57	情况	41
家长	224	自主	97	兴趣	56	时间	40
能力	215	发展	79	知识	55	户外	39
安全	187	生活	74	饮食	49		
沟通	158	活动	70	互动	48		

1. 安全和保育服务的加强

在家长认为的幼儿园需要加强的服务中，安全仍旧是一个高频词，出现了187次。但是校车提到的概率非常低，只有3位家长提到要加强校车服务的问题。与校车有关系的“接送”也只被21位家长所提到。

值得注意的是，“硬件”被提到了42次，而这在前面第一题中并没有出现。但是“环境”只出现了38次，大致认为家长对目前幼儿园的总体环境还是较为认可的。

2. 家长沟通服务的加强

“家长”这个单词在答案中出现了224次，按人算是被173位家长提到，而在第一题幼儿园的功能中，“家长”仅出现115次，几乎翻了一倍。所以我们有理由相信，幼儿家长最关心的话题可能是加强家园沟通的问题。有不少家长提到幼儿园要加强老师和家长之间的沟通和交流，及时发现问题并处理；加强幼儿学习生活的记录，包括录像、日记等多种形式；多举办家长开放日活动，增强互动。

也有的进一步提到要加强幼儿保教活动的透明度，安装完善监控环节、范围，加强与家长的互动、沟通。加强对家庭生活环境的监督，保证幼儿在家庭中能自主成长，培养并保持良好的生活习惯，能经常与大自然接触，有更多室外活动的空间。

让家长定期了解孩子在幼儿园各方面情况，如健康、饮食、行为、性格、语言、能力等，比如每月一份孩子的信息反馈表。

3. 具体教学内容的加强

在需要加强的具体教学内容上，“能力”被提到215次，出现频次最高，然后是“沟通”158次，“自主”97次，“创新能力”57次，“兴趣”56次，“知识”55次，“互动”48次。这其中沟通和互动可以合并为一类，共206次；自主和创新能力可以合并为一类，共154次。也就是说，在教学内容上，家长们建议幼儿园加强对幼儿自主创新能力和互动沟通能力的培养，鼓励幼儿多参加社会活动亲身实践。

而出现次数较少的是规范类词汇，如礼貌（13位家长提到）、礼仪（11位）、规范（11位）、规律（5位）、文明（4位）、秩序（2位）。排除重复的加起来不到40位家长。其他比较有个性的意见包括对男生的阳刚之气的培养等，因为幼儿园女教师太多，“男”字（包括男孩、男生等）出现16次。相比之下“女”字才出现11次，而其中8次还是因为“独生子女”与性别无关。

（三）家庭接受学前教育面临的最大问题

问卷原题目为“您的孩子在接受学前教育服务时遇到的最大问题在哪里?”本题目共收到1210份回答，下面是该题答案中全部出现次数在30次以上的单词。

表 13.4　　第三题关键词出现的频次分布

单词	频次	单词	频次	单词	频次	单词	频次
问题	127	没有	56	入园	38	需要	30
老师	108	适应	54	如何	37	引导	30
学习	87	不够	53	父母	36	性格	29
能力	84	时间	51	表现	35	愿意	29
教育	82	小朋友	51	习惯	33	容易	28
沟通	73	生活	51	注意力	33	接送	28
比较	63	培养	47	表达	31	不愿	27
家长	62	交流	40	学前教育	31	环境	26
自己	59	集中	40	吃饭	30		

由于询问家庭接受学前教育所面临的最大问题，所以“问题”这个词本身以 127 次的最高频出现。

“老师”很意外地成为这个题目中的高频词，和这个词相伴的是家长对老师的很多期许和担忧。比如有家长反映“老师会吓唬孩子”，希望“孩子成长中的‘错误’，老师应多听听孩子的意见”，还有的是强调“家庭和老师的共同协调一致使孩子尽快克服自己的缺点”，至于反映“幼儿园老师少，学生多，老师更换无常”的家长更不在少数。

“沟通”仍旧是令家长头疼的重要问题，这个词出现了 73 次。入园难、接送难等也成为部分家庭所面临的困难。

（四）家长对学前教育未来发展的认知

问卷原题目为“您认为未来学前教育服务应如何发展？”本题目共收到 1366 份回答，下面是该题答案中全部出现次数在 35 次以上的单词。

家长对学前教育未来发展的看法的关键词，与前面几个问题具有很大程度的不同。虽然“学习”、“能力”、“健康”仍旧是最常出现的几个词汇，但是“个性（化）”和“全面”发展同时成为两个被高频提到的关键词，这在此前家长关于幼儿教育的现状的答案中从未有过。而“个性”和“全面”同时出现，也一定程度上反映了家长对学前教育是应该走个性化、因人而异的教学，还是对幼儿进行全面综合教育的看法没有形成统一的认识。

表 13.5 第四题关键词出现的频次分布

单词	频次	单词	频次	单词	频次	单词	频次
发展	351	教师（含老师）	90	政府	64	家庭	39
教育	311	个性（含个性化）	87	快乐	59	成长	38
幼儿	303	全面	81	知识	55	教学	38
培养	288	社会	80	小学	53	师资	37
学前教育	216	家长	75	未来	51	素质	36
学习	154	兴趣	74	环境	46	活动	36
能力	119	义务教育	72	生活	46	多元化	34
健康（含身心健康）	93	服务	71	习惯	45		

“义务教育”和“政府”这两个词的高频出现反映了家长希望扩大公益性学前教育资源供给的倾向。

而“小学”这个词汇的出现，反映了家长对幼儿学前教育小学化和幼小衔接这个问题的关注。这其中，支持幼小衔接和反对强调幼小衔接的声音约各占一半，相较而言，支持的声音略多一些。

总的来说，家长对未来学前教育纳入义务教育的看法比较一致，但对学前教育的具体教学内容的看法则分歧很大。

（五）家长对幼儿园人员队伍的认知和态度

问卷原题目为“您认为当前学前教育机构（幼儿园）的人员队伍方面（包括园长、幼儿教师、保育员、保健员等）面临哪些突出问题？您对此有什么好的建议？”本题目共收到971份回答，下面是该题答案中全部出现次数在40次以上的单词。

表13.6给出的家长对幼儿园人员队伍方面的看法和建议中的主要关键词，这些词汇大体可以分为两类。

表 13.6　　第五题关键词出现的频次分布

单词	频次	单词	频次	单词	频次	单词	频次
男教师	151	专业	97	沟通	66	教学	46
素质	103	学习	93	能力	56	水平	42
希望	103	师资	93	社会	55	不够	41
培训	103	待遇	85	耐心	55	稳定	35
队伍	102	发展	81	爱心	47	责任心	35
培养	102	工作	80	力量	46		

1. 教师队伍组成

性别结构是家长对幼教老师结构合理化最为关注的话题。在表 13.6 中，男教师（含男性教师、男老师等）被提到 151 次，占 971 个回答者的 15.6%，远远超过其他词汇的被提及率。另“性别”被提到 21 次，同样都是反映出家长对增加男性教师的迫切期待。

其次受关注的是关于幼教老师的待遇问题，“待遇”这个词汇被检测到出现 85 次，另外还有“（提高）工资”出现 20 次。反映出家长对幼教老师的待遇也不是很满意，与此相对照的是，在前面的问题中，家中对幼儿园收费过高的问题反而并没有那么多被提到。

与待遇相关的是幼教队伍的稳定问题。“稳定”这个词也出现了 35 次。反映出部分幼儿园可能存在频繁更换幼教老师的现象，这是家长们所不愿见到的。

2. 教师素质

“素质”被提到了 103 次，“专业”被提到了 97 次，显示出家长希望进一步加强对幼教老师的培训，提高他们的专业素质。

具体来说，在幼教老师的个人修养方面，“耐心”、“爱心”和“责任心”三者被提及最多。不过，从进一步的访谈来看，似乎家长提到这些只是表示他们认为幼教老师应当是一份拥有耐心、爱心和责任心的工作，并不是说他们一定认为其孩子所在幼儿园的老师没有耐心、爱心和责任心。

三、研究结论

通过对家长答案进行内容分析，我们总体上可以得出以下几个结论。

第一，家长认为幼儿园当为幼儿身心健康、语言表达、社会交际及适应能力的基础培训提供一个有保障的场所。幼儿园培养幼儿的能力和知识按重要性排序依次为习惯、交往、语言和自理能力等。

第二，家长认为安全是幼儿园首先要加强的工作。同时，幼儿园要加强家园沟通，要让家长定期了解孩子在幼儿园各方面情况，如健康、饮食、行为、性格、语言、能力，增加保教透明度。在教学内容上，家长建议幼儿园加强对幼儿自主创新能力和互动沟通能力的培养，鼓励幼儿多参加社会活动亲身实践。

第三，幼教老师的素质，以及家长与幼儿之间的沟通，是家长认为当前较大的问题。

第四，对学前教育未来的发展，家长普遍支持政府将学前教育纳入义务教育范畴。不过对学前教育到底应该强调小学化、综合全面的教育，还是采取个性化、因材施教的教育方式，家长实际上意见存在分歧。

第五，关于幼儿园的人员队伍发展，增加男性教师，改善幼教性别结构是家长最为关心的问题。家长也希望提高幼教老师的待遇，以保证这支队伍的稳定性。

曹启挺　佘　宇　执笔

第十四章

不同规模幼儿园生均成本测算及比较

根据H市教育局提供的三所不同类型幼儿园生均成本测算结果进行分析，可以发现，无论是哪种类型的幼儿园，9个班规模和12个班规模的每学期生均成本都相对较低，而6个班规模的则相对较高。而且，随着幼儿园规模的扩大，人工成本占比也在随之增加，而业务成本占比则随之下降。同一规模下的不同类型幼儿园，其生均成本、人工成本占比和业务成本占比都存在较大差异。生均成本测算及比较的启示在于，幼儿园的规模不宜太小，也并不是越大越好。与此同时，生均成本测算时还必须遵循服务对象的普惠性、服务内容和标准的适宜性、服务提供的可及性、服务价格的可承受性等基本原则，以及着眼于“保基本、强基层、建机制”的总体思路，从而避免在学前教育发展方式和管理方式、服务体系及人员队伍建设等方面出现偏差。

幼儿园规模应当有利于幼儿身心健康，便于管理[①]。从各地调研的情况来看，基于运营成本、日常管理、人员配备等诸方面的考虑，不少园长认为6~9个班级（即在园幼儿180~270人）的规模较为适宜。根据H市教育局委托，AH会计师事务所于2013年3月对位于该市的HJX幼儿园、AT幼儿园、HD幼儿园2012年度的财务收支情况进行审计，以此测算幼儿园在不同招生规模下的生均

① 2013年3月教育部发布的《幼儿园工作规程（修订稿）》（征求意见稿）第十一条明确规定，“幼儿园规模应当有利于幼儿身心健康，便于管理，一般不超过360人。”

成本。从审计报告①的成本测算结果来看，无论是哪种类型的幼儿园，9 个班规模和 12 个班规模的每学期生均成本都相对较低，而 6 个班规模的则相对较高。

一、HJX 幼儿园基本情况及成本测算结果

HJX 幼儿园建筑面积 4200 平方米，是一所零租金公建民营幼儿园，于 2012 年 9 月开始正常招生经营。该园由私人出资组建，出资金额为 300 万元，均为实物出资。目前招生规模为 6 个班共计 193 人。每学期保教费标准为 1330 元。2012 年每学期实际生均成本为 2966.34 元。2012 年度教职工为 23 人。其中，教师 12 人，保育员 6 人，管理人员 1 人，保健员 1 人，炊事员 2 人，门卫 1 人。

以该园 2012 年秋季日常支出成本水平测算不同招生规模下的生均成本，人工成本按每学期 6 个月（寒、暑假仍需正常发放工资）测算并考虑不同规模下的人员配备因素，业务成本按目前成本及估算成本测算，测算时未考虑工资水平上涨及物价上涨因素。结果如下。

表 14.1　　HJX 幼儿园成本测算情况　　单位：元

		6 个班规模	9 个班规模	12 个班规模	测算说明
幼儿人数		210 人	315 人	420 人	按每班 35 人测算
人工成本	教师工资	229148.64	343722.96	458297.28	每班 2 人，月均工资 3182.62 元
	保育员工资	64428.12	96642.18	128856.24	每班 1 人，月均工资 1789.67 元
	管理人员工资	21306.00	21306.00	42612.00	月均工资 3551 元，6 ~9 个班 1 人，12 个班 2 人
	保健员工资	13776.00	13776.00	27552.00	月均工资 2296 元，6 ~9 个班 1 人，12 个班 2 人
	门卫工资	9576.00	9576.00	19152.00	月均工资 1596 元，6 ~9 个班 1 人，12 个班 2 人
	炊事员工资	22728.00	22728.00	34092.00	月均工资 1894 元，6 ~9 个班 2 人，12 个班 3 人

① 三份审计报告复印件由 H 市教育局提供。

续表

		6个班规模	9个班规模	12个班规模	测算说明
业务成本	幼儿活动及学习费用	14070.00	21105.00	28140.00	生均每学期费用为67元
	师资培训费	4533.00	4533.00	4533.00	按目前水平测算
	固定资产折旧费	137703.06	137703.06	137703.06	按2013年1月折旧额测算
	房屋及设备维修费	109.00	109.00	109.00	按目前水平测算
	办公费、业务费	17623.50	17623.50	17623.50	按目前水平测算
	水电气消耗费用	13200.00	19800.00	26400.00	以6个班每月2200元测算，按班级规模比例计算
	其他	50000.00	50000.00	50000.00	按每学期50000元测算
每学期成本合计		598201.32	758624.70	975070.08	
每学期生均成本		2848.58	2408.33	2321.60	

从表14.1可以发现，6个班规模（210人）的每学期生均成本最高，为2848.58元；而9个班规模（315人）和12个班规模（420人）的生均成本较为接近（相差不到100元），均低于前者400元左右，分别为2408.33元和2321.60元。而且，由于实际班级数、在园幼儿数与假设（6个班规模、在园幼儿210人）较为吻合，HJX幼儿园每学期实际生均成本与测算结果也较为接近。

二、AT幼儿园基本情况及成本测算结果

AT幼儿园是H市一类幼儿园，创建于1957年，隶属于A省体育局机关服务中心。1998年由省体育局投资240万元，建设成为现在占地3600平方米、建筑面积2800平方米的教学大楼。在园幼儿总数由最初的50余人扩展到现在的300余人，办园规模从3个班上升为11个教学班[①]。该园自1996年起改制为自收自支单位，经费来源为幼儿保育费，人员支出不仅要维持在职职工，还要承担离退休人员的工资保障，情况比较特殊。每学期保教费标准为1800元。2012年每

① 2012年春季招生规模为10个班，在园幼儿378人；秋季招生规模为11个班，在园幼儿355人。

学期实际生均成本为2885.92元。2012年度在职员工为44人。其中，教师21人（在编5人、聘用16人），保育员12人（聘用），园长2人（在编），保健医1人（在编），财务人员2人（聘用），厨房人员3人（聘用），门卫3人（聘用）。另有退休人员11人，长期病休人员1人。

以该园2012年度日常支出成本水平测算不同招生规模下的生均成本，按不同规模下的人员配备情况测算人工成本（不考虑退休人员及病休人员的工资），业务成本按目前成本及估算成本测算，测算时未考虑固定资产购置更换、工资水平上涨及物价上涨因素。结果如下。

从表14.2可以发现，6个班规模（210人）的每学期生均成本最高，为2965.92元；而9个班规模（315人）和12个班规模（420人）的生均成本较为接近，均低于前者400元左右，分别为2565.38元和2568.71元。而且，AT幼儿园每学期实际生均成本略高于与其规模接近假设下（9～12个班规模）的测算结果，但仍低于6个班规模假设下的测算结果。

表14.2　　AT幼儿园成本测算情况（单位：元）

		6个班规模	9个班规模	12个班规模	测算说明
幼儿人数		210人	315人	420人	按每班35人测算
人工成本	教师工资	580770.00	871155.00	1161540.00	每班2人，以在编和聘用教师的年均工资平均数48397.5元测算
	保育员工资	75000.00	112500.00	150000.00	每班1人，年均工资12500元
	管理人员工资	73200.00	73200.00	146400.00	6～9个班1人，12个班2人，每人年均工资73200元
	保健员工资	61120.00	61120.00	122240.00	6～9个班1人，12个班2人，每人年均工资61120元
	门卫工资	25000.00	25000.00	37500.00	6～9个班2人，12个班3人，每人年均工资12500元
	财务人员工资	66600.00	66600.00	66600.00	2人，每人年均工资33300元
	炊事员工资	48400.00	48400.00	72600.00	6～9个班2人，12个班3人，每人年均工资24200元

续表

		6个班规模	9个班规模	12个班规模	测算说明
业务成本	幼儿活动及学习费用	46456.20	69684.30	92912.40	生均每学年费用为221.22元
	师资培训费	2782.32	4173.48	5564.64	教师人均每年费用为231.86元
	固定资产折旧费	—	—	—	事业单位不计提折旧
	房屋及设备维修费	168103.40	168103.40	168103.40	按目前水平测算
	办公费、业务费	12255.08	12255.08	12255.08	按目前水平测算
	水电气消耗费用	36000.00	54000.00	72000.00	以10个班年均60000元测算，不同班级规模按比例计算
	其他	50000.00	50000.00	50000.00	按每学期50000元测算
每年度成本合计		1245687.00	1616191.26	2157715.52	
每学期生均成本		2965.92	2565.38	2568.71	

三、HD幼儿园基本情况及成本测算结果

HD幼儿园隶属于H市L区教体局，是一所拥有50年办院历史的公办幼儿园。该园占地面积约2100平方米，建筑面积约2260平方米。2012年度该园共设大、中、小、托10个班级，在园幼儿约为630人。每学期保教费标准为1800元。2012年每学期实际生均成本为2147.19元。2012年度教职工为56人。其中，在编教师27人（含分园7人），聘用教师14人（含分园2人），保育员10人，厨师4人（其中1人兼职夜班门卫），保安1人（由政府直接支付其工资）。

以该园2012年度日常成本支出水平测算不同招生规模下的生均成本，人工成本按每年12个月（寒、暑假仍需正常发放工资）测算并考虑不同规模下的人员配备因素，业务成本按目前成本及估算成本测算，测算时未考虑工资水平上涨及物价上涨等因素。结果如下。

表 14.3　　HD 幼儿园成本测算情况　　单位：元

		6 个班规模	9 个班规模	12 个班规模	测算说明
幼儿人数		210 人	315 人	420 人	按每班 35 人测算
人工成本	教师工资	634397.40	927196.20	1219995.00	按每班 2 名教师、全园增加 1 名备用教师，即根据幼儿园规模分别按 13/19/25 配备专任教师，人均月工资 4066.65 元测算
	园长工资	97599.60	97599.60	146399.40	根据幼儿园规模分别按 2/2/3 配备园长、人均月工资 4066.65 元测算
	财会兼资料员工资	97599.60	97599.60	146399.40	根据幼儿园规模分别按 2/2/3 配备财会兼资料员、人均月工资 4066.65 元测算
	保健员工资	48799.80	97599.60	97599.60	根据幼儿园规模分别按 1/2/2 配备保健员、人均月工资 4066.65 元测算
	厨师工资	42278.40	42278.40	42278.40	厨师 2 人，以月均工资 1761.6 元测算
	保育员工资	126835.20	190252.80	253670.40	按每班 1 名保育员、人均月工资 1761.6 测算
	保洁兼帮厨工资	21139.20	42278.40	42278.40	根据幼儿园规模分别按 1/2/2 配备保洁兼帮厨、人均月工资 1761.6 元测算
	保安工资	42278.40	42278.40	42278.40	保安 2 人，以月均工资 1761.6 元测算
	社会保障费	151515.36	210438.00	277778.16	按不同规模所需专任教师、园长、财会兼资料员及保健员合计分别为 18/25/33、月均 701.46 元测算
	伙食补助费	9048.00	12480.00	15912.00	按不同规模全园教职工人数分别为 29/40/51、月均 26 元测算
	住房公积金	189371.52	263016.00	347181.12	按不同规模所需专任教师、园长、财会兼资料员及保健员合计分别为 18/25/33、月均 876.72 元测算
	其他	61638.11	61638.11	61638.11	主要为退休人员支出，按目前水平测算

续表

		6个班规模	9个班规模	12个班规模	测算说明
业务成本	师资培训费	17820.00	17820.00	17820.00	按目前水平测算
	房屋及设备维修费	20000.00	20000.00	20000.00	按20000元测算
	办公费、业务费	186118.69	186118.69	186118.69	按目前水平测算
	水电气消耗费用	30711.87	30711.87	30711.87	该项成本全年发生额较小，且目前是10个班规模的耗费，接近平均数，故以目前水平测算
	其他	32978.44	32978.44	32978.44	按目前水平测算
每年度成本合计		1810129.59	2372284.11	2981037.39	
每学期生均成本		4309.83	3765.53	3548.85	

从表14.3可以发现，6个班规模（210人）的每学期生均成本最高，为4309.83元；其次为9个班规模（315人）的生均成本，为3765.53元，低于6个班规模的500多元；12个班规模（420人）的生均成本最低，为3548.85元，低于9个班规模的200多元，更低于6个班规模的700多元。而且，由于实际在园幼儿数远高于与其规模接近的假设（9~12个班规模），HD幼儿园每学期实际生均成本也远低于相应假设下的测算结果。

四、相关比较及主要发现

首先，从生均成本来看，无论是哪种类型的幼儿园，9个班规模和12个班规模的生均成本都相对较低，而6个班规模的生均成本则相对较高（如表14.4所示）。但从测算的生均成本结果来看，不同类型的幼儿园存在较大差异，生均成本从高到低依次为公办园、自收自支公办园、公建民营幼儿园，且第一种类型的生均成本远高于后两种类型的。此外，对于公办园而言，9个班规模与12个班规模的生均成本差距明显增大，而其他两种类型的则几乎没有差距。

表 14.4　　不同规模的幼儿园生均成本

	类型	每学期生均成本（元）		
		6 个班规模	9 个班规模	12 个班规模
HJX 幼儿园	公建民营幼儿园	2848.58	2408.33	2321.60
AT 幼儿园	自收自支公办园	2965.92	2565.38	2568.71
HD 幼儿园	公办园	4309.83	3765.53	3548.85

其次，从人工成本来看，无论是哪种类型的幼儿园，随着规模的扩大，人工成本占比都在增加（如表 14.5 所示）。其中，公建民营幼儿园这一占比提高幅度相对较大，而其他两种类型幼儿园则相对较小。从同一规模下的人工成本占比来看，不同类型的幼儿园存在较大差异，人工成本占比从高到低依次为公办园、自收自支公办园、公建民营幼儿园。此外，相较于其他两种类型的幼儿园，公办园的人工成本构成更复杂，除了人员分工更加具体外，还增加了社会保障费、伙食补助费和住房公积金等内容。

表 14.5　　不同规模的幼儿园人工成本占比

	类型	人工成本占比（%）		
		6 个班规模	9 个班规模	12 个班规模
HJX 幼儿园	公建民营幼儿园	60.34	66.93	72.87
AT 幼儿园	自收自支公办园	74.67	77.84	81.42
HD 幼儿园	公办园	84.11	87.88	90.35

第三，从业务成本来看，无论是哪种类型的幼儿园，随着规模的扩大，业务成本占比都在下降（如表 14.6 所示）。其中，公建民营幼儿园这一占比下降幅度相对较大，而其他两种类型幼儿园则相对较小。从同一规模下的业务成本占比来看，不同类型的幼儿园存在较大差异，业务成本从高到低依次为公建民营幼儿园、自收自支公办园、公办园。此外，相较于其他两种类型的幼儿园，公办园的业务成本构成中，虽然缺少了“幼儿活动及学习费用”一项，但其“师资培训费”却是最多的。

表 14.6　　不同规模的幼儿园业务成本占比

	类型	业务成本占比（%）		
		6 个班规模	9 个班规模	12 个班规模
HJX 幼儿园	公建民营幼儿园	39.66	33.07	27.13
AT 幼儿园	自收自支公办园	25.33	22.16	18.58
HD 幼儿园	公办园	15.89	12.12	9.65

五、几点结论与启示

首先，幼儿园的规模不宜太小。如前所述，仅从生均成本角度来看，幼儿园的规模如果较小（如 6 个班），生均成本相应会高出很多。为实现幼儿园运营的收支平衡，就会需要更多的资金投入，或者政府加大财政投入或补助，或者提高保教费标准、进而将成本转嫁给幼儿家长。否则，为降低生均成本，幼儿园只能从削减人工成本或业务成本入手，学前教育服务质量将难以保证。可见，幼儿园不宜建得太小。当然，凡事都有例外，在那些地理位置较为偏僻、交通不便、保教人员缺乏的农村地区，可能连 6 个班规模都难以保证，这就需要因地制宜依托村小、家庭或村委会等，采取类似于混龄班、幼教点的形式，为当地适龄幼儿就近提供更加灵活的学前教育服务。

其次，幼儿园的规模并不是越大越好。同样，仅从生均成本角度来看，幼儿园的规模如果扩大（如 9～12 个班），生均成本相应会降低下来。但是，随着幼儿园规模的扩大，日常管理的难度也会随之增加，这就需要按照教职工配备标准相应增加人员数量，幼儿园人工成本占比自然也就不断攀升。在不改变现有生均成本的前提下，人工成本占比的提高，也就意味着业务成本占比的下降，师资培训等必要的业务支出或多或少会受到影响甚至挤压，进而对学前教育服务质量产生不利影响。如果不挤压业务支出，且保证业务支出能够实现同比增长，一则需要做“加法”，即政府加大投入，或者提高保教费标准、转嫁成本给幼儿家长；二则需要做“减法”，即削减人工成本，不按照教职工配备标准增加人员数量，而这势必会对学前教育服务质量产生更为不利的影响。可见，片面强调幼儿园建设的“规模效应”，以及盲目建设“航母型”幼儿园的做法值得商榷。

第三，生均成本测算及比较的现实意义。针对我国民办园占比过高的现状，以及学前阶段兼有保育和教育的双重任务，加之“入园难、入园贵”问题仍未得到有效缓解，这就要求政府在继续增加公办园数量、提高公办园占比的同时，鼓励和引导民办园提供普惠性学前教育服务。不同规模幼儿园生均成本测算及比较，为政府直接提供或购买学前教育服务，以及财政支持普惠性民办园发展奠定了基础；同样，也有助于落实《幼儿园教职工配备标准（暂行）》的要求，采取多种方式补足配齐各类幼儿园教职工，推动实现幼儿教师同工同酬，切实维护幼儿教师基本权益，进而巩固与提高学前教育服务质量。需要指出的是，幼儿园生均成本测算时，除了考虑人工成本和业务成本外，还必须遵循服务对象的普惠性、服务内容和标准的适宜性、服务提供的可及性、服务价格的可承受性等基本原则，以及着眼于“保基本、强基层、建机制”的总体思路，从而避免在学前教育发展方式和管理方式、服务体系及人员队伍建设等方面出现偏差。

佘　宇　执笔

第十五章

政府购买公共服务的若干关键性问题

政府购买公共服务，是指政府将原来直接提供的公共服务事项，通过直接拨款或公开招标的方式，交给有资质的社会服务机构来完成，最后根据择定者或者中标者所提供的公共服务的数量和质量，来支付服务费用。由于历史条件、文化传统、现实国情的差异，在不同国家，政府购买公共服务的内容和方式不尽相同。需要指出的是，政府购买公共服务只是将公共服务的提供方式社会化，并没有将政府应该承担的责任社会化，提供质量可靠、覆盖广泛的公共服务仍是政府不可推卸的职责。为从源头上厘清政府购买公共服务的基本思路，有必要就因何购买、为谁购买、向谁购买、怎么购买、购买什么、如何监管等关键性问题予以回答。

政府购买公共服务①，是指政府将原来直接提供的公共服务事项，通过直接拨款或公开招标的方式，交给有资质的社会服务机构来完成，最后根据择定者或者中标者所提供的公共服务的数量和质量，来支付服务费用②。虽然传统的政府

① 公共服务通常用来指由政府向公民提供的服务，既可由政府直接举办公共机构提供，也可通过政府补贴私人部门来提供。公共服务的界定是建立在一定社会共识基础上，指那些所有人都应该得到的服务。甚至有些公共服务既不是由政府直接提供，也没有政府补贴，由于社会的或政治的原因，它们也受到比一般经济部门更多的规制。在现代发达国家，公共服务包括国防、警察服务、供电、供气、供水、消防、公共交通、垃圾处理、环境保护、广播电视、通讯、教育、医疗服务、公共住房、社会服务、城镇规划、公共信息和档案等。

② 王浦劬，莱斯特·M. 萨拉蒙等著：《政府向社会组织购买公共服务研究：中国与全球经验分析》，北京大学出版社2010年版。

采购活动早已有之，但是全球范围内大规模政府购买服务的兴起，则是 20 世纪 70、80 年代新公共管理运动的产物。新公共管理运动强调将市场逻辑和机制引入政府管理之中，实行决策、执行、监督的分离和相互制约，在公共服务供给方面倡导“两 P（即 produce 和 provide）分离”，政府作为提供者（provider）承担公共服务的付费和监管责任，而具体的生产者（producer）角色则由企业、非营利机构等其他主体承担，由政府从这些生产者手中购买公共服务并提供给公众，实现各个行动者在公共服务供给中的比较优势。政府购买公共服务的兴起，不仅是政府提供服务手段的工具性变革，更意味着政府治理模式由传统的科层模式转向包括市场结构、非营利结构在内的多元合作模式，并且由此带来了政府工作任务和行为方式的变化。

由于历史条件、文化传统、现实国情的差异，在不同国家，政府购买公共服务的内容和方式不尽相同。从我国的情况来看，政府购买公共服务真正进入实践领域，大致可以追溯到 1998 年上海浦东新区罗山市民会馆接受政府养老服务的委托①。此后，政府购买公共服务的内容和范围逐渐扩大，但总体上大多集中在社会养老、公共卫生、社区服务等领域，在教育领域的相对较少。需要指出的是，政府购买公共服务只是将公共服务的提供方式社会化，并没有将政府应该承担的责任社会化，提供质量可靠、覆盖广泛的公共服务仍是政府不可推卸的职责。为从源头上厘清政府购买公共服务的基本思路，有必要对若干关键性问题予以回答。

一、理论基础

总体上来看，现有对政府购买服务的理论分析集中在三个方面。

第一，从新制度经济学的角度说明政府购买服务的动因及其管理。主要包括：通过交易成本理论说明政府购买服务可以降低服务供给的交易成本，通过委托—代理理论说明在政府购买过程中政府如何管理与承包方的关系，通过产权理

① 1995 年，上海浦东新区社会发展局兴建了罗山市民会馆，为了提高管理效率，该局不是单纯依靠街道办事处和居委会等传统的社区管理组织，而是通过协商，委托上海基督教青年会出面管理，并于 1998 年接受政府养老服务的委托，政府购买公共服务由此第一次进入我国实践领域。

论和公共选择理论说明政府购买服务可以提高服务效率。

根据交易成本理论，公共服务提供方式的选择取决于政府组织内部行政成本和市场交易的交易成本之间的比较，如果政府通过自身的组织提供服务的行政成本高于通过购买提供服务的交易成本就应该运用政府购买服务的方式；反之，则应该通过政府建立自己的服务组织的方式提供服务。由于政府组织内部普遍存在的“官僚病”大大增加了政府的行政成本，同时由于物流、通信以及信息技术的发展，市场的交易成本大大降低①，所以通过政府购买的方式提供服务有着成本上的优势。

根据委托—代理理论的假设，政府购买服务中政府与承包者之间存在信息不对称，政府要建立起相应的激励和监督机制确保承包者提供的服务符合政府的要求。

产权理论认为由于政府组织的成员并不拥有政府的产权，也就是说，政府组织的产权天然的是不完整的，因而其成员并不存在改进公共服务的有效动机，这会影响政府完全通过其自身供给公共服务的绩效。而公共选择理论的假设是政府组织的成员与企业组织的成员一样，在行为动机上都是个人利益最大化的，所以在提供公共服务的过程中容易被相关的利益群体俘获，或者会将精力放在扩张组织而非实现顾客和公民的利益上，这两个理论都从效率角度说明了政府自身生产服务的不足②。

第二，在公共管理学的角度，用“生产者”与“提供者”分离的理论说明了政府在公共服务中的职责定位并且发展出了公共服务供给的多元化机制。

“生产者”与“提供者”分离是奥斯特罗姆夫妇提出的，他们认为“提供是指征税和支出决策，决定适当类型的服务及其供给水平，并安排生产和监督生产。生产是指把投入转换成产出”③。根据这一理论，政府出于其职责所在可以作为公共服务的提供者，但却不一定要成为生产者，可以通过购买服务等多种机制提供服务，而提供者和生产者的角色是否由不同主体承担取决于角色分离的成

---

① 张乾友：“论管理的社会化及合作治理——对管理外包现象的理论分析”，《江苏行政学院学报》，2014 年第 4 期。

② 参见 Graeme A. Hodge. Privatization：An International Review of Performance，Westview Press，pp36 – 43。

③ 迈克尔·迈金尼斯著，毛寿龙译：《多中心体制与地方公共经济》，上海三联书店 2000 年版，第 423 页。

本核算。在奥斯特罗姆夫妇的基础上，萨瓦斯将公共物品理论和“生产者”与“提供者”分离理论进行了结合，发展出了一套分析公共服务供给制度安排的完整框架，其中，政府购买服务就是一种重要的机制。与此同时，萨瓦斯还认为“所有制并不重要，关键是有没有竞争”[①]，表明政府购买服务的作用之一是打破政府在提供公共服务方面的垄断，通过引入竞争机制提高服务效率。

第三，也有学者从社会福利的角度对政府购买服务进行分析，这种观点立足的理论基础是福利多元主义（Welfare Pluralism）。福利多元主义认为社会福利的来源不仅有政府，还包括市场、家庭、社区、志愿组织等，这些多元组织与政府形成了伙伴关系，共同提供和提高福利水平[②]。

二、因何购买

为公民提供基本公共服务，使他们在经济、社会及文化等方面享有平等的权利，这是现代国家对公民的政治承诺，政府也理应成为提供公共产品的最终责任主体，因而需要处理好公平和效率的关系，向全民提供可及、可获得、可承担的公共服务。尽管市场机制可以被引入公共服务的提供中，但在很多领域，竞争有限或基本不可能形成竞争，市场机制无法发挥其优势，甚至有其难以弥补的劣势。例如，一些公共服务具有非竞争性和非排他性的公共物品性质，很难通过向消费者收费收回成本；一些公共服务具有较强的正外部性，一旦收益低于成本，企业就会退出；很多公共服务的可度量性差；很多公共服务的提供者具有自然垄断地位[③]。由于存在市场失灵，市场机制无法实现公平地提供公共服务，更无法替代政府在公共服务中的作用。从国际经验看，公共服务提供由政府主导是通行的做法，市场只能起到补充的作用[④]。

---

① E. S. 萨瓦斯著，周志忍等译：《民营化与公私部门的伙伴关系》，中国人民大学出版社 2002 年版。

② 参见曾维和：“公共服务中的伙伴——当代西方国家公共服务合作提供模式及借鉴”，《中国海洋大学学报（社会科学版）》，2012 年第 6 期；许芸：“从政府包办到政府购买——中国社会福利服务供给的新路径”，《南京社会科学》，2009 年第 7 期。

③ 张春霖：“公共服务提供的制度基础：一个分析框架”，《比较》，2005 年第 17 辑。

④ 世界银行东亚和太平洋地区减贫与经济管理局：《中国：深化事业单位改革，改善公共服务提供》，中信出版社 2005 年版。

但是，新公共管理的相关理论认为，在生产方面市场的运作效率是高于政府的，通过政府购买服务一方面可以利用市场的经济原则和效率原则，提高公共服务的供给效率，另一方面也可以删减或终止某些政府职能和业务，降低政府运作成本。出于政府组织自身的垄断性以及在社会生产中的分工，其在服务专业化和回应性方面的能力远不如企业和社会组织，由其自身来组织服务的生产可能导致服务能力的不足、服务的回应性不够、服务质量低下等问题。著名的民营化学者萨瓦斯教授曾在《民营化与公私部门的伙伴关系》一书中曾说道："所有制并不重要，关键是有没有竞争"。政府购买公共服务，实际上就是要在确保政府责任的前提下，打破由政府提供服务的领域中存在的垄断，通过将市场竞争的要素引入服务供给过程中，实现服务水平的提升。

需要指出的是，在公共服务提供中引入市场机制，虽然可以通过竞争机制为公众提供更多的选择机会，有助于改善公共服务的质量和效率，但是不可以泛化。换言之，对于民间和社会力量在提供公共服务上的作用不能有过高的预期，不宜过度夸大其作用。虽然市场机制在满足公众差异性需求、弥补政府职能方面起了重要作用，但也应该认识到，引入市场并不一定意味着效率的提高。一个常见的误区是，认为政府不直接提供公共服务，而是采用购买服务的方式可以降低成本，节省在基础建设、"养人"等方面的投入，但在实践中却往往事与愿违。购买公共服务，不可能避免营利机构、非营利机构在场所、人员工资等方面的费用，这些成本必然会转嫁为政府付费或消费者付费，而且还对政府的监管能力提出了要求，增加了监管成本，综合成本未必低于直接提供。以 20 世纪 80 年代英国公共服务领域市场化改革为例，引入"准市场"机制以后，公共服务领域的支出非但没有如预期减少，反而持续增加①。

三、为谁购买

"为谁购买"的"谁"，应根据公共服务的受益范围来确定。对于那些全国

---

① 学术界认为，这一市场化改革并没有实现节省成本的初衷，其积极作用主要是改进了消费者对一些公共服务的体验，但是也带来了选择性服务凸现、自愿服务比重下降的负面影响。

性的、惠及全体国民的公共服务（例如基础教育），这个“谁”应该是全体的概念，不应有户籍、非户籍之分，也不必特意采用针对贫困家庭和弱势群体的救济思路。这样既体现了“普惠性”原则，又避免了财政支持难以持久，以及错保、漏保等问题。这是因为，在现实生活中，专门针对穷人提供的服务往往缺乏持久的政治和财政支持。发达国家社会救助的历史已经证明，专门为穷人提供的服务是质量最差的服务。而且，在发展中国家，如何确定低收入人口的身份是一个难题，各类社会救助项目的错保率和漏保率都很高。即使在收入水平较高、政府治理能力较强的情况下，贫困人口的身份确定也很困难①。

按照公共服务均等化的思路，以及服务提供的属地化原则，公共服务的受益范围实际上是与政府的事权范围相一致的。从全国层面来看，公共服务应该是面向全体国民的。从地方层面来看，公共服务也是应该面向全体常住人口的，既要打破城乡的界限，也要打破户籍与非户籍的界限。实际上，地方层面的公共服务至少存在城市户籍人口、农村户籍人口、非户籍高端人口以及非户籍一般人口四种不同的待遇或质量。从长远来看，这些差距都是应该打破的。

四、向谁购买

“向谁购买”的“谁”，应是多元的概念，既可以是非营利性组织（如私立但非营利的学校、医院等），也可以是营利性的企业，还可以是行业组织、专业组织（各种社团、协会、学会、基金会）等。作为公共服务的购买对象，不应有公办、民办之分，只要符合相关条件即可，这样既体现了公平，又兼顾了效率（即谁来提供服务更为有效），还有助于调动社会力量参与并进一步扩大公共服务的资源供给。

在不少公共服务领域，民间和社会资本都有意愿、有能力参与，应积极鼓励，形成政府主导、社会参与的多元化服务格局，满足不同层次需求，促进民间和社会力量与公共机构相互补充、相互促进。同时，也必须考虑不同公共服务领

① 贡森：“卫生保健制度建设的国际经验及对我国的启示”，葛延风、贡森等著：《中国医改：问题·根源·出路》，中国发展出版社 2007 年版。

域的内在规律，合理确定民间和社会力量的参与方式和参与程度。在理论和实践证明有效的领域，积极创造条件引入民间和社会力量。服务由公共部门提供更加有效的领域，则需要更多强化公共机构建设。基本目标是确保服务的公平、可及，突出社会公益目标。

必须指出的是，购买对象自身的发展水平和规范程度也将影响政府购买公共服务的效果。换言之，想要购买公共服务，也需要有合适的社会组织提供。

在教育、医疗卫生、就业等基本公共服务领域，尚没有以购买服务作为主导方式的成功案例。从各国经验看，政府仍是提供基本公共服务的责任主体，不仅要承担规划、投入等责任，通常也是直接组织公共部门提供相关服务。即使购买社会组织的公共服务，也只是起到补充性作用。

五、怎么购买

“怎么购买”涉及的是具体购买方式。购买形式上，既有委托购买、服务外包，有长期购买（长期合同关系），也有一次性采购等。以各地购买学前教育服务的形式为例，有的采取公用经费补贴的直接购买，有的采取减免租金的间接购买，有的采取公建民营的竞争性购买，有的采取以奖代补的非竞争性购买，等等。较为常见的政府购买服务（包括公共服务）形式有如下几种。

第一，外包（contract out），即政府将部分服务委托给市场或社会提供。服务外包是最常见也是最传统的政府购买服务形式，一开始，政府只是将其后勤类、辅助性工作外包给物业等公司，但是随着政府购买服务的兴起，许多本来由政府提供的服务也被外包出去，政府通过招标等方式进行外包，通过绩效考核的方式控制和确保服务水平。

第二，凭单制（voucher），即政府将其制作的公共服务券核发给有资格使用的民众，用以购买指定的服务或消费品，社会福利救济以及一些教育服务可以通过这种方式提供。由于消费券的使用者有权选择服务生产者，所以凭单制一方面可以给服务生产者之间造成竞争的压力，促使其通过改善服务品质获取服务券；另一方面，凭单制也是对使用者的一种限制，可以确保其将政府补助用于特定的服务项目而不是挪作他用。

第三，特许经营（franchise），指政府通过市场竞争机制将例如水电、公共交通运输等的经营权授予企业，但是政府享有核定其价格的权力，最终由消费者在市场上购买该服务。当前，在市政公用领域经常使用这种制度，例如城市供水、供气、供热、污水处理、垃圾处理等。

第四，补贴（grant），即政府通过免税、低息贷款、直接补助等方式鼓励服务生产者进入某项服务的生产，增加服务供给。当然，能否形成有效的购买经验和规则，包括购买对象确定以及购买程序、议价能力、质量和价格监管能力等，也将影响政府购买公共服务的实际效果。

应当明确的是，合理发挥市场的作用，首先要求成熟完善的市场环境，保证参与竞争的主体是真正的市场主体，确保招投标等环境的透明度，保障竞争的公平和公正；其次，政府必须有充分的监管能力，应在完善监管制度的基础上，提高监管水平。总之，在公共服务的供给中引入市场机制必须以完善的管理制度、充分的管理能力为前提，做到可度量、可监管、可评估。

六、购买什么

“购买什么”涉及的是具体公共服务内容（标准）。当然，与之相关的还有服务价格的问题，这也是政府监管的关键所在。通常，公共服务的购买更多集中于以下三个方面：一是比较容易对质量、价格实施控制，且适合竞争的领域（如实物采购、道路维护和环境保护）；二是非基本公共服务，如老年护理、部分慈善事业等；三是部分非经常性的服务需求，如特定领域的咨询活动，特定的项目等。

当然，还要看特定的公共服务是否适合购买，这取决于公共服务自身的特性，包括使用确定性、信息对称程度、成本核算方式、监管难度等。并非所有的公共服务都可以购买，购买公共服务也并非比直接提供更有效率和更廉价。这是因为，社会组织提供公共服务也需要进行全成本核算，通常还要加上一定的利润空间，再考虑到政府的监管成本等，购买不一定便宜。

不是所有的公共产品的生产领域都适合引入市场机制。能否发挥市场机制的优势，取决于公共产品的属性，特别是公众对某项公共服务需求的一致性，以及某项公共服务是否有较高的可度量性。具体而言，高端和特殊需求可以由市场机制解决，但需求一致性高的公共服务适合由公共部门直接提供。比如在公共交通中，政府通过公交、地铁等公共部门来提供需求一致性高的公共交通服务，出租车等高端和特殊领域的消费则可以通过市场化的方式提供。可度量性高的公共服务，因其易于监管，可以采取市场机制。比如由公共部门提供儿童免疫的公共卫生服务，但疫苗可以通过付费的方式在市场上购买，这比政府组织药品生产更有效率。此外，公共部门也可以参考市场化的就业机制，以改善公共部门的人力资本积累。

因此，在总体条件尚不成熟的情况下，不妨重点从非基本公共服务、部分非经常性的公共服务需求以及容易控制质量和价格的领域起步，同时，强化绩效评估和绩效总结，发现问题及时纠正。

七、如何监管

当然，作为一种准市场机制，政府购买公共服务也存在服务质量和数量等方面的风险，需要加以控制，具体来说包括两个方面的内容：一是对服务结果的控制，二是对整个购买过程的控制。

对服务结果的控制，主要通过绩效评估来实现。绩效评估是政府购买公共服务中的关键环节之一，也是当前我国政府购买公共服务中的薄弱环节，国务院办公厅近期出台的《关于政府向社会力量购买服务的指导意见》中明确要求要加强政府向社会力量购买服务的绩效管理，严格绩效评价机制；建立健全由购买主体、服务对象及第三方组成的综合性评审机制，对购买服务项目数量、质量和资金使用绩效等进行考核评价；评价结果向社会公布，并作为以后年度编制政府向社会力量购买服务预算和选择政府购买服务承接主体的重要参考依据。

服务绩效评估应关注的重点问题有：第一，评估主体；第二，评估指标；第三，评估管理。评估主体应该包括购买服务的政府机构、享受服务的公众、相关领域的专家等，他们都是购买服务的利益相关者，让他们从各自的角度对服务绩效做出评价可以更全面地反映真实状况，同时，这种 360 度的评估可以促使服务生产者对服务的效率、满意度、质量等各方面都能做出积极回应。评估指标方面，应该着重关注服务的成本收益比、品质、满意度和公平性等因素，在设置评估指标时要结合定性指标和定量指标。评估的管理指的是对整个评估过程的管理，包括评估主体的选定、评估指标的制定、评估的具体实施、评估之后的整理和分析、评估结果的公示和使用等，特别是评估结果应当作为以后年度编制政府向社会力量购买服务预算和选择政府购买服务承接主体的重要参考依据。

对整个购买过程的控制，主要是指对政府购买行为的法律约束和程序规范。我国的《政府采购法》规定“各级人民政府财政部门是负责政府采购监督管理的部门，依法履行对政府采购活动的监督管理职责；各级人民政府其他有关部门依法履行与政府采购活动有关的监督管理职责。”一般来说，政府购买公共服务（以公开招标的方式为例），应当遵循的程序大致包括：确定服务需求，制定购买计划和预算；公开招标，择优选取方案，签订合同；执行合同，监督管理；绩效评估，完成购买。为了实现对这一购买过程的控制，有必要对上述各环节进行约束和规范；换言之，无论是采取何种方式进行招标，还是购买对象的选取标准和方式程序，以及购买合同的内容设定和签订等，都需要公开、公平、公正地开展，每一个步骤都应当严格依法进行。

佘　宇　韩　巍　执笔

第十六章

香港儿童服务：历史、现状与启示

在数十年的福利服务发展历程中，儿童和青少年始终是香港政府优先关注的对象。香港儿童服务主要分为针对贫穷儿童、残疾儿童、受虐待儿童、未能得到适当照顾的儿童、边缘儿童以及新来港儿童的服务。总体而言，香港儿童服务注重“家庭为本、社区为基础”的核心理念，注重儿童与青少年日趋多元化且复杂的需要，既对资源匮乏、发展障碍、未能得到照顾、高危边缘、新来港的儿童提供及时支持，又力图着眼于儿童的长远发展，同时重视业界与不同界别（如学校、警方、医护人员）携手合作，务求以多角度方法支持儿童和青少年。香港儿童服务的发展经验，对于内地社会福利服务的发展，有着多方面的启示。

一、香港儿童服务的发展历程

在数十年的福利服务发展历程中，儿童和青少年始终是香港政府优先关注的对象。在1965年第一份社会福利白皮书中即指出，建设性社会福利服务应首先照顾儿童及青年，并在1973年的第二份白皮书中提出发展儿童和青少年服务的具体举措，包括：普及社区中心，扩展社会福利和康乐设施；在十年内让香港每

本章系根据国务院发展研究中心社会发展研究部2010～2011年承担的“国家‘十二五’社会福利重点工程建设规划研究”相关报告整理而成。课题负责人：贡森；课题协调人：佘宇；课题组成员：李秉勤、张佳慧、王雄军、高灵芝、隋玉杰、杨洪斌、吴蕾、陈岩燕。

个市民，尤其是市区市民，都能享用社区中心、儿童与青年中心的设施①；按每5万人口设1中心的比例，设立青年及儿童中心，以提供相应服务和举办相关活动，最终达到每2万人口设1中心的目标；发展营地及青年宿舍，扩大乡村青少年服务；改善家庭福利服务的质量并扩大服务范围，使任何受家庭问题和社会问题困扰的家庭，能够随时获得援助。

在1979年第三份社会福利白皮书中，针对青少年个人辅导社会工作，提出兴建更多足球场、其他球场、运动场、体育及文化馆、室内体育场馆及游泳池，为青少年提供足够的运动场所；针对6～20岁的青少年开展个人辅导社会工作，以减少并防止青少年的反社会或犯罪行为；将试点的学校社会工作扩展到所有学校；在16个地区内优先推行外展社会工作，对离家或离校而易受不良影响的青少年加以援助。这些措施推进了80年代的儿童和青少年服务。

90年代以后，综合服务模式开始在香港推行，家庭及幼儿服务、儿童及青年福利服务这两种类型的服务首先得以整合。其中，家庭及幼儿服务的整合方便了家庭内不同组别和年龄的成员，从同一地方获得各种福利服务。儿童及青年福利服务进行综合后，使当时的儿童及青年中心、外展社会工作和学校社会工作服务合并在一起提供，同一地区内由同一机构为青少年提供全面服务，迎合青少年的整体需要。

这一时期，家庭作为一个整体的观念更加受重视。在家庭儿童福利服务方面，继续提供家庭个案工作及辅导服务，优先扩展家务助理服务，扩大为单亲家庭提供的服务，增加日间幼儿中心，扩展日间育婴园服务，加强预防儿童遭受虐待或被疏忽照顾。另外，在提供儿童住宿服务方面，寄养家庭及儿童之家等非院舍照顾形式的设施，较院舍式设施获得优先发展。儿童及青年服务方面，以综合服务的方式使儿童及青年中心在青少年的整体发展中发挥最大作用，改善外展社会工作服务，改善学校社会工作服务，鼓励并发展青少年参与义务工作。

---

① 1973年的福利白皮书提出，将确保差不多每个人都能享用三类不同的社区服务中心所提供的设备。这些中心的第一类是新区福利大厦，设于人口达5万或5万以上的政府公共房屋；第二类是社区会堂，设于人口2万或2万以上的政府公共房屋；第三类是社区中心，设于人口10万或10万以上，而不在新区福利大厦或社区会堂服务范围之内的其他地区。

二、香港儿童服务的基本情况

目前，根据香港社会福利署、香港社联的资料，香港的儿童服务主要分为针对贫穷儿童、残疾儿童、受虐待儿童、未能得到适当照顾的儿童、边缘儿童以及新来港儿童的服务。

（一）困境儿童的服务

1. 贫穷儿童服务

根据2006年的人口统计数据，香港共有247800名0~14岁的儿童生活在收入低于平均综合社会保障援助金额的家庭，占同一年龄组别总人口的26.5%（社联，2006）。为避免这些儿童陷入贫穷的恶性循环，香港政府近年来陆续推出措施防止跨代贫穷。在2010~2011年度施政报告中，提出将教育视为减少跨代贫穷的治本之道；特别关注基层儿童的发展需要，通过推行儿童发展基金等多项计划，促进弱势社群儿童的个人发展；为贫困学童提供上网费资助及采取其他措施；向低收入家庭提供书簿津贴，以协助贫困中、小学生购买课本和支付就学开支。在服务层面，针对贫困儿童的服务主要包括儿童发展基金和各种类型的社区支持服务。

（1）儿童发展基金。香港政府借鉴英国于2005年设立的儿童信托基金（Child Trust Fund）以及美国于2004年建议设立的儿童投资及发展储蓄账户（Kids Investment and Development Savings Account），于2008年拨款3亿元成立儿童发展基金，以促进弱势社群儿童较长远的个人发展。

儿童发展基金根源于20世纪90年代以来资产为本的社会政策，该政策取向主张设立不同形式的个人账户（以儿童/家庭为单位的账户；或针对教育、房屋、退休等特别用途的账户）鼓励个人为未来建立资产及人力资本。儿童发展基金旨在为参加计划的儿童提供更多个人发展机会，并通过订立和实践个人发展计划，鼓励他们养成建立资产的习惯，同时累积金融储蓄和非金融资产（例如积极态度、正确思想、个人抗逆能力和才能，以及社交网络）（香港社会福利署，

2010）。基金由三个主要元素组成，即个人发展计划①、师友计划②和目标储蓄③。这三个元素有助于提升儿童管理资源和规划未来的能力。

基金的目标参加者是1～16岁的儿童，他们领取综合社会保障援助及学生资助办事处各项学生资助计划的全额资助，或家庭收入不超过家庭住户每月收入中位数的75%。优先让14～16岁的中学生参加基金的先导计划④，因为部分完成高中课程的学生可能会选择接受职业训练或投身社会工作，帮助他们学习订立和实践个人发展计划的需要较为迫切（立法会福利事务委员会，2008）。

政府在劳工及福利局下成立儿童发展基金督导委员会，就计划设计事宜提供政策导向，并监督和监察基金的实施情况。政府会密切监察先导计划推行的情况，而营办计划的非政府机构也需向督导委员会提交报告。政府会评估首批7个先导计划的成效，并参考评估结果决定如何将基金发展为一个长远模式，以促进弱势群体儿童的个人发展。

（2）贫穷儿童社区支援服务。除儿童发展基金外，香港还另有各种类型的

---

① 参加计划的儿童会在友师及非政府机构的协助下，订立具有特定目标（兼具短期及长期目标）的个人发展计划。由于基金目是促进参加计划儿童的个人发展，借以减少跨代贫穷，因此发展目标应与提升儿童日后就业及发展的能力（即教育、职业训练或技能提升）有关，而不应纯为康乐或课外活动。他们也会获得由非政府机构所提供/选定的基本培训。协助他们养成规划未来的思维及建立非金融资产。基金也会鼓励这些儿童参与社会服务。基金为每名参加计划的儿童预留15000元，以为他们提供相关的培训计划。

② 参加计划的儿童会获得1名由营办计划的非政府机构所选派，并属义务性质的私人友师。友师会为他们提供指导，引领参加计划的儿童在前2年制订具有特定发展目标的个人发展计划，并实践该计划。基金鼓励友师与儿童分享他们的人生经验、协助儿童增广见闻及扩展社交网络、培养正面的态度和正确的思想，以及加强个人抗逆能力和才能。

③ 基金设有储蓄计划，以协助参加计划的儿童累积金融储蓄，从而实践其个人发展计划。参加计划的儿童及其家人在2年的储蓄期的每月储蓄目标为200元，但他们可因应其特殊需要或情况，与营办计划的非政府机构议定一个较低的储蓄目标。营办计划的非政府机构会寻求与商业机构及个人捐助者合作，为参加计划的儿童在储蓄计划所累积的储蓄提供最少1:1的配对供款。政府也会为每名完成2年储蓄计划的儿童提供3000元的特别财政奖励。参加计划的儿童会在第三年按其个人发展计划运用存款。到了第3年，营办计划的非政府机构会监察儿童实践既定目标的进度。

④ 这里主要是考虑到10岁以下的儿童可能因太年幼而未能订立及实践其个人发展计划，而他们的加入也不会对先导计划的评估提供有用的数据。

贫穷儿童社区支持服务，如“加德士机会工程”[1]、童梦再生计划[2]、儿童友好社区建造工程[3]、结伴成长计划[4]、校本课后学习及支持计划[5]，旨在通过提供多元化的支持及训练，联系并强化贫穷儿童及家庭的社区网络，与义工建立师友关系，提升他们的“个人及社交资产”，以建立发展机会。

2. 残疾儿童服务

针对残疾儿童的服务主要包括残疾儿童学前服务和残疾学龄儿童服务。

（1）残疾儿童学前服务。香港政府在残疾儿童学前服务方面的政策目标是为0～6岁的残疾儿童或可能残疾的儿童，提供有助身心发展和提升社交能力的早期介入服务，以提高他们入读普通学校和参与日常活动的机会，并协助家庭应对特别的需要。目前，香港政府为有需要的儿童提供全面的学前服务，包括以下方面。

①早期教育及训练中心。该类中心为0～2岁的残疾儿童，以及那些年龄在2～6岁、需接受这项服务的残疾儿童或正在轮候特殊幼儿中心服务的残疾儿童提供服务。服务目标是通过提供支持和协助，帮助家长接纳、了解、照顾和训练残疾儿童，从而尽量提升他们的发展功能。

②特殊幼儿中心。该类中心为2～6岁的中度和严重残疾儿童提供服务。服务旨在发展这些儿童的基本体能和智力、感官机能、认知、沟通、社交和自我照

---

① “加德士机会工程”旨在通过一系列的目标导向项目，帮助低收入或领取综合社会保障援助家庭的学童突破因家庭经济困难所造成的障壁，为受助的儿童及其父母提供多元化的支持，包括：①日常功课辅导、语文研习班、技能培训及学习订立目标的工作坊等，激发他们在学习上的兴趣；②情绪支持小组及帮助他们学会解决问题、处理情绪，及自立能力；③亲子活动及为家长而设有关儿童成长及管教技巧等讲座；④健康及营养支持、运动及竞技等；⑤参观博物馆及政府建筑物等活动以开阔视野。

② 通过教育和正面学习经验，让儿童认识自己、学会学习、享受学习；并通过多元学习手法，提高儿童的语文水平、启发创意和解难能力、引发潜能。

③ 动员区内外不同群体——低收入、弱势家庭（新来港、单亲）的4～8岁儿童及其家长、区内义工及区内外专业人士、区内学校、幼儿园及幼儿园、区内商户、区内社团及非政府机构，组成关怀互助网络，以社区力量培育儿童成长。

④ 通过不同的活动来促进师友间的关系，为领取综合社会保障援助及低收入家庭儿童的成长带来适当的支持，装备自己、迎接挑战。具体内容包括：师友间的个别及小组活动、中央的义工服务及联谊活动、师友关系栽培跟进及儿童个人兴趣发展小组等。

⑤ 为响应贫困学童各方面的成长发展需要，香港教育局于2005～2006年财政年度预留了额外7500万推行“校本课后学习及支持计划”，通过为贫困学生提供校内课余学习机会和有关的支持服务，提高学生的学习效能、扩展他们在课堂以外的学习经验，并增强他们对社会的认识和归属感。

顾的能力，以协助他们由学前教育顺利过渡到小学教育。有些特殊幼儿中心也设有住宿设施，照顾那些无家可归、被遗弃、居住环境或家庭环境恶劣的残疾儿童。

③幼儿园暨幼儿中心兼收弱能儿童计划[①]。该计划为2～6岁的轻度残疾儿童提供训练和照顾，协助他们尽量融入正常的学前环境，使他们日后有更大的机会融入主流教育。

④家长/亲属资源中心。该中心为残疾儿童的亲属提供各类支持性服务。

⑤残疾幼儿暂托服务。该项服务为家长和照顾者提供一个安全的地方暂时照顾他们的残疾幼儿，以便他们能抽空处理个人要务。

⑥儿童健乐会。主要为残疾儿童提供社交及康乐活动，协助他们融入社群。

⑦自闭症儿童特别服务。该项服务包括在特殊幼儿中心提供额外的特殊幼儿工作员，为患有自闭症的儿童提供密集式的个别或小组训练。

⑧听障学前儿童的支援及教育服务。该项服务包括获免费分发助听器及跟进服务、家长辅导和专业咨询服务。

（2）残疾学龄儿童服务。政府在教育领域为有特殊教育需要的学童提供适当支持，包括提升教师的专业能力、建立学校网络和推动专业交流、加强专业支持、协助学校建立共融文化、加强家长教育和鼓励家长参与，以及推动跨界合作等。除教育服务外，为残疾学龄儿童而设的服务还包括以下两种。

①轻度弱智儿童之家/兼收轻度智障儿童的儿童之家。这类设施为无法得到家人适当照顾的学龄轻度智障儿童提供家居式住宿照顾。为了让这些轻度智障儿童融入社会，也会安排他们入住兼收轻度智障儿童的儿童之家，入住比率为1名轻度智障儿童对7名智力正常儿童。服务对象为6～18岁的轻度智障儿童且无父无母，或无法得到亲属适当照顾；或身处危机、需要离家接受短期住宿照顾。

②住宿暂顾服务。该项服务为6～15岁的残疾儿童提供短期住宿照顾，以让他们的家人或照顾者可以有计划地稍作歇息（例如离港旅游）或处理个人事务

① “早期教育及训练中心”、“特殊幼儿中心”和“幼儿园暨幼儿中心兼收弱能儿童计划”的儿童都能接受职业治疗、物理治疗和言语治疗，这些治疗服务有助于加强残疾儿童在日常生活中的独立能力，并纠正身体上的障碍和防止健康情况恶化。同时，由驻机构或社会福利署的临床心理学家为他们提供临床心理服务。

（例如接受手术），也可让背负沉重压力的家人或照顾者暂时卸下照顾的责任，减压调息。

此外，香港政府在其 2010～2011 年施政报告中特别提出协助自闭症儿童，致力为他们及早识别、评估病情和提供治疗，并确保他们在成长过程中得到适切的照料和支持；将儿童精神科医生、儿科医生、临床心理学家、护士、语言治疗师和职业治疗师纳入医疗服务的专业团队，以加强协助更多自闭症儿童；增加学前服务名额，尽快为自闭症儿童提供早期介入及训练服务；在普通中、小学推行试验计划，改善自闭症学生的沟通、情绪管理和学习等技巧，促进他们的学习。

3. 受虐待儿童服务

支持受虐待儿童的服务通常是在反家庭暴力的服务类别下提供的。此类服务的目的在于促进受害人的权利；保障受害人的福利；向个案受害人及其家庭提供支持和援助，以协助他们克服由于虐待儿童事件所带来的创伤；教育公众预防及适当处理虐待儿童事件。支持受虐待儿童的服务主要包括福利服务、医疗及卫生服务以及法律援助，以下简要介绍由社会福利署及非政府机构提供的支持受虐待儿童的福利服务。

（1）保护家庭及儿童服务。社会福利署保护家庭及儿童服务课是由经验丰富的社会工作者提供服务的专责单位。社工会为虐待儿童和虐待配偶个案的受害人、施虐者及其家人提供一系列一站式的服务，包括外展、背景调查、危机介入、法律保护、深入个案和小组治疗。如有需要，社工也会安排各项服务转介，例如法律援助、学校和宿位安排等。

（2）综合家庭服务中心/综合服务中心。社会福利署接到的虐待儿童和虐待配偶个案会由保护家庭及儿童服务课的社工处理，而非政府机构营办的综合家庭服务中心/综合服务中心也会为受虐待儿童及其家人提供辅导和实质援助。

（3）医务社会服务。公立医院和专科诊所的医务社会工作者通过来自医护人员、警方或其他机构的转介，及病人或其家人的直接申请，接获虐待儿童个案。医务社会工作者会为虐待儿童个案的受害人及其家人提供辅导、实质援助，以及转介病人申请复康服务和有关社区资源等。

（4）临床心理服务。社会福利署辖下 5 个临床心理服务课的临床心理学家会为出现心理症状的家庭暴力受害人及其施虐者提供评估及治疗服务。此外，临床心理学家也协助处理暴力个案的社工，提供咨询服务。临床心理服务课同样接受社会福利署各单位转介的个案。

（5）家庭暴力受害人支持计划。由保良局营办的翠林中心，为全港推行“家庭暴力受害人支持计划”。在与社工配合下，为家庭暴力受害人提供一系列的信息、情绪支持及陪伴服务，减轻受害人在面对司法程序及生活突变所引致的彷徨和恐惧。

（6）支持证人计划。为加强对受虐待儿童在刑事审讯程序中作供时的支持，社会福利署与警方成立支持证人计划，为需要在法庭以电视直播系统作供的受虐待儿童提供支持者，陪伴其出席有关案件的聆讯。支持证人计划也为精神上无行为能力的人提供支持服务。

（7）危机介入及支持中心（芷若园）。提供危机介入及支持服务，主要为性暴力受害人、面临家庭暴力或其他家庭危机的个人或家庭，提供全面的援助，协助当事人及其家人实时处理危机及困扰，并及早联系医疗和社会服务等单位，使他们获得所需保障和服务。

此外，家庭暴力受害人和受虐待儿童，可能会自行前往或经由警方、社工、其他医生等转介到医院或诊所。医院管理局会采用由防止虐待儿童委员会暨关注暴力工作小组制订的跨专业个案程序指引和跨专业模式，与其他机构合作，为暴力受害人提供全面的照顾。虐待儿童个案的受害人也可到法律援助署申请法律援助，以便提出民事诉讼。

4. 未能得到适当照顾的儿童服务

对未能得到适当照顾的儿童提供领养服务①和儿童住宿照顾服务。其中，儿童住宿照顾服务是为21岁以下，因家庭、行为或情绪问题而暂时未能得到适当照顾的儿童及青少年而设，包括院舍服务和非院舍服务。

院舍服务包括：留宿育婴园及幼儿园（对象为0～6岁的儿童）；儿童收容中心（对象为18岁以下面对家庭紧急事故的儿童）；儿童院（对象为6～21岁家庭未能提供适当照顾的儿童及青少年）；男/女童院及宿舍（对象分别为7～21岁有

---

① 社会福利署领养课为父母双亡、被父母遗弃以及非婚生而其父母未能抚养的儿童找寻合适及永久的家庭。部分有特别需要的儿童，因缺乏合适的本地领养家庭，会被海外家庭领养。领养课同时协助以私人安排方式进行的领养，如继父母或亲属的领养。

轻微行为或情绪问题的儿童；以及 14～21 岁的青少年）。

香港政府在 1991 年白皮书中提出，家居环境是儿童（尤其是年龄 12、13 岁以下）得到健康发展的自然环境，与院舍环境比较，是更理想的选择，并按此原则发展儿童住宿服务，优先发展非院舍照顾形式的寄养服务及儿童之家。目前的非院舍服务主要包括以下几种。

（1）寄养服务。该服务包括一般寄养服务和日间寄养服务。一般寄养服务为 18 岁以下，因种种缘故而缺乏父母照顾的儿童，提供家庭式照顾服务，让他们继续享受家庭生活，直至能与家人团聚，入住领养家庭或可独立生活。日间寄养服务针对 10 岁以下儿童，因其父母在日间照顾他们有困难，而提供日间家庭式照顾服务，直至晚上由其父母护送回家。该安排能让这些儿童与其父母保持紧密接触。

（2）紧急寄养服务。该服务为因遇到突发或紧急事故而缺乏父母照顾的 18 岁以下儿童，提供即时及短期的家庭式照顾服务，让他们继续享受家庭生活，直至能与家人团聚或获得长期住宿安排。寄养期限最多为 6 个星期。

（3）儿童之家。该服务为极其需要援助的 4～18 岁儿童提供类似家庭的暂时住宿照顾，直至可以与家人团聚或被安排到长期居住的地方。

另有针对 4～18 岁儿童提供的紧急/短期儿童之家住宿服务。

5. 边缘儿童与青少年服务

面向边缘儿童的服务主要包括以下三种。

（1）地区青少年外展社会工作服务。目前全香港 13 区共有 16 个地区青少年外展社会工作队，通过外展服务手法，主动接触那些通常不大参与传统的社交或青少年活动，并且容易受不良影响的 6～24 岁高危青少年，提供辅导和指引。该项服务通过个案辅导、小组辅导、教育性及发展性程序、咨询服务，旨在使边缘儿童/青少年认识及尝试解决个人问题，改善偏差行为及态度，正确运用精力和时间，从而加强青少年的社会功能。

（2）青少年深宵外展服务。目前全香港共有 18 个综合服务队通过延长外展时间（晚上 11 时至早上 6 时），为深宵在外流连可能面对危机的青少年提供短期辅导、转介及危机处理。这 18 间综合青少年服务中心获得政府的非经常及经常拨款，用于购置 7 座位车辆及流动电话，以及为夜游青少年举办活动。

（3）社区支持服务计划

目前全香港共有5个服务单位为犯轻微罪行而接受警司警诫的儿童、青少年提供社区支持服务计划，通过各项个人及家庭辅导、治疗小组、技能训练与教育小组、成长活动，及康乐和社区服务，协助其改善人际技巧、建立对社会的责任感、协助其重新就业或就学及减低其再次犯罪的机会。

6. 新来港儿童服务

香港政府为新来港儿童提供教育及支持服务，主要包括以下三种。

（1）校本支持计划津贴。香港政府为录取内地新来港儿童的学校提供校本支持计划津贴，为这些学校提供更多支持，让其能够根据这些儿童的需要而灵活安排支持服务。学校可灵活运用这些津贴，弹性地为新来港儿童提供校本支持服务，包括为新入学的新来港儿童开设补习班，设计校本课程，购买教具和辅导教材，筹办迎新活动、辅导活动及课外活动。

（2）新来港儿童适应课程。该课程旨在帮助新来港儿童适应本港环境及教育制度。课程内容包括个人成长、社区适应及基本学习技巧。

（3）为新来港儿童而设的全日制“启动课程”。新来港儿童可选择先行修读这个全日制“启动课程”，然后再入读合适的学校。该课程的目标是提高儿童的英语及中文水平，帮助其适应香港社会和个人发展，并为他们提供实际的本地课堂学习经验。

另外，一些非政府组织专门以新来港人士为服务对象，为新来港儿童提供课余托管、学业支持、家庭支持、潜能发挥、物质支持、义工服务等。

（二）面向儿童的综合性服务中心

香港多数儿童服务以家庭服务为载体，将儿童服务视为家庭服务的内容之一，如近年来成立的“综合家庭服务中心”。另一些儿童服务以“儿童青少年中心”或“综合青少年中心”为平台，将儿童服务作为青少年服务的一个组成部分。以下是囊括儿童服务的不同类型的综合性服务中心。

1. 综合家庭服务中心

为巩固家庭并满足社区内个人及家庭的各种需要，香港社会福利署于2004～2005

年度汇集家庭服务资源，设立综合家庭服务中心[①]。综合家庭服务中心按“儿童为重、家庭为本、社区为基础”的服务方向，以“方便使用”[②]、“及早识别”[③]、“整合服务”[④] 和“伙伴关系”[⑤] 为服务原则，并通过综合家庭服务中心的三个主要组成部分，即家庭资源组[⑥]、家庭支持组[⑦]和家庭辅导组[⑧]，提供一系列有预防、发展、教育、支持、充权和补救作用的“一站式”服务[⑨]。目前全香港共设有61间综合家庭服务中心，其中40间由社会福利署开办，其余21间则分别由9家非政府机构开办。

在服务对象上，综合家庭服务中心于2008～2009年度选定贫困家庭、新来港定居人士及单亲家长为三个主要目标人群，即中心主要服务区内社会经济地位较低的弱势和有需要的家庭。

在中心设置的人口配比方面，每间中心服务的人口通常约为10万至15万，但有些中心的服务地域与人口则较广较多，如社会福利署慈云山综合家庭服务中心所服务的人口约达22万。

在人手调配模式方面，多数综合家庭服务中心（54间中心，占全部中心的

---

① 本部分资料来源于香港大学社会工作及社会行政学系顾问团（2010）“建构有效家庭服务：综合家庭服务中心服务模式实施情况检讨”，检讨报告下载于香港社会服务署网站：http：//www. swd. gov. hk/tc/index/site_ pubsvc/page_ family/sub_ listofserv/id_ ifscsm/。

② 大多数综合家庭服务中心坐落于公共屋邨、社区中心、政府合署及综合社会服务大楼，场所宽敞适当，位置交通便利。大部分综合家庭服务中心能够为公众及服务使用者提供一个温暖、舒适、亲切、家庭式又没有标签的环境，通常提供阅读及视听资料、报纸、自助资源、游戏角或玩具库、数码站或计算机设备等。

③ 综合家庭服务中心与家庭资源组及家庭支持组的服务使用者接触及联系，并通过服务及设施，举办各种小组及活动，以及定期开展宣传与推广工作，实践及早介入的原则。

④ 综合家庭服务中心提供一系列的服务，从预防、支持到补救服务，以满足区内家庭各式各样的需要。但由于个案或辅导服务的需求甚殷，补救服务会被优先处理。有些综合家庭服务中心也针对有特定需要的人群提供专门服务。

⑤ 综合家庭服务中心主动通过定期联络如礼貌探访、会议及分享会，建立及维系与地区持份者的网络与伙伴关系。此外，重视更多的地区平台和跨界别合作。

⑥ 提供家庭资源服务，包括家庭生活教育、社区教育、义工培训、图书室及家庭资源阁。

⑦ 提供家庭支持服务，包括小组活动（治疗、支持、互助及发展性）、外展服务、互助网络、咨询服务、课余托管。

⑧ 提供家庭辅导服务，包括个案辅导（婚姻、心理、子女管教等）、危险介入、法定监管及照顾、转介服务（包括住院、康复服务、家居及日间照顾等）。

⑨ “一站式”服务意指综合家庭服务中心可以提供服务信息及将顾客转介往较对应他们需要的服务，综合家庭服务从来不是为直接处理所有福利需求而设立。

88.5%，其中包括全部社会福利署开办的中心）在员工调配中采取“混合模式”。在这些中心，所有专业人员会按服务规划被灵活调配在1个或以上的服务人群中，提供个案或辅导服务、小组工作、活动及网络服务。由3家非政府机构所营办的7间综合家庭服务中心，则采取“专责模式”，将相当大比例的专业人员安排专注处理某一个服务人群的工作。在采用混合模式的中心，社工通常参与两个服务人群的工作，这能有效加强社工之间的整合与合作；而在采用专责模式的中心，社工发现此模式会鼓励员工专注于特定的服务或介入方法，从而推动专门化及专业知识的发展。

2. 儿童及青年中心

为了帮助儿童及青年应付及克服在成长过程中或由于环境转变而遇到的各项挑战，全香港每6500青年人口设有1所儿童及青年中心。截至2005年4月1日，全香港共有29间儿童及青年中心为6~24岁儿童及青少年提供个人及小组辅导、成长及发展性小组及活动（社联，2006）。儿童及青年中心提供四项核心活动，包括：指导及辅导服务，为身处不利环境的青少年提供的支持服务，社群化服务，以及培养社会责任感和能力发展。儿童及青年中心还提供一些非核心活动，如偶到服务、兴趣小组、青少年暑期活动及温习与阅读室服务，以协助儿童及青年善用余暇。

3. 综合青少年服务中心

多数综合青少年服务中心通过合并以往的青少年中心、学校社工、外展队资源而成立，以中心为基地，配以外展手法，与学校、家庭及社区紧密合作。各服务队主要由专业社工组成，除提供中心服务，也提供外展服务，部分服务队提供驻校社会工作服务。综合青少年服务中心提供四项核心服务，即指导及辅导服务、为身处不利环境的儿童及青年提供的支持服务、社群化服务及培养社会责任感和能力发展。并且提供一些非核心活动，如偶到服务、兴趣小组、青少年暑期活动及温习与阅读室服务，以协助儿童及青年善用余暇。

在人口配比上，每12000青少年人口成立一支综合服务队。截至2006年6月30日，全香港共有133间综合青少年服务中心为6~24岁的儿童及青少年提供服务。

在服务设施方面，一般来说，中心的服务设施包含会议室、面见室、青少年活动室（玩具、书籍、影音数据、计算机室、舞蹈室、钢琴室、录影室、阅览室、游戏室等），以及青少年外展训练的设施和器材（如外展营地、体育器材等）。各个综合青少年中心的功能不尽相同，机构可以自行设计服务设施。

在人手配置上，一个综合青少年中心一般有十多位工作人员，其中 8～10 位专业社会工作者。香港社会福利署实行整笔拨款制度后，该机构根据经费数额自行决定服务中心的规模和人手。

4. 青少年中心及图书馆

青少年中心提供一个公开及方便的场地，让儿童、青少年及其家长参与活动，协助儿童及青少年实践自我、发挥潜能、结识朋友、服务社区。而图书馆则为社区提供图书馆服务，培养及发展儿童及青年的阅读兴趣。服务对象为 6～30 岁儿童及青少年。服务内容包括群育小组、德育小组、成长小组、社区服务、学业辅导、兴趣小组、户外活动、义工训练、家长会、公民教育、家庭生活教育、个人辅导和咨询服务。中心设施包含小组集会室、闲聚角、玩具角、烹饪室、康乐室、温习室及视听器材设备。图书馆的活动包含借阅书籍、阅读奖励计划、书展、文化活动。

（三）其他服务

除以上针对困境儿童的服务外，还有一系列旨在支持幼儿照顾、培育儿童正向成长的康乐服务。包括邻里支持幼儿照顾计划①、课余托管服务②、学校社会

---

① 邻里支持幼儿照顾计划针对需要长时间工作/工作时间不稳定/有突发需要却因缺乏支持网络和经济困难而未能照顾幼儿的家长，而为他们提供更具弹性的日间幼儿服务，以减低儿童独留在家时发生意外的风险。该计划对 3～6 岁的儿童提供“中心托管小组”服务；对 6 岁以下的儿童提供“社区保姆服务”。目前，香港政府施致力于全面推行“邻里支持幼儿照顾计划”，将服务范围由目前 11 个区扩展至全港（香港政府 2010～2011 年度施政报告）。

② 目前全港共有 128 间中心为 6～12 岁学童提供半天支持性质的托管服务，内容包括功课辅导、膳食、小组活动、家长教育等。

工作服务[①]、小学“成长的天空”计划[②]、共创成长路—赛马会青少年培育计划[③]、儿童及青少年精神健康社区支持计划[④]，以及青年就业服务[⑤]。

总体而言，香港的儿童服务注重“家庭为本、社区为基础”的核心理念，注重儿童与青少年日趋多元化且复杂的需要，既对资源匮乏、发展障碍、未能得到照顾、高危边缘、新来港的儿童提供及时支持，又力图着眼于儿童的长远发展，同时重视业界与不同界别（如学校、警方、医护人员）携手合作，务求以多角度方法支持儿童和青少年。

三、香港儿童服务发展经验的启示

从整体上看，香港社会福利服务的体制分两部分：一是政府下属机构直接承担的部分，即法律规定的服务；二是非政府的民间福利机构管理和承担的大量社会服务工作。后者作为社会福利服务的主要直接提供者，充分体现了社会福利社会化的客观要求。政府与非政府机构形成了合作伙伴关系，各司其职，又相互补充、配合。充足的服务机构与专业的人员保证了香港社会福利服务基本可以满足每一个香港人的具体需求。综观香港社会福利服务发展的历程，尤其是儿童服务的发展经验，其对于内地社会福利服务的发展，主要有以下几个方面的启示。

---

① 学校社会工作服务包括中学学校社会工作服务和小学全方位学生辅导服务。目前全港共有34间非政府机构为全港489间中学提供驻校社工服务，服务范畴包括专业辅导、小组、支持服务及家长工作。全港超过600间小学由社工、学生辅导教师、学生辅导主任或相关的专业人员提供家长支持服务、个人成长教育、专业辅导及危机介入工作，建立全方位学生辅导体系，协助学生健康成长。

② 为提升小学生的抗逆力，以面对成长中的挑战，香港教育局于2004/2005学年开始在小学全面推行“成长的天空计划”。通过“发展课程”和“辅助课程”，协助小四至小六学生掌握面对逆境的知识、技能和态度。

③ 为培育青少年的全面发展，赛马会慈善信托基金拨款四亿港元推行一项为期四年的“共创成长路—赛马会青少年培育计划”。通过学校与社会服务机构的合作，为中一至中三学生提供全面的培训活动。计划已于2005/2006学年开展“试验推行期”，并于2006/2007学年面向全港中学以自愿性质参与。

④ 为6～18岁有轻微至中度情绪困扰问题的儿童及青少年提供支持性介入服务，并为社工同工、教育工作者及青少年工作员等提供咨询服务。

⑤ 青年就业服务包括：①社会服务机构提供的就业支持服务，旨在舒缓失业所带来的种种困扰，当中涵括情绪支持、职业辅导、自我提升课程、互助小组等；②青少年见习就业计划，即劳工署由2002年开始为15～24岁，学历在大学学位以下，并希望获得见习就业机会的青年人提供为期6～12个月的在职培训，提升青少年的工作技能和经验；③展翅服务，即由劳工处于1999年起为15～19岁离校青年提供一系列职前培训课程、工作实习及择业辅导服务，借此提升他们的自信心和就业竞争力。

首先，社会福利的政策目标、指导方针，以及各种社会服务的优先次序，要密切配合所处时期的社会背景，特别是要考虑人口结构、经济发展和家庭结构转变的情况。香港政府在制定历次社会服务发展的五年规划时，均基于当时的人口结构、经济状况、社会变迁尤其是家庭结构的转变情况，提出适当的服务发展策略。例如，早期的儿童服务侧重于维持传统家庭照顾功能，以及兴建儿童及青年中心为他们提供精力发泄的适当途径。随着香港社会贫富分化日益加剧，为防止跨代贫穷，面向贫穷学童的服务成为儿童服务的重点。同时，随着香港与内地的联系日益紧密，跨境婚姻数量增多，对新来港儿童的服务也得到重视。尽管香港政府已停止社会福利服务的五年规划机制，转而考虑制定社会福利规划的长远机制，这仍然是基于急剧变化的社会环境，以寻求更加灵活的服务规划方式。这些经验值得内地在应对困境儿童服务时加以考虑。

其次，要注重服务的整合，倡导社会服务由单一、分散的提供方式转变为综合性的整合的服务提供方式。香港的儿童及家庭服务、青少年服务、康复服务等领域自20世纪90年代起均尝试以综合服务模式替代以往分散提供的服务模式，这种“一站式”的服务模式有助于服务机构更灵活地整合资源，从而提升服务效果。

第三，要重视“社区为本、家庭为重”的理念。香港的经验显示，各类机构均注重提供邻舍层面的服务。例如，香港的儿童服务和康复服务，除为有需要的服务对象提供所需的住宿照顾和辅导服务外，更加重视让他们在熟悉的社区内生活，同时保持与家庭的联结。又如，基于这一原则，优先发展非院舍的儿童住宿服务。各类服务机构尽可能将服务去标签化，为服务对象提供一系列的社区支援服务和社区网络建设，借以提升服务对象的社会资本。另一方面，社会服务尤其重视将服务对象置于家庭的系统中。例如，处理贫穷儿童、受虐待儿童、新来港儿童等个案，包含了对其家人的干预，因此，儿童服务通常可在“一站式”的综合家庭服务中心获得。

第四，宜采用地区为本的服务发展策略。香港过去多数社会福利服务拨款主要以人口比例为基准，并以滚动式的五年计划作发展模式。如今社会服务的发展更加重视不同地区的需要，制定各地区的计划及优先次序。以地区为本的方式能顾及各区的特色及差异，有助确保福利服务的规划和提供能够顾及个别地区的需要。

第五，要注重与各种硬件设施建设相配套的专业人才队伍建设。香港政府的历次社会福利白皮书和社会服务五年计划相继推出各种举措，以发展本地社会工作专业院校，加强社会工作者的职前训练和在职培训。这些举措为社会服务的长远发展奠定了坚实的基础。内地社会服务的发展也呼唤社会工作专业化和职业化的发展，以保障硬件设施上的投入能彰显效能。

第六，除重视补救性服务外，要更注重预防性、发展性的服务。现今香港政府资助的贫穷儿童服务、各种儿童康乐服务、康复服务的预防与公众教育等，均着眼于服务的预防与发展性目标，以目前的投入换取未来社会整体上更佳的收益。其阻断贫困代际传递的举措尤其值得借鉴。

最后，香港政府与非政府机构的长期合作关系也值得借鉴。香港政府在历次的社会福利白皮书中逐渐厘清在社会服务供给方面政府与非政府机构各自的角色。政府在社会服务的供给中占主导作用，主要负责指导和统筹社会福利服务的发展，包括根据既定的先后次序，督导及监察服务的实施情况，以及提供适当的社会保障制度和若干社会福利服务，并以“整笔拨款”方式为非政府机构提供财政支持。据统计，香港的民间社会工作机构约 415 家，占社会工作机构总数的 3/4 以上，服务单位多达 3800 多家。全职工作人员约 48000 人（包括注册社工约 7716 人），每年服务约 9010 多万人次，每年机构动员义工服务约 1663.8 万小时。这些有力保障了社会福利服务的供给和质量。

陈岩燕　执笔

附　录

附录 1

教育行政管理部门（及街、居单位）调查问卷

单位信息：

________省（市）________区（县）________街道________社区（居委会）

所在部门：____

您的职务：____

联系方式：____

您好！我们是国务院发展研究中心社会发展研究部“促进学前教育健康发展研究”课题组。本调查旨在了解您对我国学前教育现状和学前教育财政政策的看法和态度。调查采用匿名形式，所收集的资料仅供研究之用，不会个别公开，敬请放心。请尽可能真实、准确地填写。非常感谢您的真诚合作与帮助！

本调查共分三部分，其中第一、二部分有两种形式：填空和选择，请填写空格或在符合情况的答案号上打“✓”，选择题如无特殊说明均为“单选”；第三部分为主观问题部分，请您在问题下方空白处填写您的真实想法。

第一部分

01. 对政府调控幼儿园收费价格的方式，您的态度是（请在符合情况的空格内打“✓”）

	1. 机关园	2. 教办园	3. 国营企事业单位园	4. 街道或小区园	5. 合资园和私立园
a. 政府分级分类定价，每园实行一价制，幼儿园不得调价					
b. 政府设立指导价，允许幼儿园在一定幅度内浮动价格					
c. 政府制订定价标准，幼儿园根据这一标准自己定价					
d. 政府完全放开价格，让幼儿园自由竞争，由市场决定价格					

02. 对幼儿园如下收费方式，您的态度是（请在符合情况的空格内打“√”）

	1. 很同意	2. 同意	3. 不确定	4. 不同意	5. 很不同意
a. 按幼儿园的等级和质量统一收费，等级质量越高，收费也越高					
b. 按幼儿园的公、私立性质、类型分别确定收费标准					
c. 按幼儿园的受欢迎程度收费，越受欢迎，要求入园的幼儿越多，收费越高					
d. 按幼儿家长与幼儿园的关系收费，本单位部门职工的孩子收费低一些，对父母不在本单位部门的孩子应适当提高收费					
e. 按幼儿的户口分类对待，户口在幼儿园招生范围的幼儿，收费可低一点，非本范围的，尤其是外地的幼儿，收费应高一些					
f. 按幼儿个人的教育成本收费，其他因素一概不考虑					

续表

	1. 很同意	2. 同意	3. 不确定	4. 不同意	5. 很不同意
g. 按幼儿家庭状况酌情考虑收费，幼儿园可适当减免低收入家庭、单亲家庭、流动人口等处境不利的幼儿的费用					

03. 您认为各级政府对学前教育投入的份额应是多少？

请按投资份额的多少排序____________________

1. 中央　2. 省、直辖市、自治区　3. 地、市、州　4. 县、县级市、区　5. 乡镇

04. 对政府投资幼儿园的各种方式，您的态度是（请在符合情况的空格内打“✓”）

	1. 很同意	2. 同意	3. 不确定	4. 不同意	5. 很不同意
a. 在公立幼儿园（包括机关园、教办园、国营企事业单位园等）之间平均发放资金					
b. 在公立幼儿园之间，按幼儿园的等级、质量发放资金，重点扶持好的公立园					
c. 重点扶持办园条件较差的公立园和幼儿教育机构不足的地方					
d. 让各种公立园自由竞争政府的拨款，但得到政府资助的幼儿园要与政府签订协议，满足政府提出的一些要求（如合理高效利用资金、扶持其他幼儿园、帮助周围散居的非本园儿童）					

续表

	1. 很同意	2. 同意	3. 不确定	4. 不同意	5. 很不同意
e. 让公、私立幼儿园、各种类型的幼儿园公平自由地、按相同的规则竞争政府的资助（如统一按幼儿园的等级质量、上年的绩效或幼儿人数发放经费）					
f. 重点扶持私立幼儿园，尤其是质量好的私立园					
g. 应主要在公立园之间发放，但可拿出部分资金适当资助、奖励私立园					
h. 将资金交给学前教育基金会之类的中介机构，让中介机构设立基金项目或按一定的规则分配资金					

05. 对政府资助幼儿个人的各种形式，您的态度是（请在符合情况的空格内打“✓”）

	1. 很同意	2. 同意	3. 不确定	4. 不同意	5. 很不同意
a. 发放助学现金					
b. 学费减免					
c. 家长个人所得税部分抵扣或豁免					
d. 允许家长税前预存教育资金，该资金只能用于缴纳孩子的学费					
e. 给家长代币券，该代币券只能用于冲抵孩子的学费					
f. 立法规定孩子父母所属单位提供资助					
g. 发放助学贷款					
h. 奖励优秀幼儿					

06. 您认为下列四方如何分担学前教育费用才算合理？

请按承担经费份额的多少排序：________________

1. 政府　2. 幼儿园的举办单位或个人　3. 社会其他团体或个人　4. 家庭

第二部分

01. 对以下提供学前教育的各种形式，您觉得其在促进幼儿身心健康发展方面的评价是（请在作用最明显的一项中打“✓”，在最不明显的一项中打“×”）

评价项目 \ 学前教育服务形式		1. 家庭（散居在家）	2. 社区（综合性服务中心）	3. 非全日制幼儿园	4. 全日制幼儿园	5. 寄宿制幼儿园
身心状况	a. 具有健康的体态（身高和体重适宜，能正确坐、立、行）					
	b. 情绪安定愉快（有安全感和信赖感，会恰当表达和调控情绪）					
	c. 具有一定的适应能力（能适应季节变化，促进平衡机能发展，能适应生活环境变化）					
动作发展	d. 具有一定的平衡能力，动作协调、灵敏（活动中能学会自我保护能力）					
	e. 具有一定的力量和耐力					
	f. 手的动作灵活协调（能画、剪、折、粘，自己吃饭、扣扣子等）					
生活习惯与生活能力	g. 具有良好的生活与卫生习惯（作息、饮食、个人卫生、锻炼等）					
	h. 具有基本的生活自理能力（如穿脱衣和鞋袜等）					
	i. 具备基本的安全知识和自我保护能力					

02. 对以下提供学前教育的各种形式，您觉得其在促进幼儿语言能力发展方面的评价是（请在作用最明显的一项中打“√”，在最不明显的一项中打“×”）

评价项目 \ 学前教育服务形式		1. 家庭（散居在家）	2. 社区（综合性服务中心）	3. 非全日制幼儿园	4. 全日制幼儿园	5. 寄宿制幼儿园
倾听与表达	a. 认真听并能听懂常用语言					
	b. 愿意讲话并能清楚地表达					
	c. 具有文明的语言习惯					
阅读与书写准备	d. 喜欢听故事，看图书					
	e. 具有初步的阅读理解能力					
	f. 具有书面表达的愿望和初步技能（如通过涂涂画画表达一定的意思）					

03. 对以下提供学前教育的各种形式，您觉得其在促进幼儿人际交往和社会适应方面的评价是（请在作用最明显的一项中打“√”，在最不明显的一项中打“×”）

评价项目 \ 学前教育服务形式		1. 家庭（散居在家）	2. 社区（综合性服务中心）	3. 非全日制幼儿园	4. 全日制幼儿园	5. 寄宿制幼儿园
人际交往	a. 愿意与人交往					
	b. 能与同伴友好相处					
	c. 具有自尊、自信、自主的表现					
	d. 关心尊重他人					
社会适应	e. 喜欢并适应群体生活					
	f. 遵守基本的行为规范					
	g. 具有初步的归属感					

04. 对以下提供学前教育的各种形式，您觉得其在促进幼儿探究能力和思维发展方面的评价是（请在作用最明显的一项中打“✓”，在最不明显的一项中打“×”）

评价项目 \ 学前教育服务形式		1. 家庭（散居在家）	2. 社区（综合性服务中心）	3. 非全日制幼儿园	4. 全日制幼儿园	5. 寄宿制幼儿园
科学探究	a. 亲近自然，喜欢探究（激发好奇心和探究兴趣）					
	b. 具有初步的探究能力（能对事物和现象进行观察比较以发现异同，提出问题并猜测答案等）					
	c. 在探究中认识周围事物和现象（如引导思考、简单推理和分析等）					
数学认知	d. 初步感知生活中数学的有用和有趣（能用数来表达事物，感受数所表达的意义）					
	e. 感知和理解数、量及数量关系（理解大小多少，以及加减等）					
	f. 感知形状与空间关系（理解上下、前后、左右、里外、中间、旁边等）					

05. 对以下提供学前教育的各种形式，您觉得其在促进幼儿感受美、表现美和创造美方面的评价是（请在作用最明显的一项中打“✓”，在最不明显的一项中打“×”）

评价项目 \ 学前教育服务形式		1. 家庭（散居在家）	2. 社区（综合性服务中心）	3. 非全日制幼儿园	4. 全日制幼儿园	5. 寄宿制幼儿园
感受与欣赏	a. 喜欢自然界与生活中美的事物（能用语言、动作等描绘美的方面，如颜色、形状、形态等）					
	b. 喜欢欣赏多种多样的艺术形式和作品（专心观看，有模仿和参与的愿望等）					
表现与创造	c. 喜欢进行艺术活动并大胆表现（如唱唱跳跳、涂涂画画等）					
	d. 具有初步的艺术表现与创造能力（如能用声音、动作、姿态以及绘画、手工制作等模仿和表现）					

06. 对学前教育各个领域的重要程度，您的态度是（请在符合情况的空格内打“✓”），并请按照重要程度进行排序

	1. 很重要	2. 重要	3. 不确定	4. 不重要	5. 很不重要
a. 健康（身心健康发展）					
b. 语言（倾听、表达、阅读等能力）					
c. 社会（人际交往和社会适应等方面）					
d. 科学（科学探究与思维发展等方面）					
e. 艺术（感受美、表现美和创造美等方面）					

您的排序是____________________

第三部分

01. 您认为作为一家学前教育机构（幼儿园），应提供哪些方面的服务？其

中，最基本的学前教育服务应包括哪些？换言之，幼儿园最基本的功能是什么？

02. 日常工作中，您在学前教育管理方面遇到的最大问题有哪些？

03. 您认为未来学前教育服务应如何发展？

04. 您认为当前学前教育机构（幼儿园）的人员队伍方面（包括园长、幼儿教师、保育员、保健员等）面临哪些突出问题？您对此有什么好的建议？

附录2

幼儿园管理人员调查问卷

城市________________ 幼儿园名称____________________________

您的年龄：

您的职位：

您的联系方式：

幼儿园类别（在适当选项题号上打“✓”）：

1. 机关园 2. 教办园 3. 企事业园 4. 街道或小区园 5. 私立园或合资园

您所在幼儿园曾经获得哪些奖励？

幼儿园等级（在适当选项题号上打“✓”）：

1. 一级 2. 二级 3. 三级 4. 未评等级

幼儿人数_____人

您好！我们是国务院发展研究中心社会发展研究部“促进学前教育健康发展研究”课题组。本调查旨在了解贵园的基本情况，以及您对我国学前教育财政政策的看法和态度。所收集的资料仅供研究之用，不会个别公开，敬请放心。请尽可能真实、准确地填写。非常感谢您能在百忙之中抽出时间回答该问卷！

本调查共分三部分，其中第一、二部分有两种形式：填空和选择，请填写空格或在符合情况的答案号上打“✓”，选择题如无特殊说明均为“单选”；第三部分为主观问题部分，请您在问题下方空白处填写您的真实想法。

第一部分

01. 贵园人员构成情况

	行政管理人员	专任教师	保育员	后勤服务人员	兼职教师	代课教师
人数						

02. 贵园教师的学历情况

	本科及以上	专科	中专及高中	初中及以下	总计
人数					

03. 贵园的园舍建筑情况

	总占地面积（m^2）	园舍建筑面积（m^2）	活动室（个）	睡眠室（个）	保健室（个）	图书室（个）	园内的户外活动场（m^2）
数量							

04. 贵园经费的各项来源的比例

	教育或政府部门拨款	主办单位拨款	社会团体与个人捐助和补贴	家长缴费	幼儿园额外创收	其他（请填写：______）
占比（%）						

05. 贵园的日常各项支出的比例

	教师工资和福利	基建与维修	行政办公（水电、办公耗材、差旅费等）	幼儿玩教具、图书、被褥	缴纳各种税费	其他（请填写：______）
占比（%）						

06. 以本学期的收费为标准，您认为贵园的收费标准尚需何种调整？

1. 下降50%　2. 下降30%　3. 下降10%　4. 保持不变　5. 上涨10%

6. 上涨30%　7. 上涨50%　8. 上涨1倍　9. 上涨2倍

07. 对幼儿园如下收费方式，您的态度是（请在符合情况的空格内打"✓"）

	1. 很同意	2. 同意	3. 不确定	4. 不同意	5. 很不同意
a. 按幼儿园的等级和质量统一收费，等级质量越高，收费也越高					
b. 按幼儿园的公、私立性质、类型分别确定收费标准					
c. 按幼儿园的受欢迎程度收费，越受欢迎，要求入园的幼儿越多，收费越高					
d. 按幼儿家长与幼儿园的关系收费，本单位部门职工的孩子收费低一些，对父母不在本单位部门的孩子应适当提高收费					
e. 按幼儿的户口分类对待，户口在幼儿园招生范围的幼儿，收费可低一点，非本范围的，尤其是外地的幼儿，收费应高一些					
f. 按幼儿个人的教育成本收费，其他因素一概不考虑					
g. 按幼儿家庭状况酌情考虑收费，幼儿园可适当减免低收入家庭、单亲家庭、流动人口等处境不利的幼儿的费用					

08. 对政府调控幼儿园收费价格的方式，您的态度是（请在符合情况的空格内打“✓”）

	1. 机关园	2. 教办园	3. 国营企事业单位园	4. 街道或小区园	5. 合资园和私立园
a. 政府分级分类定价，每园实行一价制，幼儿园不得调价					
b. 政府设立指导价，允许幼儿园在一定幅度内浮动价格					
c. 政府制订定价标准，幼儿园根据这一标准自己定价					
d. 政府完全放开价格，让幼儿园自由竞争，由市场决定价格					

09. 您认为各级政府对学前教育投入的份额应是多少？

（请按投资份额的多少排序）____________

1. 中央　2. 省、直辖市、自治区　3. 地、市、州　4. 县、县级市、区　5. 乡镇

10. 对政府资助幼儿个人的各种形式，您的态度是（请在符合情况的空格内打“✓”）

	1. 很同意	2. 同意	3. 不确定	4. 不同意	5. 很不同意
a. 发放助学现金					
b. 学费减免					
c. 家长个人所得税部分抵扣或豁免					
d. 允许家长税前预存教育资金，该资金只能用于缴纳孩子的学费					
e. 给家长代币券，该代币券只能用于冲抵孩子的学费					

续表

	1. 很同意	2. 同意	3. 不确定	4. 不同意	5. 很不同意
f. 立法规定孩子父母所属单位提供资助					
g. 发放助学贷款					
h. 奖励优秀幼儿					

11. 对政府投资幼儿园的各种方式，您的态度是（请在符合情况的空格内打“✓”）

	1. 很同意	2. 同意	3. 不确定	4. 不同意	5. 很不同意
a. 在公立幼儿园（包括机关园、教办园、国营企事业单位园等）之间平均发放资金					
b. 在公立幼儿园之间，按幼儿园的等级、质量发放资金，重点扶持好的公立园					
c. 重点扶持办园条件较差的公立园和幼儿教育机构不足的地方					
d. 让各种公立园自由竞争政府的拨款，但得到政府资助的幼儿园要与政府签订协议，满足政府提出的一些要求（如合理高效利用资金、扶持其他幼儿园、帮助周围散居的非本园儿童）					
e. 让公、私立幼儿园、各种类型的幼儿园公平自由地、按相同的规则竞争政府的资助（如统一按幼儿园的等级质量、上年的绩效或幼儿人数发放经费）					
f. 重点扶持私立幼儿园，尤其是质量好的私立园					
g. 应主要在公立园之间发放，但可拿出部分资金适当资助、奖励私立园					
h. 将资金交给学前教育基金会之类的中介机构，让中介机构设立基金项目或按一定的规则分配资金					

12. 您认为下列四方如何分担学前教育费用才算合理？

（请按承担经费份额的多少排序）＿＿＿＿＿＿＿＿

1. 政府　2. 幼儿园的举办单位或个人　3. 社会其他团体或个人　4. 家庭

第二部分

01. 对以下提供学前教育的各种形式，您觉得其在促进幼儿身心健康发展方面的评价是（请在作用最明显的一项中打“✓”，在最不明显的一项中打“×”）

评价项目 \ 学前教育服务形式		1. 家庭（散居在家）	2. 社区（综合性服务中心）	3. 非全日制幼儿园	4. 全日制幼儿园	5. 寄宿制幼儿园
身心状况	a. 具有健康的体态（身高和体重适宜，能正确坐、立、行）					
	b. 情绪安定愉快（有安全感和信赖感，会恰当表达和调控情绪）					
	c. 具有一定的适应能力（能适应季节变化，促进平衡机能发展，能适应生活环境变化）					
动作发展	d. 具有一定的平衡能力，动作协调、灵敏（活动中能学会自我保护能力）					
	e. 具有一定的力量和耐力					
	f. 手的动作灵活协调（能画、剪、折、粘，自己吃饭、扣扣子等）					
生活习惯与生活能力	g. 具有良好的生活与卫生习惯（作息、饮食、个人卫生、锻炼等）					
	h. 具有基本的生活自理能力（如穿脱衣和鞋袜等）					
	i. 具备基本的安全知识和自我保护能力					

02. 对以下提供学前教育的各种形式，您觉得其在促进幼儿语言能力发展方面的评价是（请在作用最明显的一项中打“√”，在最不明显的一项中打“×”）

评价项目 \ 学前教育服务形式		1. 家庭（散居在家）	2. 社区（综合性服务中心）	3. 非全日制幼儿园	4. 全日制幼儿园	5. 寄宿制幼儿园
倾听与表达	a. 认真听并能听懂常用语言					
	b. 愿意讲话并能清楚地表达					
	c. 具有文明的语言习惯					
阅读与书写准备	d. 喜欢听故事，看图书					
	e. 具有初步的阅读理解能力					
	f. 具有书面表达的愿望和初步技能（如通过涂涂画画表达一定的意思）					

03. 对以下提供学前教育的各种形式，您觉得其在促进幼儿人际交往和社会适应方面的评价是（请在作用最明显的一项中打“√”，在最不明显的一项中打“×”）

评价项目 \ 学前教育服务形式		1. 家庭（散居在家）	2. 社区（综合性服务中心）	3. 非全日制幼儿园	4. 全日制幼儿园	5. 寄宿制幼儿园
人际交往	a. 愿意与人交往					
	b. 能与同伴友好相处					
	c. 具有自尊、自信、自主的表现					
	d. 关心尊重他人					
社会适应	e. 喜欢并适应群体生活					
	f. 遵守基本的行为规范					
	g. 具有初步的归属感					

04. 对以下提供学前教育的各种形式，您觉得其在促进幼儿探究能力和思维发展方面的评价是（请在作用最明显的一项中打“√”，在最不明显的一项中打“×”）

评价项目 \ 学前教育服务形式		1. 家庭（散居在家）	2. 社区（综合性服务中心）	3. 非全日制幼儿园	4. 全日制幼儿园	5. 寄宿制幼儿园
科学探究	a. 亲近自然，喜欢探究（激发好奇心和探究兴趣）					
	b. 具有初步的探究能力（能对事物和现象进行观察比较以发现异同，提出问题并猜测答案等）					
	c. 在探究中认识周围事物和现象（如引导思考、简单推理和分析等）					
数学认知	d. 初步感知生活中数学的有用和有趣（能用数来表达事物，感受数所表达的意义）					
	e. 感知和理解数、量及数量关系（理解大小多少，以及加减等）					
	f. 感知形状与空间关系（理解上下、前后、左右、里外、中间、旁边等）					

05. 对以下提供学前教育的各种形式，您觉得其在促进幼儿感受美、表现美和创造美方面的评价是（请在作用最明显的一项中打“√”，在最不明显的一项中打“×”）

评价项目 \ 学前教育服务形式		1. 家庭（散居在家）	2. 社区（综合性服务中心）	3. 非全日制幼儿园	4. 全日制幼儿园	5. 寄宿制幼儿园
感受与欣赏	a. 喜欢自然界与生活中美的事物（能用语言、动作等描绘美的方面，如颜色、形状、形态等）					
	b. 喜欢欣赏多种多样的艺术形式和作品（专心观看，有模仿和参与的愿望等）					
表现与创造	c. 喜欢进行艺术活动并大胆表现（如唱唱跳跳、涂涂画画等）					
	d. 具有初步的艺术表现与创造能力（如能用声音、动作、姿态以及绘画、手工制作等模仿和表现）					

06. 对学前教育各个领域的重要程度，您的态度是（请在符合情况的空格内打“✓”），并请按照重要程度进行排序

	1. 很重要	2. 重要	3. 不确定	4. 不重要	5. 很不重要
a. 健康（身心健康发展）					
b. 语言（倾听、表达、阅读等能力）					
c. 社会（人际交往和社会适应等方面）					
d. 科学（科学探究与思维发展等方面）					
e. 艺术（感受美、表现美和创造美等方面）					

您的排序是____________________

第三部分

01. 您认为作为一家学前教育机构（幼儿园），应提供哪些方面的服务？其中，最基本的学前教育服务应包括哪些？换言之，幼儿园最基本的功能是什么？

02. 您认为贵园在日常运营中遇到的最大困难在何处？

03. 您认为当前学前教育发展中面临的最大问题在哪里，未来应如何解决？

04. 您认为当前学前教育机构（幼儿园）的人员队伍方面（包括园长、幼儿教师、保育员、保健员等）面临哪些突出问题？您对此有什么好的建议？

附录3

幼儿家长调查问卷

城市__________________幼儿园名称______________________________

幼儿园类别（在适当选项题号上打“✓”）：

1. 机关园　2. 教办园　3. 企事业园　4. 街道或小区园　5. 私立园或合资园

幼儿园等级（在适当选项题号上打“✓”）：

1. 一级　2. 二级　3. 三级　4. 未评等级

您好！我们是国务院发展研究中心社会发展研究部“促进学前教育健康发展研究”课题组。本调查旨在了解您孩子接受学前教育的一些情况，以及您对目前学前教育状况的看法和态度。调查采用不记名方式，所收集的资料仅供研究之用，不会个别公开，敬请放心。请尽可能真实、准确地填写。非常感谢您的真诚合作与帮助！

本调查共分三部分，其中第一、二部分有两种形式：填空和选择，请填写空格或在符合情况的答案号上打“✓”，选择题如无特殊说明均为“单选”；第三部分为主观问题部分，请您在问题下方空白处填写您的真实想法。

第一部分

01. 幼儿的主要照料者是（可多选）：

1. 父亲 2. 母亲 3. 祖父母 4. 亲戚 5. 其他（请注明____________________）

02. 主要照料者的最高学历是：

1. 初中或初中以下　2. 高中或中专　3. 大专　4. 本科及本科以上

03. 幼儿父母的文化程度（请从下面选项中挑选一项）

a. 父亲________　　b. 母亲________

1. 初中或初中以下　2. 高中或中专　3. 大专　4. 本科及本科以上

04. 幼儿父母的职业（请从下面选项中挑选一项）

a. 父亲________　　b. 母亲________

1. 国家机关、党群组织、企事业单位负责人员　2. 各类专业技术人员

3. 办事人员和管理人员　4. 生产工人、技术工人和相关人员

5. 农林牧渔劳动者　6. 服务业从业人员

7. 商业从业人员　8. 其他（请注明名称________________________）

05. 家庭最近一年的可支配收入（如是城镇户口，包括工资、奖金及各类隐性收入；如是农村户口，则是务农和从事其他各种活动的收入）有多少？

a. 10000 元及以下　b. 10000 ~ 25000 元　c. 25001 ~ 50000 元　d. 50001 ~ 80000 元　e. 80001 ~ 120000 元　f. 120001 ~ 250000 元　g. 250001 元以上

06. 您孩子的性别________

1. 男　2. 女

07. 您孩子的出生年月

________年______月

08. 您孩子入托幼机构的时间（如果换过幼儿园或中断过幼儿教育，请填首次入园时间）

________年______月

09. 您孩子的户口所在地

1. 本城市幼儿园所属区域　2. 本城市非幼儿园所属区域　3. 外地

10. 您孩子所在班级

1. 托儿班　2. 小班　3. 中班　4. 大班

11. 您孩子在幼儿园的

1. 普通班　2. 收费较高的蒙氏班、英语班等

12. 您孩子就读的是

1. 半日制　2. 全日制　3. 寄宿制

13. 对目前下列幼儿园的收费标准，您认为

a. 非常高　b. 较高　c. 适中　d. 较低　e. 非常低　f. 无

保教费	管理费	书本费	伙食费	代办费	借读费	空调费	家长学校	服装费	兴趣班	集资费	赞助费	其他（请填写____________）

14. 以本学期幼儿园的各项收费为基础，如果再上涨如下不同幅度，您会继续送您的孩子上学吗？（请再符合情况的空格内打“✓”）

	1. 继续上该幼儿园	2. 改上其他价位低的园或班	3. 不确定	4. 退学在家
a. 上涨10%				
b. 上涨30%				
c. 上涨50%				
d. 上涨1倍				
e. 上涨2倍				

15. 最近几年，您孩子在幼儿园的全年费用支出情况发生了哪些变化（请填写发生变化的具体年份、支出项目及费用增、减数额）？

16. 对幼儿园如下收费方式，您的态度是（请在符合情况的空格内打“✓”）

	1. 很同意	2. 同意	3. 不确定	4. 不同意	5. 很不同意
a. 按幼儿园的等级和质量统一收费，等级质量越高，收费也越高					
b. 按幼儿园的公、私立性质、类型分别确定收费标准					
c. 按幼儿园的受欢迎程度收费，越受欢迎，要求入园的幼儿越多，收费越高					
d. 按幼儿家长与幼儿园的关系收费，本单位部门职工的孩子收费低一些，对父母不在本单位部门的孩子应适当提高收费					
e. 按幼儿的户口分类对待，户口在幼儿园招生范围的幼儿，收费可低一点，非本范围的，尤其是外地的幼儿，收费应高一些					
f. 按幼儿个人的教育成本收费，其他因素一概不考虑					
g. 按幼儿家庭状况酌情考虑收费，幼儿园可适当减免低收入家庭、单亲家庭、流动人口等处境不利的幼儿的费用					

17. 您孩子最近一年的生活、学习所需费用的经费来源为（如没有该项来源，就填“0”）

①家庭提供__________元

②亲戚资助________元

③家长所在单位补助（如独生子女费）________元

④幼儿园减免、资助或奖励____________元

⑤社会其他单位或个人赞助、捐赠__________元

⑥借贷________元

⑦其他（名称为___________）_________元

18. 下面各项因素在您选择幼儿园时的重要程度是（请在符合情况的空格内打“✓”）

	1. 很重要	2. 重要	3. 不确定	4. 不重要	5. 很不重要
a. 幼儿园的地理位置或离家的远近					
b. 学杂费的数量，可以少交、免交学费，享受某些优惠					
c. 熟人的推荐，或听从各种广告宣传					
d. 幼儿园的声誉、地位和等级					
e. 幼儿园保教活动的质量和办园条件					
f. 服务时间和项目正好符合需要					
g. 周围人的压力，别人的孩子都上这所幼儿园					
h. 将来有可能上对口的重点小学或有其他的好处					

19. 您认为下列四方如何分担学前教育费用才算合理？

（请按承担经费份额的多少排序）

1. 政府 2. 幼儿园的举办单位或个人 3. 社会其他团体或个人 4. 家庭

20. 对政府资助幼儿个人的各种形式，您的态度是（请在符合情况的空格内打“✓”）

	1. 很同意	2. 同意	3. 不确定	4. 不同意	5. 很不同意
a. 发放助学现金					
b. 学费减免					
c. 家长个人所得税部分抵扣或豁免					

续表

	1. 很同意	2. 同意	3. 不确定	4. 不同意	5. 很不同意
d. 允许家长税前预存教育资金，该资金只能用于缴纳孩子的学费					
e. 给家长代币券，该代币券只能用于冲抵孩子的学费					
f. 立法规定孩子父母所属单位提供资助					
g. 发放助学贷款					
h. 奖励优秀幼儿					

21. 对政府调控幼儿园收费价格的方式，您的态度是（请在符合情况的空格内打“✓”）

	1. 机关园	2. 教办园	3. 国营企事业单位园	4. 街道或小区园	5. 合资园和私立园
a. 政府分级分类定价，每园实行一价制，幼儿园不得调价					
b. 政府设立指导价，允许幼儿园在一定幅度内浮动价格					
c. 政府制订定价标准，幼儿园根据这一标准自己定价					
d. 政府完全放开价格，让幼儿园自由竞争，由市场决定价格					

第二部分

01. 对以下提供学前教育的各种形式，您觉得其在促进幼儿身心健康发展方面的评价是（请在作用最明显的一项中打“√”，在最不明显的一项中打“×”）

评价项目 \ 学前教育服务形式		1. 家庭（散居在家）	2. 社区（综合性服务中心）	3. 非全日制幼儿园	4. 全日制幼儿园	5. 寄宿制幼儿园
身心状况	a. 具有健康的体态（身高和体重适宜，能正确坐、立、行）					
	b. 情绪安定愉快（有安全感和信赖感，会恰当表达和调控情绪）					
	c. 具有一定的适应能力（能适应季节变化，促进平衡机能发展，能适应生活环境变化）					
动作发展	d. 具有一定的平衡能力，动作协调、灵敏（活动中能学会自我保护能力）					
	e. 具有一定的力量和耐力					
	f. 手的动作灵活协调（能画、剪、折、粘，自己吃饭、扣扣子等）					
生活习惯与生活能力	g. 具有良好的生活与卫生习惯（作息、饮食、个人卫生、锻炼等）					
	h. 具有基本的生活自理能力（如穿脱衣和鞋袜等）					
	i. 具备基本的安全知识和自我保护能力					

02. 对以下提供学前教育的各种形式，您觉得其在促进幼儿语言能力发展方面的评价是（请在作用最明显的一项中打“√”，在最不明显的一项中打“×”）

评价项目 \ 学前教育服务形式		1. 家庭（散居在家）	2. 社区（综合性服务中心）	3. 非全日制幼儿园	4. 全日制幼儿园	5. 寄宿制幼儿园
倾听与表达	a. 认真听并能听懂常用语言					
	b. 愿意讲话并能清楚地表达					
	c. 具有文明的语言习惯					
阅读与书写准备	d. 喜欢听故事，看图书					
	e. 具有初步的阅读理解能力					
	f. 具有书面表达的愿望和初步技能（如通过涂涂画画表达一定的意思）					

03. 对以下提供学前教育的各种形式，您觉得其在促进幼儿人际交往和社会适应方面的评价是（请在作用最明显的一项中打“√”，在最不明显的一项中打“×”）

评价项目 \ 学前教育服务形式		1. 家庭（散居在家）	2. 社区（综合性服务中心）	3. 非全日制幼儿园	4. 全日制幼儿园	5. 寄宿制幼儿园
人际交往	a. 愿意与人交往					
	b. 能与同伴友好相处					
	c. 具有自尊、自信、自主的表现					
	d. 关心尊重他人					
社会适应	e. 喜欢并适应群体生活					
	f. 遵守基本的行为规范					
	g. 具有初步的归属感					

04. 对以下提供学前教育的各种形式，您觉得其在促进幼儿探究能力和思维发展方面的评价是（请在作用最明显的一项中打“✓”，在最不明显的一项中打“×”）

评价项目 \ 学前教育服务形式		1. 家庭（散居在家）	2. 社区（综合性服务中心）	3. 非全日制幼儿园	4. 全日制幼儿园	5. 寄宿制幼儿园
科学探究	a. 亲近自然，喜欢探究（激发好奇心和探究兴趣）					
	b. 具有初步的探究能力（能对事物和现象进行观察比较以发现异同，提出问题并猜测答案等）					
	c. 在探究中认识周围事物和现象（如引导思考、简单推理和分析等）					
数学认知	d. 初步感知生活中数学的有用和有趣（能用数来表达事物，感受数所表达的意义）					
	e. 感知和理解数、量及数量关系（理解大小多少，以及加减等）					
	f. 感知形状与空间关系（理解上下、前后、左右、里外、中间、旁边等）					

05. 对以下提供学前教育的各种形式，您觉得其在促进幼儿感受美、表现美和创造美方面的评价是（请在作用最明显的一项中打“√”，在最不明显的一项中打“×”）

评价项目 \ 学前教育服务形式		1. 家庭（散居在家）	2. 社区（综合性服务中心）	3. 非全日制幼儿园	4. 全日制幼儿园	5. 寄宿制幼儿园
感受与欣赏	a. 喜欢自然界与生活中美的事物（能用语言、动作等描绘美的方面，如颜色、形状、形态等）					
	b. 喜欢欣赏多种多样的艺术形式和作品（专心观看，有模仿和参与的愿望等）					
表现与创造	c. 喜欢进行艺术活动并大胆表现（如唱唱跳跳、涂涂画画等）					
	d. 具有初步的艺术表现与创造能力（如能用声音、动作、姿态以及绘画、手工制作等模仿和表现）					

06. 对学前教育各个领域的重要程度，您的态度是（请在符合情况的空格内打“√”），并请按照重要程度进行排序

	1. 很重要	2. 重要	3. 不确定	4. 不重要	5. 很不重要
a. 健康（身心健康发展）					
b. 语言（倾听、表达、阅读等能力）					
c. 社会（人际交往和社会适应等方面）					
d. 科学（科学探究与思维发展等方面）					
e. 艺术（感受美、表现美和创造美等方面）					

您的排序是____________________

第三部分

01. 您认为作为一家学前教育机构（幼儿园），应提供哪些方面的服务？其中，最基本的学前教育服务应包括哪些？换言之，幼儿园最基本的功能是什么？

02. 您认为当前学前教育机构（幼儿园）需要加强哪些方面的服务？

03. 您的孩子在接受学前教育服务时遇到的最大问题在哪里？

04. 您认为未来学前教育服务应如何发展？

05. 您认为当前学前教育机构（幼儿园）的人员队伍方面（包括园长、幼儿教师、保育员、保健员等）面临哪些突出问题？您对此有什么好的建议？

参考文献

[1] 蔡迎旗．幼儿教育财政投入与政策．北京：教育科学出版社，2007

[2] 蔡迎旗．留守幼儿生存与发展问题研究．南京：江苏教育出版社，2009

[3] 陈秀云，陈一飞．陈鹤琴全集（第二卷），南京：江苏教育出版社，2011

[4] 顾明远，石中英．《国家中长期教育改革和发展规划纲要（2010－2020年）》解读．北京：北京师范大学出版社，2010

[5] 简楚瑛．幼儿教育与保育的行政与政策：欧美澳篇．上海：华东师范大学出版社，2005

[6] 姜勇，严婧，徐利智．国际学前教师教育政策研究．上海：华东师范大学出版社，2012

[7] 张燕．非正规学前教育的理论与实践——基于四环游戏小组的探索．北京师范大学出版社，2010

[8]《教育规划纲要》工作小组办公室．教育规划纲要学习辅导百问．北京：教育科学出版社，2010

[9]《教育规划纲要》工作小组办公室．教育规划纲要辅导读本．北京：教育科学出版社，2010

[10] 李季湄，冯晓霞．《3－6岁儿童学习与发展指南》解读．北京：人民教育出版社，2013

[11] 李召存．追寻课程政策背后的教育意义——基于学前课程纲要的国际比较研究．上海：华东师范大学出版社，2012

[12] 柳倩．国际处境不利学前儿童政策研究．上海：华东师范大学出版社，2012

[13] 刘强．学前教育城乡均衡发展的理论与实践．南京：南京大学出版社，2011

[14] 刘占兰．中国学前教育发展报告2012. 北京：教育科学出版社，2013

[15]【美】L. G. 卡茨编，刘焱译．学前教育．重庆：西南师范大学出版社，2011

[16]【美】苏姗·纽曼（Susan B. Neuman）．李敏谊，霍力岩译．学前教育改革与国家反贫困战略——美国的经验．北京：教育科学出版社，2011

[17] 庞丽娟．中国教育改革30年：学前教育卷．北京：北京师范大学出版社，2009

[18] 庞丽娟．国际学前教育法律研究．北京：北京师范大学出版社，2011

[19] 庞丽娟．政府主导，创新体制——我国地方学前教育改革探索与政策启示．北京：北京师范大学出版社，2012

[20] 王冬兰．西北地区农村民办幼儿教育研究．兰州：甘肃教育出版社，2011

[21] 王海英．常识的颠覆——学前教育市场化改革的社会学研究．桂林：广西师范大学出版社，2010

[22] 王梦奎．为了国家的未来 ——改善贫困地区儿童营养状况试点报告．北京：中国发展出版社，2009

[23] 王梦奎．反平困与中国儿童发展．北京：中国发展出版社，2013

[24]【英】凯西·西尔瓦（Kathy Sylva）等编．余珍有，易进译．学前教育的价值——关于学前教育有效性的追踪研究．北京：教育科学出版社，2011

[25] 曾晓东，范昕，周惠．入园何时不再难——学前教育困惑与抉择．南京：江苏教育出版社，2011

[26] 中国学前教育发展战略研究课题组．中国学前教育发展战略研究．北京：教育科学出版社，2010

[27] 中华人民共和国教育部．《国家教育事业发展第十二个五年规划》学习辅导读本．北京：教育科学出版社，2012

[28] 周兢．国家学前教育政策比较研究．上海：华东师范大学出版社，2012

后记
描绘“学前教育梦”

幼稚期（自出生至7岁）是人生最重要的一个时期，什么习惯、言语、技能、思想、态度、情绪都要在此时期打一个基础，若基础打得不稳固，那健全的人格就不容易形成了。

——引自陈鹤琴《家庭教育》自序

本书是“促进学前教育健康发展研究”课题组的集体成果。这项课题得以顺利完成，需要感谢的人很多。首先，要感谢本人所在单位领导和同事的大力支持。中央财经领导小组办公室副主任（时任国务院发展研究中心副主任）韩俊研究员、国务院发展研究中心副主任隆国强研究员对部分报告进行修改，并提出了很多具有启发性的意见和建议。作为课题顾问之一的国务院发展研究中心公共管理与人力资源研究所所长贡森研究员在课题立项阶段予以悉心指导，并对计划书提出具体的修改意见。课题的另一位顾问、国务院发展研究中心社会发展研究部巡视员林家彬研究员参与了相关调查问卷的设计与讨论，并对部分报告进行了文字上的斧正。此外，国务院发展研究中心社会发展研究部部长葛延风研究员也多次就课题计划书、部分报告的结构与判断等与本人进行深入讨论，并从部门研究经费中对课题调研予以支持。我还要感谢社会发展研究部的其他领导和同事，他们在日常工作中给予的无私帮助也是我能够顺利完成课题研究不可或缺的支持。最后，我要特别对国务院发展研究中心工会王富慧主席及其他同志表示感谢，通过参与工会牵头的“全面提高我国基础教育质量与水平”课题研究，进一步拓宽了我的研究视野，也更加丰富了我的研究内容。

典型地区的调研得到了很多人的支持和帮助。2013～2014年两年间，课题组先后赴安徽省合肥市、江苏省南京市、四川省成都市、江苏省苏州市、浙江省嘉善县等地进行调研，跑区县、下乡镇、进村居。所到之处，均得到了各地政府部门，特别是教育部门的大力支持与帮助。在调研地，课题组通过深度访谈和焦点小组访谈，分别听取政府相关部门、幼儿园园长、幼儿教师、保育员、保健员等利益相关者对加强学前教育服务体系及人员队伍建设的看法与评价。同时，深入各级各类幼儿园进行实地调研，了解幼儿园日常管理、保教活动开展等具体情况。此外，还分别对教育行政管理部门（及街、居单位）、幼儿园管理人员、幼儿家长进行了问卷调查，了解不同群体对学前教育现状及相关政策的看法和态度。据粗略统计，课题组在各地分别召开政府相关部门座谈会10余场，各级各类幼儿园座谈30余场，幼儿园教职工及家长访谈100余人次。大量一手材料的获取，使课题组对学前教育服务体系及人员队伍建设的现状、存在的问题及未来发展的方向等有了更为深刻的理解和把握。我要对他们表示由衷的感谢！

我要感谢课题组的所有成员——王莹莹、单大圣、曹启挺、韩巍、寇翔、崔森、黄思齐，无论是课题立项阶段，还是调研实施阶段，以及报告撰写及修改阶段，他们的“加盟”与无私奉献，都为最后报告的完成提供了基础性的帮助。

我还要感谢我的家人，正是他们的理解、支持以及对我日常生活无微不至的关怀，使我能够解除后顾之忧，全身心投入到课题研究及报告写作之中。这项课题得以顺利完成，同样也凝结着他们的辛劳与汗水。

当然，这项课题还存在一些不足，例如：由于多种原因，学前教育领域中央、地方财权事权关系的相关讨论没有深入展开；对“幼教点”等学前教育服务提供形式缺乏更为充分的实地调研，探讨并不深入；对幼儿家长的深入访谈也不充分，从回收的调查问卷能够获得的信息比较有限，等等。而且，随着未来经济社会的不断发展，学前教育服务体系及人员队伍建设也会面临一些新情况、新问题、新要求、新任务、新挑战和新机遇，这些都将影响着学前教育事业的长期持续稳定发展。例如：《机关事业单位养老保险改革决定》的颁布，使得机关事业单位与企业单位养老保险在制度上实现并轨成为可能，这对于推动落实公办园非在编教师、农村集体园教师、民办园教师与公办园在编教师同工同酬等问题会带来哪些影响，国务院常务会议已明确提出要对民办学校实行分类管理，允许兴办营利性民办学校，这对于同样属于民办教育范畴的民办园又会带来哪些影响，等等。我想，这些都是课题组后续研究需要予以关注的内容。因此，本书呈现给各位读者的仍然是阶段性的研究成果，课题组会继续为学前教育改革发展尽一份绵薄之力，为每个幼小生命的身心健康、和谐发展、童年快乐描绘出更加出彩的“学前教育梦”。

最后，谨以本书献给所有关注学前教育服务体系及人员队伍建设的机构及个人。

佘　宇　乙未春于北京